吴佩孚

董 尧◎著

北洋风云人物

中国言实出版社

图书在版编目(CIP)数据

吴佩孚 / 董尧著 . -- 北京 : 中国言实出版社，
2015.11
（北洋风云人物）
ISBN 978-7-5171-1654-7

Ⅰ . ①吴… Ⅱ . ①董… Ⅲ . ①吴佩孚（1873 ～ 1939）—
生平事迹 Ⅳ . ① K827=6

中国版本图书馆 CIP 数据核字（2015）第 269140 号

责任编辑　张国旗
责任校对　李昌鹏

出版发行　中国言实出版社
　　　　　地　　址：北京市朝阳区北苑路180号加利大厦5号楼105室
　　　　　邮　　编：100101
　　　　　编辑部：北京市海淀区北太平庄路甲1号
　　　　　邮　　编：100088
　　　　　电　　话：64924853（总编室）64924716（发行部）
　　　　　网　　址：www.zgyscbs.cn
　　　　　E-mail：zgyscbs@263.net
经　　销　新华书店
印　　刷　北京温林源印刷有限公司
版　　次　2016年1月第1版　　2020年4月第3次印刷
规　　格　710毫米×1000毫米　1/16　20.25 印张
字　　数　329千字
定　　价　45.80元　　ISBN 978-7-5171-1654-7

目录

第一章

初识曹锟

1896 年 12 月。

北京崇文门外，巾帽胡同里的隆庆客栈旁边，有一个年约二十二三岁的人在那里摆设卦摊。此人身材魁伟，面貌皙白，眉清目秀，有一表书生气质；只是穿着很少京味，那副局促的表情，让人一看便知是自偏远乡间来的。乡间青年跑到京城来算卦，这对见多识广的北京人，自然有种"骗饭吃"的印象。所以，年轻人在凛冽的风中站了两天，依然是无人光顾。到第三天，他着急了，觉得抄手等客不行，得厚着脸皮拉客。

第三天早饭之后，那青年人把自写的招牌朝地上一摊，便两只眼睛滴滴溜溜地望着街巷行人，想瞅准目标，拉一个主顾。北京人有个习惯，寒冬腊月，男人们很少早起，很少上街；女人们家务忙完也就到太阳老高了，然后才挎着菜篮子去买菜。这青年人瞅了半天，也不曾觅准一个对象。肚里早已咕咕作响了，他心中也有些焦急。他是外乡人，身上的盘费已所剩无几了，若不是这两天勒紧腰带，恐怕早已囊中空空。再找不到主，可就真的要"喝西北风"了。说来也不幸，正是青年人着急时，天空竟稀稀落落地飘起了雪花。落雪了，行人更少了，青年人想收摊子。他躬下身，又犹豫了。"摊子一收，财路自绝，我这嘴往哪里搁呢？"他叹了声气，只把招牌朝一个檐下移了移，仍然立在那里。天无绝人之路，正是他焦急之际，一个老者打着一把金黄色的油布伞晃晃悠悠地走来。青年人仔细观察了老人的上上下下，匆匆走上前去，先是深深地鞠一躬，然后口气谦虚地说："王老伯，您上街？家中必有急事。是有病人，对么？"

那老者抬眼看看，不认识。有些迟疑地问："年轻人，你怎么知道老汉我姓王？"

年轻人指指面前的八卦招牌，自作介绍说："学生自幼随家祖熟研子平六壬，二十岁即能卜出吉凶祸福，难道老伯姓氏还瞒得了学生？"老者惊讶了，忙又问："你怎么知道我家有病人？"

"学生不仅知老伯家有病人，还知老伯家的病人为妇女！"

"啊？！"老汉更惊讶了，忙揉揉眼，上下打量一番这年轻人，见他倒也清秀，面貌端庄，不像个江湖骗子。忙把他领到一个僻静处，说："老汉家事不幸，果然如阁下所说，老妻偶患疾病，儿女又不在身边；请了郎中，这药还得我亲自去抓。不想您都卜得如亲眼所见，可见您学问不浅呀！好好，您就先替老汉卜一卦，看看吉凶如何。"

年轻人一见老汉对自己很是相信了，便又胡乱问八字，相面貌，真真假假说一通似是而非的子平术语，老汉又皱眉又点首，最后付了卦钱，这才又晃晃悠悠地走开。年轻人一天的饭钱有了，看看雪也下大了，西风更紧，刺面如刀，街上的行人更少了，他这才收拾招牌，转回客栈。

要问这位年轻人是何方人氏，姓甚名谁，因何来到京城又做起如此营生？话可就得说远些儿了——

山东半岛北岸渤海边上，有一个美丽的地方，叫蓬莱，山临海，海依山，风景十分秀丽；城北不远的丹崖山巅有座俏俊去处，叫蓬莱阁，下临大海，凌空而建，素称"仙境"。古代传说蓬莱、方丈、瀛洲为海上三仙山，山上住着仙人和生长着不老药。"八仙过海"就在这里。

蓬莱属于登州府，县城中生意买卖十分热闹，其中有一家杂货铺，名叫安香斋，经营油盐酱醋、茶糖烟酒。店主人姓吴，名可成，为人倒也忠厚；妻张氏，勤劳善良，乐善好施，白天帮助丈夫照料小店，夜晚纺纱织布，一家人日子过得倒也舒适。这张氏前年生了一个儿子，一家人十分欢喜，起了个乳名叫"道"，排辈是"孚"字，家人连着叫便是"道孚"。道孚短命，还没有看清楚这个世界便夭折了。张氏又怀了孕，到了同治十三年三月初七（1874年4月22日），即到了分娩期。吴可成怕照顾不周，来了的孩子再走，几天前便把店门关起来不经营了，一心照顾妻子。谁知张氏生产不顺，弄得吴可成三天三宿不敢离床，不能合眼。到初七这天晚上，吴可成累极了，便坐在妻子床边打了个盹。

这一打盹不要紧，竟梦见抗倭寇的名将、蓬莱同乡戚继光走到自己家中来了。县城内有戚家祠堂，祠堂边还有戚继光父子的总督坊，都是三百多年前朝廷给修造的。蓬莱人对戚家父子无不悉知、无不敬仰。吴可成见戚继光来了，忙起身去迎。忽然醒来，却是一梦。正值此时，夫人张氏又生一子。吴可成对妻子说："适才我梦见戚继光将军到咱们家来了，恰在此时儿子降世，料想此子不凡。"

全家大喜，四邻同贺。吴可成也是粗识文墨的人，知道戚继光有个雅号，叫"佩玉"。于是，便将此二字拆开，以"佩"字给儿子作名，以"玉"字给儿子命字。这个新生的儿子便叫"吴佩孚"，字"子玉"。

父母对佩孚寄予厚望，六岁便送入塾中读书。佩孚好学，生性聪明，倒也进步很快。到了十四岁时，家遭不幸，吴可成一病亡逝了。此时除了佩孚之外，家中还有一个十一岁的弟弟文孚。孤儿寡母三人，生活渐渐困难起来。

吴佩孚为了减轻母亲的负担，便不再上学，到登州水师营当了一名学兵。可是，吴佩孚从小颇有抱负，不愿只为温饱。当学兵期间，又去拜登州的名儒李丕森为师，继续苦读。由于虚心好学，深受李丕森爱护。到了1896年，吴佩孚二十三岁，竟中了秀才，眼看着就要成为官场上的人物。

挨近官场的人和挨近乞丐不一样，总要学学官场上的气派。吴佩孚中秀才没多久，便染上吸食大烟的习惯，终日趔趔趄趄，出入烟馆。旧时的鸦片馆子，也分三五九等，吸鸦片的人，也是高下不一：官家、豪富，有人侍候，入雅座，吸足了躺一阵，再高兴了，找个唱曲的小妮玩玩；一般流氓无赖，只能在大房间自炊自食，填饱肚子，调转身子便走，腰中空空时，总不免向老板低三下四说几句好话，"改日活翻了，再还上"。吴佩孚不是这两种人，官场还未入，无赖又不是，靠老爹的杂货铺赚几个钱，也只能过过一般的瘾。有一次，小铺生意不好，几天吴佩孚都断了炊。好容易从娘的钱罐里摸出几个铜板，又到当铺里当了两件娘的衣服，这才朝馆里走去。谁知，一般房间正赶上客满，掌柜的一看是吴大秀才，虽知他囊中不富，秀才总还是优人一等的，便领他进了雅座。

吴佩孚沾沾自喜，正摇头晃脑，腾云驾雾时，一个大腹便便的家伙走进来。吴佩孚搭眼一看，认得，是当地的大土豪翁钦生，登州府里首户，表侄子正做着县太爷，是一个走路都横扫八邻的恶霸。吴佩孚想躲，已是来不及了。

这翁钦生今儿高兴，在窑子里带一个小妮，让老板给他留个雅座舒舒坦坦地玩玩。谁知一进门碰上这个年轻人（他不认识吴佩孚）扫了他的兴，便十分生气。眼一瞪，脚一抬，一边狠狠地踢去，一边狠狠地骂一声："滚！"

吴佩孚连滚带爬，溜出了烟馆。

吴佩孚是读过圣贤书的，"士可杀而不可辱"，"同样花钱，你有什么资格撵我！"心里十分气怒。若是平民百姓，遭此屈辱也就吞气咽声了，偏偏吴佩孚是秀才，咽不下这口气。可一时又想不出法儿报复，很是气闷，死死地在家中闷睡几天，最后决定去求助流氓地痞。原来登州蓬莱这地方有一伙流氓无赖，终日靠着滋事为生，三天不打闹，心中生火；如今秀才找上门请帮忙，索性大打大闹一场，反正有人收科。于是，趁着翁钦生的老娘做寿时，突然袭击，一群流氓大闹寿堂，把翁家搞得翻天覆地、破破烂烂。男女宾客，不欢而散。

那翁钦生是个头面人物，哪里咽得下这口气？找到表侄子，要他"限期捉拿肇事者，一定正法"，以消除心头之恨。

蓬莱城，弹丸之地，出了如此轰动大闹寿堂之事，哪还打听不清。结果查明，寻衅闹事之祸首还是一个秀才。于是，以"蔑视法纪、寻衅闹事、搅乱治安"为名，革去功名，缉拿在案。吴佩孚不敢在蓬莱待了，这才背井离乡，跑到北京，去投靠父亲吴可成的一个叫孙庭瑶的朋友。离家的那天深夜，寡母把他叫到身边，揉着流着滚滚泪水的眼睛对他说："佩孚，你爹去世的时候，就把这个家交给你了，实指望你能争气，把家带好。谁知你不安分，连县官也得罪了，落得有家也不能待。"

佩孚对娘说："娘，我看不下去，他们依官行势、敲诈勒索。总有一天，我要把这些贪官都斩尽杀绝！"

"你呀，"娘提心吊胆，"总是好胜。有一天当了官，怕也会这样呢。"娘又问他："家里不能待，你想到哪里去呢？""五尺汉子，难道天底下就没有立足之地？"

"娘不放心呀！"娘又揉泪了，"你爹有个朋友，叫孙庭瑶。现在京城开一家客栈。要不，你去京城找找他。"

吴佩孚知道这位孙庭瑶仁伯。父亲在世时，两家的来往也还密切。有一年，孙庭瑶走投无路了，还在蓬莱住过几个月。最后，还是父亲帮助路费，他才过海到大连去谋生。吴佩孚说："娘，我就去北京吧。我想这位仁伯是会帮忙的。"娘还是叹息着说："也不能想得过高。如今咱家日月窘迫，你又走投无路，是求上人家的。听你爹说过，这个孙庭瑶为人不怎么的。你处处细心点儿。"

"我知道了。"吴佩孚说，"我想他不会不认我这个仁侄的。"吴佩孚到了北京，按照娘给他的地址，在崇文门外巾帽胡同找到了隆庆客栈。孙庭瑶一听是蓬莱的老贤侄来了，忙着接到家中，一边安排饭菜，一边忧伤地说："自从你爹死后，我无一天不在难过。俺弟兄俩生死之交，不想他竟早走了。这几天，我忙得脱不开身，早想去看看你娘儿几个，就是没法动身！年上，听说你还中了秀才。我知道你是个有出息的年轻人，不一般！以后准可以创出个出人头地……"

"老仁伯你过奖了。现在……"吴佩孚叹息着把遭遇情况如实地对孙仁伯说了，然后说："家中无法待了，才来这里找仁伯。"

孙庭瑶一听吴佩孚被革了功名，官府还要缉拿，顿时脸寒下来。"这孩子是来避难的！"

这孙庭瑶，算是被吴可成看透了，"为人不怎么的"。此人脑子很灵活，只想着"对我生财"；两只眼睛大大的，但只看到钱眼；跟谁共事，也总想对自个儿有利。原以为这位仁侄来京会给自己增添点光彩，现在倒好，说不定会受他连累。于是，转着弯儿说："贤侄，你在难处来找我，该来。谁叫我跟你爹是结过金兰的！一炷香前跪倒，就是一母同胞！你不来找我，我还觉得生分呢。只是，这天子脚下，混饭也是极其不易的。我手下这庄客栈，地僻客少，月月进不了多少项，去了官税、日用，便连皮也刮着了；有时还得亏欠许多，只怕无大能耐照顾贤侄。"

吴佩孚一听，心里凉了。"这位仁伯是在下逐客令！"要是平时，他便转身去了。现在不行，身在难处，走投无路，忍气吞声地得先有个栖身处。要不，偌大的京城，自己两眼黑，朝哪里去呢？"仁伯的情况小侄明白。"吴佩孚说，"我不想难为仁伯。小侄离家时，还带了些盘费，只求仁伯给个床铺躺下。生活么，还是能够凑合的。小侄也不想坐吃山空，更不想给仁伯添更多困难。"

孙庭瑶这才轻轻放下心，说："老夫面赧呀！贤侄既然吃用尚可自理，我便在小栈里为你安排一张床铺，也免得在京中流浪，老夫放心不下。"

吴佩孚在京城总算有了栖身之处。住下之后，他却犯了愁：家境困窘，哪里有许多银钱供他携带，身边几个盘费，一路上早已花去十之八九，所剩也只能够三两日便饭，往后这日子该怎么过呢？别看吴佩孚身处困境，心还是比较傲的，不愿低头向这位仁伯乞求。他躺到床上苦思有时，终于想出了一个临时的方法：春节快到了，他把腰中的余钱拿出，到市上买了笔墨、红纸，写春联到街上去卖。吴佩孚是中过秀才的，自幼斗方还是写了许多，有一笔还算俊秀的书法，写出的春联，深受市民的喜欢。可是，春联一年只贴一次，谁家也不会买下存起。几天之后，也便生意萧条了。没有办法，吴佩孚才在街头摆起卦摊。

吴佩孚对于《渊海子平》《六壬神课》一类星象之书，只是略知一点，说不上明白，更说不上精通。人到难处，也算病重乱投医，不得不找出法儿混饭吃。他也有点自信，自信心眼机灵，自信有一张伶牙俐齿。可骗则骗，不可骗一笑了之。那一天就骗住了一位姓王的老汉。究其实，哪里是他推卜有术，知前知后，完全是随机应变、察言观色而已。

那日的雪渐渐大了，吴佩孚想收卦摊，肚子又不允，雪中焦急，陡然灵机一动，他见那老者打着的油布伞上，用黑墨写着"三槐堂"三个大字，这也是旧时人家的习俗了，办事、记物不直接写姓氏，只写堂号。这三槐堂是王姓的堂号。吴佩孚想："老人不会是借伞外出，城里人不同乡下人，家家有伞。"所以他喊了声"王老伯！"这一喊就抓住了老汉的心。老汉不走了，这也是俗话说的，"不怕不信神，只怕家中有病人"。家有病人，总想问个吉凶。当老汉站在吴佩孚面前时，他见他手中拿张纸头，纸头上露出中药名，其中有一味妇女常用的中药叫当归。所以，他又说老汉家中有病人，病人是妇女！

三句话，句句真切。老汉听后便大吃一惊："这位年轻人行呀！神仙一般的卜术，说得分毫不差！可以信得过！"

老汉倾了心，吴佩孚也放了心。这才卖弄一番，骗钱到手。别看京城是天子脚下，人文荟萃，多半市民还是庸碌之辈，信天信神，信命信鬼，巾帽胡同里又经王老汉一宣传，卜卦年轻人能够未卜先知，洞察秋毫，真真切切！吴佩孚成了人们崇拜的偶像，声望大了，上摊求卦的人也多了。吃饭不再犯愁，腰中渐渐多了铜板。

有一天，他正在忙着应接顾客，一个庄稼人模样的顾客蹲在卦摊前，他头戴一顶棉线帽，身穿一件棉长袍，腋下还夹一个印花棉布的小包裹。别的顾客走了之后，吴佩孚才问他："先生，你要问什么？"

那人仰起脸来，吴佩孚吃了一惊："亮孚哥，是你？你啥时候到北京来的？"

来人是他的本家堂兄吴亮孚。这吴亮孚是到军营里探亲的，受婶母之托返家的途中来巾帽胡同打听吴佩孚，看看他生活的情况。吴亮孚站起身，说："二弟，街旁不是说话的地方，你住哪里？咱们到你的住处再说话。"

吴佩孚收拾了卦摊，领着堂兄走进隆庆客栈，先沏了一壶茶，然后又在小馆子里要了四样菜、一壶酒，兄弟俩便面对面边喝边说起来。吴亮孚对他说了一些"家中还平安，日子也过得去，婶子和老三身子也好"等家常事，又说："婶子就是对你放心不下，终天烧香念佛，还怕你有灾有难。""县上怎么说呢？"吴佩孚是被县官逼出来的，有家无归，他最担心这事。

"你远走高飞了，县官再有意见，抓不着你，也干生气。不过，还是常常放出风声，说非狠狠地处治你不可。看起来，眼下你还不能回老家。"又说："我见着你了，回去对婶子说说，他们也会放心的。"

"让那些贪官去处治我吧！有一天，我非整治他们不可！"吴佩孚发起狠，又让哥哥喝酒。

吴亮孚仰脸干了一杯，已有三分酒意了。又说："二弟，现在看形势，你是不能回蓬莱去了。只是，干这种卜卦营生总不是个常法。哪有算命卜卦的能斗倒官府的？再说，这种营生也不是久远之计，得想个长远之计才行呀！"

"有什么长远之计可想？"吴佩孚说，"莫说别的人了，就说我这位老仁伯吧，受过我爹多大恩情，到如今，却只能给一张床睡睡，连顿饭也不能管。人情薄呀！我也知道算命卜卦骗人骗不了多久。有什么办法，没有门路。"

吴亮孚想了想，说："二弟，这样行不行？军营当中，我有个亲戚，如今是夏士成部下的一个管带，人很正直，也很讲究人情，你去向他投军怎么样？"

吴佩孚对于兵是没有好感的。当初他苦读四书五经时，便认定国家只有文治，"兵算什么！一群只会听从驱使的武夫！"吴佩孚中过秀才，秀才见了兵，有理讲不清，兵在秀才眼中，根本不值一提。现在，堂兄要他去当兵，他感到了一种羞辱。然而，吴佩孚毕竟身处困境，站在街巷之中，去骗取那些无知而又老实人的钱，究竟比兵能好多少？吴佩孚不敢自己对比。他喝了一杯酒，对堂兄说："亮孚哥，容我再想想吧。"

吴亮孚知道吴佩孚的为人，了解他此时的心地，便又说："二弟，你的意思我明白，我知道你的为人，咱蓬莱谁不知道你吴大秀才！当兵，实在是屈你的才。可是，二弟呀！人到哪山唱哪歌，你读书人见多见广，大名鼎鼎的韩信，不得意时，曾经钻过人的裤裆；张良想跟人学点本事，三天起早到桥上，下水为人家拾鞋！大丈夫，能屈能伸。这年头，兵荒马乱，说不定趁着荒乱就可以飞腾！"吴亮孚朝二弟身边凑凑，又说："算命卜卦，万世也不会出人头地。当兵去吧，还是当兵是条正路。"

吴佩孚动摇了——也是再无好路。但他还是说："娘知道了，会难过的。咱家乡人常说'好男不当兵，好铁不打钉'……"

"这不怕，"吴亮孚说，"我对婶子说，你是当的戚继光那样的兵。戚继光之后三百多年了，难道说咱蓬莱就不能再出一个姓吴的都督，姓吴的总兵么？"

吴佩孚听堂兄越说越兴奋，自己心里也渐渐开朗。他研究过戚继光的为人，知道戚继光的历史，他敬佩戚继光的作为，他也敬佩戚继光的文才。他眉展了，眼露笑意："好，亮孚哥，我不摆卦摊了，去从军！"吴佩孚下了决心，于是便收拾行李，当晚向孙庭瑶辞了行，次日一早便随着堂兄离开北京城。

这是1898年的事。吴佩孚那年二十四周岁，身材魁伟，面貌堂皇，自然是一副好兵坯子。

当时京津一带驻的是淮军，夏士成当统领。吴亮孚见了他当管带的亲戚，说明来意，又引见了吴佩孚，那管带同吴佩孚交谈了几句，觉得他举止不一般，又见他一表人才，便说："既然是我亲戚的堂弟，千里迢迢来找我，我能不帮忙？队伍上现在不缺人，只有我身边还缺一个勤务兵，你跟我跑跑颠颠，打水端饭行么？以后有了好缺，自然先叫你去。"

吴佩孚没说话，堂兄代他答应下来："好，好！我巴不得堂弟在你身边，免得别人欺侮，早晚也能得到你管束。我先替家婶和三弟谢谢你了！"吴佩孚也说："随在管带身边，佩孚必有莫大教益，求还求之不得。以后还请多多教诲！"

吴佩孚是读过几年圣贤书的，领教过众多做人的教诲；又加上几年流离浪荡的生活，他颇润通了一些待人处事的能耐。初到军营，处处小心谨慎，尤其会投合那位管带的欢心。

那个管带，是靠枪杆子混出来的，文墨不润，更不知礼义廉耻。吴佩孚在他身边，很为他争了一番光彩。两年之后，这个管带就把吴佩孚送进袁世凯创办的直隶常备军，并且保送进了保定武备师范学堂，以后又转入测绘学堂。1904年毕业，分配到北洋陆军第三镇，任第十二标第一营督队官，次年升为该营管带。

几年的军营生活，吴佩孚学会了一点书本之外的本领——他知道怎样寻求一个靠山。当时，北洋陆军第三镇的统制是曹锟，既是老淮军的骨干，又是袁世凯麾下的亲信，是北洋系的红人。吴佩孚认准了他，有事没事，总爱贴近他。有一次，第三镇要出一个告示，这个早年在津沽之间贩布为生的曹锟，文墨不通的说出个意思，别人爱怎么写，他也不知道。告示写好了，正待张贴，吴佩孚到了。他冲着告示端详了半天，笑了。笑是笑，可是没有说话。

曹锟先是有点不耐烦，故意打着腔调问："吴管带，难道这告示写得不好？"

吴佩孚知道曹锟身边用的人都是亲信，他不敢说告示有什么不好，只笑笑说："统制大人，告示好得很。只是这字，还可以写得再好一点。""这么说，你能写得更好了？"

"只要大人吩咐，属下倒是可以试试。"

"来人！"曹锟下令，"拿纸笔侍候！"

侍卫人员拿出文房四宝，吴佩孚铺在八仙桌上，润笔之后，立站着，拉出一个骑马裆式——怀中可抱斗，跨下能走狗，把当年写方子时练就的硬功夫全用上来，刷刷刷地眨眼工夫，一张漂亮的新告示便写了出来。那一笔俊秀工整的楷书，犹如刀刻斧凿一般，纵横成行，大小无差，旁观的人齐声叫好。曹锟笑了。

"这位管带原来还是喝过不少墨水的才子！一笔好字！念过不少书吧？"

吴佩孚说："念过几年书，还曾中过秀才呢。"

"啊？！"曹锟惊讶了，"秀才怎来当兵吃饷了？"

吴佩孚这才把县官的一段纠葛说了个明白，之后说："也怪我年轻好胜，不该让父母官下不了台。"

"怎么不该？"曹锟说，"芝麻大的个官儿，老虎屁股就摸不得？我看摸得好！他革了你的功名，我给你！给个状元也行。"停了停，他又说："初见你的时候，我就觉得你不是一般的兵，有个好标致模样，言谈也不一般。还有，你那名字叫得也好。我得问问你，当初你这名字，是祖上起的，还是业师起的？""是爹给起的。"吴佩孚说。"你爹是秀才？"

"不是。爹是蓬莱城里开杂货铺的。""那咋会想出这样一个好名字？"

吴佩孚这才把自己出生时爹梦见家中来了戚继光，便认为生的儿子自然是戚继光转世，所以用了戚继光的名字为自己命名、命字的事说了个清楚。"其实，我哪里敢比戚继光，人家是历史名人，对国家对百姓都是有贡献的……"

说来又巧，这曹锟也是对戚继光崇拜得五体投地的人，一听吴佩孚是戚继光转世，更是高兴万分，忙说："好，好，你就在我身边别走了，我委你为第三标标统。"

不想，吴佩孚和曹锟这么一结合，中国的乱事从此便渐渐多了起来……

第二章
吴管带沽名释土豪

曹锟，字仲珊，天津大沽人，生于同治元年（1862年）十月二十一日。曹家很穷，父亲曹本生，是个造船工人，靠着微薄的打工收入养家糊口。曹锟排行老三，自幼游手好闲，十六岁时，老爹让他去学排船，他怕累不肯干；老爹让他去种田，他怕太阳晒，又懒得弯腰。结果，让他去卖布。卖布要串四乡，得有布车子，曹家买不起车，他只好把布捆扛在肩上串乡走村。曹锟自幼贪杯，卖布卖得的钱，常常花到酒馆里，又常常醉如泥，席地卧。一些小无赖便趁势将他花剩下的钱偷走。酒醒之后，摸摸身上钱没有了，便一笑了之。因此，乡邻们都管他叫"三傻子"。

就是这个曹三傻子，后来平步青云，由小卒升为哨兵、帮带、管带、统领、副都统、提督；辛亥革命之后，被袁世凯任命为师长、长江上游警备司令；袁世凯称帝后，还被授予"虎威将军""一等伯"等称号。袁死了，曹锟又当了直隶督军兼省长。1919年冯国璋死后，曹锟便成北洋军阀直系的首领。往日叫他"三傻子"的人，在他发迹之后又都称他"曹三爷"了。

吴佩孚投到曹锟麾下时，曹锟是北洋第三镇的统制。曹锟作为统制，虽然兵权可观，但越来越觉得"武"之外，还有许多他应该懂的学问。北洋陆军第三镇在日俄战争之后不久，便被调至吉林长春驻防。曹锟进驻长春，地方上一群官僚、士绅就登门来访。统制只会操练兵马，咬文嚼字谈经论道，简直是牛听琴，甚至连"风土""黎庶"之类的应酬话都答非所问。不久，长春人就讽言四起，说"统制是个草包"，"统制只会'立正''稍息'，不懂'之乎者也'。"曹锟又恼又气，发誓要在长春杀几个秀才。

吴佩孚那时已是一营管带，知道"文治"和"武治"的关系，便对曹锟说："长春这帮文人是够可恶的，竟敢瞧不起统制大人。不过杀却不是个办法。"

"那你看应该怎么办？"曹锟虽粗，对吴佩孚的深浅他还是了解的。动文的，还得靠秀才。

"好办。"吴佩孚说，"不就是几个'之乎者也'的夫子么，发个帖子，请他们来咱这里会会，当场弄几个小玩意，让他们丢丢丑，一切都完了。""什么小玩意？"曹锟肚里空，被"虎"惊吓过了，谈虎生畏。"你放心吧，"吴佩孚说，"我自有办法。"

也是曹锟报复心切，更加上有点儿沽名，便依着吴佩孚的意思准备了一番，发了几张请帖，把长春的文人名士请了过来。长春人大多已知道曹锟统制是"草包"，很想看看他是怎样出洋相、丢丑的，竟也有的人不请自到。

长春虽为一省大城市，毕竟地僻天荒，文人名士屈指可数。这班人的班首，是都督署一个姓甄的师爷、文案甄孟人。孟人者孟府之名人也！他常常以亚圣自居。上次到曹统制署卖弄风骚的，他便是班首。听说曹统制在长春大会文人，甄孟人自然当仁不让，早早地穿戴打扮，伙着文友，驾着都督府的马车，按时赴会。

吴佩孚迎在门外，拱手作揖，谈笑风生，然后和甄孟人并肩而入。及至客厅门外，吴佩孚站立，挡住了各位，说："今天，咱们是文士相聚，索性来他一番附庸风雅。"他指着客厅门又说："也是今日准备不周，这客厅门的楹联只写了一半，下一半自然留给长春的名士了。素闻长春名人荟萃，文士辈出，一定会有妙语联出的。"他转过脸喊一声："来人！"

两个侍卫匆匆忙打躬。

"快把文房四宝取来，供名士们补联。"

纸笔奉上，客人这才注目楹联首句。但见上首朱红纸上潇潇洒洒地写出一条七字联：

墨兰数枝宣德纸

众人一来是有轻敌思想，不曾准备；二来也是仓促之中，措手不及。大家面面相觑，虽觉古朴，但又说不出语出何处。若以现景相联，又觉不好破题。只见一个个眉皱目痴，谁也不肯摸笔。

吴佩孚笑了，然后对甄孟人说："久闻甄公是长春文豪，此联绝非尊公意外，那就请屈驾应景一番吧！"

甄孟人虽也喝过不少墨水，一是对联句平平，二来久处"井底"，且多年不肯面壁了，虽觉联语平常，又似相识，却一时想不出得体下联，只好拱手谢辞。"吴管带是蓬莱秀才，这联自然是出自阁下高手，无论是句还是书，都堪称上乘，在下才薄，勉为补出，必将会大失风雅。还是请管带玉成，也令我等开开眼界。"

吴佩孚说："这哪里是我的手笔，乃统制麾下一个小小的书吏即兴之作。"他又命人："请杨书吏来。"

一个二十岁上下的人走过来，对吴佩孚打个躬。吴佩孚交代两句，他便随手拿起笔来，在已贴好的空白联壁上刷刷刷又写出七个字：

苦茗一杯成化蜜

放下笔，又说："献丑了，各位大人多指教！"

吴佩孚说："你向我们说说吧，这副联是什么意思？"

那书吏躬下身，说："其实小人也说不明白。昨儿统制大人习文，是大人让小的写给他看的。只说是什么扬州八怪之一的郑燮郑板桥吃茶的联句。怪顺口的，所以小的写出来了。"

"混账！"吴佩孚故意发怒了，"竟然搬出前人旧句，戏谑各位名流！快快扯下！""是！"

"这就不必了。"甄孟人等忙阻拦，"古人联句已是极好的，这位书吏小小年纪竟有如此功夫，也甚难得，留存下来，正是风流雅事。"

"如此轻率笔墨，哪值得各位名士称道，能写出此等字之辈，统制麾下比比皆是，怎能用他动笔？这实在是不恭之作！"

一个小小的插曲，弄得来客个个咋舌。及至入座，便显小心翼翼。原来想着看看曹统制出洋相的人，现在，倒是怕自己出了洋相。

吴佩孚已是看得明明白白。本来小试锋芒也就可息兵了，怎奈这位管带生性好胜，又图谋在统制面前展示才能，所以，他更加居高临下，一发而不可收了。

曹锟长衫马褂，匆匆从客厅里迎出来，俨然一副绅士派头，拱起双手，朗朗地笑着说："欢迎，欢迎！欢迎各位雅士赏光！"众人被迎入客厅，分次坐下，侍人献上香茶，而后寒暄酬和。曹锟有恃无恐，又加上事前作了准备，神情显得坦荡自如——他要报日前的被辱之仇，要在长春地方赎回面子，他不能以"草包"形象让这里的黎民百姓小看他。应酬之后，曹锟来个先发制人。他说："曹某从武多年，少小时读的五经四书大多忘记了。现在，国家渐趋安稳，当然还是得文治。素闻长春宝地，人杰荟萃，正是仲珊求教名士的千载难逢良机，不揣冒昧，备清茶薄酒敬请各位，是想当面聆听教诲。还望各位不吝赐教！"

几句开场，曹锟俨然换了一个人，那些所谓的名士，竟一时目呆，摸不透这个军阀的城府深浅了。于是，不得不谨慎起来。甄孟人手捧茶杯，面含微笑，代表来客，作了一番恭谦："承蒙统制大人款待，已属万幸；久闻大人乃直隶名儒，自然少不了当面请教。"

曹锟一听"请教"，陡然冷颤了一下——他肚中的一点货是吴佩孚临时写在纸上，就那么点斤两，果然别人要买的另样货，他是没有的。可要是再不说，就要露馅了。紧张之后，忙说："军旅生活日久了，早些年读的诗书便多半也生疏了。如此说吧，那本《大学》上，破题本来是五句话，二三句之间有'在亲亲'句，不知何故，竟被删了去。删古人之句，已是不恭，偏偏又把第四句的'在亲民'的'亲'字改成现在的'新'字。这一改，简直是……差之毫厘，谬以千里。甄先生，你是当今名士，长春大家，自然明白这一删一改的用意，曹某脑中乌云，想今日是能一拨清除的了。"

甄孟人手中茶杯轻轻一颤便落在桌上，溅出了几滴水花，有的落在他手上，他故意拿出手帕擦水，面上早露出赧色——《大学》他虽然读过，那也是好多年前的事了。当初他根本就没有注意破题是几句，什么"在亲""在新"，哪里计较过。这几年身份高了，总是考试别人，拣自己熟的往外拿，何曾再看过书！不觉间，汗水便上了额角。别人也转脸望天，不敢作声。

吴佩孚心里乐了，知道这个怪题难倒了这帮地头蛇，便笑着有韵有律地读道："《大学》是有这样的破题：'大学之道，在明明德，在新民，在止于至善……'至于谁删、谁改的么，也是众说纷纭，比较一致的见解，似乎当归罪于朱晦庵这位老夫子身上。"他转过脸问甄孟人："甄公，朱晦庵此人你是悉知的了，你说他为何要这样大动杀机呢？还有一问：这么改了，究竟意在何方？我和统制斟酌多年，竟不得其解，今日可以如愿了。"曹锟、吴佩孚一唱一和，把这伙长春才子弄得无地自容：答又答不出，走又走不脱，甚感尴尬。

甄孟人垂首锁眉，半天才说："统制大人实在是武文全能，我辈识浅才薄，不敢妄加雌黄，还请大人当面示教。"

吴佩孚知道目的已达，也不再穷究，只是说："学无止境，我辈都还得奋进。既然甄公亦疏于此，那就以后共同努力吧！"

一场争名夺利的舌战之后，曹锟在长春的形象立刻光彩了起来，连督军也要对他另眼看待。他对吴佩孚也更加器重了。就在这之后不久，吴佩孚又做了一件令曹锟惊讶且敬佩的事——

那一天，吴佩孚率一队士兵在长春郊外巡视，忽然听到山沟里有人呼救，他们快步赶过去。原来是一伙强盗在打劫一队客商。吴佩孚命令队伍开枪。枪声一响，强盗掉头鼠窜，消失到山林里去了。

吴佩孚带着队伍来到商人面前，见是几个贩卖药材的汉子。正想询问一番，不想为首的商人竟冲着他"扑通"跪倒，连声"饶命"，再不敢抬头。吴佩孚以为他是感谢救命之恩呢，忙说："客官快快起来，不必如此。这里是我的防地，本应该安静无祸，不想强盗还是时有出没，使你们受惊了！"

跪下的那人还是不起，并说："小人有罪，小人有罪！"

吴佩孚说："经商乃正事，你有何罪？"

"有罪，有罪。小人罪该万死！求大人高抬贵手！"

吴佩孚纳闷了："这个商人也真怪，强盗打劫他，他反而口口声声说有罪，难道他是土匪，那跑走的人才是商人？要不然，怎么会长跪不起呢？"他走上前去，抓住那人衣领，一边往上提，一边说："起来，起来，把话说清楚了……"那人被抓，只得将头抬起。

这一抬头不要紧，吴佩孚也吃了一惊，原来这商人不是别人，正是当年在蓬莱烟馆子中踢了他一脚，骂一声"滚！"后来又诬告革掉他功名的大土豪翁钦生！"是你？！"吴佩孚愣了。

"是我，是我！"翁钦生又忙着跪倒，磕头如捣蒜，"求大人饶命，求大人饶命！”

——吴佩孚吃饷当兵之后，家乡人是都知道的。这翁钦生尤其关心他的生死升迁，他不仅知道吴佩孚当兵了，还知道他入了武备学堂。听说还立了大功，连升三级呢。升到什么官了？翁钦生不清楚。现在，在这里碰上了，冤家路窄，翁钦生自知吴佩孚饶不了他，所以长跪不起。

吴佩孚见是翁钦生，自然也想起了往事，屁股上挨的那一脚，猛然间又疼痛起来；那声恶狠狠地“滚”声，响在耳边；丢下寡母外逃，北京深巷里的摆卦摊，天津投军当兵……一股脑儿的辛酸往事都涌到面前。他又恨又气，手插进武装带里，真想拿出手枪，杀了这个恶霸。但转念又想：“人家现在在难处，落在我手下了，杀他不是落井下石么？再说，要不是当年他逼了我一下，我哪会跑出来当兵，不当兵哪会有今天？秀才多着呢，又有几个有官做的！今天人家在难处，又是远离家乡，咱杀人家，蓬莱乡亲不骂我吴子玉忘故土、忘祖宗么！不能杀他。救人救到底，我得帮他，”他又躬腰拉起翁钦生。

“翁老板，你不也是登州蓬莱人么！我吴佩孚和你是一块地上生长的。俗话说得好，‘亲不亲，故乡人’。今日一见，你怎么这样外气了呢？”

“吴大人，吴官长，不，吴……”他不知该如何称呼他，“我有罪于你呀！我对不起你呀！我该死……”

“哪有这么回事！”吴佩孚说，“我只知道你我都是蓬莱人，古语云，‘久旱逢甘雨，他乡遇故知’，这是人生快事。今日咱们蓬莱人能在长白山下相会，得大庆一番！你也是场面上走久了的名人，可不许扫兴。”他转过身对自己的队伍说：“你们听着，这位是我的同乡，我们蓬莱的名人，你们要去好好准备一番，我要招待我的老乡！”又说：“把翁老板的货物给推着，领伙计们去好好休息。”

人们按照吴佩孚的交代，把翁钦生的货车和伙计们都领进了营房。清理一间幽静的房子，便将翁钦生等安排住下。吴佩孚说：“翁老板，等刻我给你压惊。你就在长春暂住一二日，我打听一下回蓬莱沿途还有什么歹人，是什么队伍驻防。我一定设法让你安全回到家。必要时候，我可以派几个弟兄护送你。”

吴佩孚见仇人不杀，已是奇怪事，又如此周到、盛情，那翁钦生早已感激得无地自容。只是心里仍然少不了嘀咕。

他把翁钦生安排先住下，然后便认真地亲自去操理酒菜，要给老乡压惊——

吴佩孚毕竟是读了不少孔孟之书的人，心胸并不狭窄；何况，他正是仕途通畅，平步青云的时候。上峰的好印象，下级的歌功颂德，都是他"上青云"的好风。他也想杀翁钦生，这个豪绅实在太霸道；现在杀他只在一举手！可是，吴佩孚又觉得今天这样做，害比利大，得不偿失。他要沽名、要钓誉，要让蓬莱和天下人知道他吴佩孚是一个伟大的人，有心胸的人。吴佩孚很会算账，他得出的结论是：杀翁钦生，不仅结下了旧怨新仇，还失去了乡亲，失去了一切知道他的上司、朋友。他不干这样的蠢事。

晚上，一桌丰盛的宴席在军营摆好了。吴佩孚亲自去请翁钦生。

此时的翁钦生已经是快五十岁的人了，自从那年吴佩孚闹了他家的寿堂之后，他便痛心疾首地把鸦片戒下了，想做一个干净人。这样，身子骨也较往年硬朗多了。这些年来，蓬莱沿海，兵荒马乱，收成也不好，加上他又置了几亩田，手头显紧，便筹了些银钱，觅了四五个伙计，带几辆独轮车，扮成穷小贩身份到关东来贩人参等药材。连续两趟，也实在地赚了上千银元。这是第三趟，不想在长春郊外竟碰上了强盗。兴许是翁钦生长相不俗，强盗认准他是一块肥肉，所以，他们把药材抢去，还把刀压着翁钦生的脖子，要他交出现大洋。否则，便一刀抹了他。幸亏吴佩孚带兵及时赶到，救了他的命，夺回药材。翁钦生惊魂未定，吴佩孚热情备至。他那肥胖的脸膛一阴一阳，晴晴阴阴地不能定形。见吴佩孚来请，又是说出一串感恩戴德的话。

如此的前缘，如此的相遇，又是如此的款待，席间自然少不了说些旧时的话。翁钦生也是个极精明的人，他端起酒杯，十分忏悔地说："想起当年那件事，我就无地自容，又悔又恨，真不该……"

吴佩孚忙说："千万不必再提那件事了。说句实话，要没有那件事，我说不定会终生不出乡里。人总得有点压力才会奋进，'疾风知劲草，板荡识诚臣'。若总过着舒舒坦坦的日子，人就没有精神了。说起那件事，我还真得感谢你呢！""可不能那么说，是我不好。"

"我不是也闹了你家寿堂么，那才是真不应该呢！""你提闹寿堂，我现在说，得多谢你。"

"别羞人了，有什么好谢的呢？罪过，罪过！"

"有！那也是一种压力呀！"翁钦生说，"当时，我觉得很丢脸。所以，总是想要报复一下子。事过之后，左思右想，得出一个结论，就是因为自己吸大烟引起的。要不是因为吸大烟，我怎么会到那个地方去呢？不去就见不着你，见不着你也不会出事。这么一想，吸大烟是祸根，戒！再不吸了。你瞧，烟戒了，才有今天这精神。"

二人说着，都舒坦地笑了。那个旧恩怨，算是彻底解开了。饭吃得特别称心。

压惊的宴席吃过之后，翁钦生本来想次日动身回蓬莱。吴佩孚也决定派人去护送一程。可是，到了第二天早晨，翁钦生改变了主意。

"我说老乡，今天我不走了，我想办一件十分重要的事，办完之后再走。"

"很好，我也想留你多住一天。"吴佩孚说，"有什么事要办，你只管吩咐。"

"我想去见见统制大人。"翁钦生说，"你得设法帮助我去见他。"

"见统制？"吴佩孚有点不解。心想：你和统制素不相识，见统制何事呢？他便问："事情很急么？""不急，可是很重要！"

"那好，我向统制禀报一下。我想他会答应的。"吴佩孚这样说着，心里还在犯嘀咕：这个翁钦生与曹锟素不相识，他要见统制何事？想来想去，觉得虽无理由，但认定与自己无害处。所以，他还是诚实地为他操理了这件事。

曹锟这两年也渐渐萌生着野心，想扩大地盘、扩大队伍。他知道，要办成这两件事，最重要的前提是要抓住民心。到长春后与各界名人的接触，便如是。现在，听说有一位登州豪富、吴佩孚的同乡，闯关东过长春，慕着名来拜见他，自然满心欢喜，一口答应，而且恨不得屈尊前往。

这一天，晴空万里，风和日丽。曹锟又承蒙地方名人一番歌德，正是春风得意，心花怒放。由于是接待一位绅士，他也长衫马褂，绅士打扮，并且迎翁钦生于门外。

翁钦生想施大礼，曹锟急忙拦住，只好对面拱手，而后，翁施了一个鞠躬礼。

素无交往，自然话题无几。翁钦生开门见山地讲述了自己的身世来历，又讲了过长春的遭遇以及吴佩孚的恩救、盛情，这才表明来意。"曹大人，您是普天下人人皆知的豪杰。英雄手下无弱将！我这位老乡便是一位和您一样的豪杰。早年在登州，谁人不知他是吴大秀才！我可是有眼无珠，竟……"于是，又把往事重述一遍。说："吴秀才不计前嫌，还恩待于我，这是伟人的风度，将来必会辅佐曹大人办惊天动地的大事！"又说些"请曹大人务必器重"之类的话。

日前与长春名士的一场舌战，吴佩孚已经在曹锟心目中烙下了光彩的形象。听得蓬莱人如是说，心里十分震惊："吴子玉心胸不狭！我实在做不到。"他对翁钦生说："翁先生是子玉的同乡，自然甚知子玉。我和子玉也共事有年，他的为人，我了如指掌。至于说到待你有恩弃怨之事，你也不必耿耿于怀，他是有那个心胸才干出有心胸的事，我早知他是英雄，将来国家大事少不了他，黎民饱暖少不了他。"

吴佩孚一本万利，心满意足，又寒暄了些别的话，这才领着翁钦生告别。

也是翁钦生兴奋有余，非要借着统制府宴请曹锟、吴佩孚等一场。只是由于军政事务紧迫，还是作罢了。这天过后，翁钦生的药材车子离开长春，吴佩孚派几个弟兄持着公文直送了五十里。翁钦生在谢别护送兵士的时候，每人赠送大洋五块。

翁钦生回到蓬莱，药材自然是赚了大把的钱，最使他感动的，还是吴佩孚的帮助。他像一台宣传机器，夜以继日，逢人便讲"吴秀才有心胸，乡情厚！""吴秀才在关东当了大官，白山黑水无不称颂他！""吴秀才日后准能成大器，是个英雄人物！"

宣传之外，还备了一份厚礼，领着家人到早已关闭的杂货铺，向吴佩孚寡母当面致谢！

吴佩孚是被革去功名、通令缉拿离开故乡的，一去便杳无音讯。寡母张氏守着小儿子文孚艰难度日，没有少流眼泪；后来听侄子亮孚说儿子佩孚吃饷当兵了，虽喜人还活着，但对儿子当兵却是提心吊胆，"兵荒马乱，刀刀枪枪，当兵还不是把命拴在老虎尾巴上！"张氏心里总塞着一块大病。最近，一连几年没有消息了，张氏便痛心地认定"这个儿子十有八九不在人世了！"伤心、悲痛的眼泪只能往肚里流——不敢坦开胸怀大哭，儿子还是官府通缉的对象呢。

这一日忽见豪绅翁钦生领着一队人拥到门外，觉得儿子犯事了，是来抄家的。早吓得魂不附体，坐地大哭。

"翁家老爷，佩孚离家这么多年，可从来没有归过家，家里连影子也不曾见；凭他在外又闯了多大事，俺可是星点儿也不知道。您抓住他了，该杀该剐，都是他自己的事……"

蓬莱县城，人虽不多，但住的集中。一听说翁钦生领着人拥到吴家杂货铺来了，老携幼、男拖女都从四面八方赶来看热闹。小小的一条街巷，早已围挤得水泄不通。

翁钦生走到吴家老娘身边，双手去拉张氏，说："吴家大婶，您可别这么说。我今日来，是向您老赔罪的，我还得向您老报告一个极大的喜讯……"

什么赔罪，张氏倒不在乎。一听说有喜讯，张氏忙揉着泪眼问："是我儿子的喜讯？是佩孚？""是，是他！"

"他还活着？您可千万别计较他，我求求您。"

"佩孚在东北长春当了大官了！"翁钦生这才站起身，先扶吴家老娘坐下，然后便对着张氏和前来看热闹的左邻右舍把他在长春的遭难、得救、受到护送款待说了个详细，然后说："咱蓬莱出伟人了，吴家大秀才为咱蓬莱争了光，我终生终世不会忘他！这样大心胸的人，莫说咱蓬莱，就是登州府、全山东、全中国又有几个呢？我敢肯定地说，吴家大秀才必然会做大官、办大事，咱蓬莱人都会跟着沾光！"说着，让随人打开箱笼，将一份厚礼——五颜六色的食品、花布，还另加银元送给吴家大婶。又对张氏说："吴家大婶，这点薄礼您先收下，算小侄一点心意。其实，小侄这条小命也是吴大秀才给拣来的，家财也是吴大秀才给的。从今后，我的家便是您的家，我逢年过节准来看您老人家，您老人家有事只管交代，我一定尽心！"

张氏寡母听明白了，这才轻松地舒一口气，转忧为喜，定定神，便说："翁掌柜，您不记佩孚的错，就谢天谢地了，千万不必送礼什么的。您这礼，俺也不收！"

"吴家大婶，我也得罪了吴大秀才，这礼您不收，便是还不原谅小侄。那我……我就跪下请罪了。"

说着，真想跪倒。张氏忙拦住。亲邻们也劝说："既然翁掌柜把话说明了，吴秀才对他又这么大的恩，你就收下吧。"

这一送礼、一收礼，吴佩孚在蓬莱老家的名声可就高了起来了……

第三章
醉意朦胧，歪打正着

在十九世纪末、二十世纪初，中国出了一支以"北洋"命名的军队。这支军队不仅小得可怜，也仅仅是队而已，无权涉政。这支军队本名也不叫"北洋军"，而叫"武卫右军"。这支军队是一个叫袁世凯的失意政客奉命编练的。

袁世凯，河南项城人，出身名门望族，叔祖父袁甲三是清朝漕运总督，伯父袁保绪是天津海关道，父亲袁保庆是江宁盐法道。袁世凯曾以世家子弟应试陈州，考列前十名，不知何故竟被主考给撵了出来。一怒之下，跑到天津找他的老伯父来了。经伯父介绍，认识北洋大臣李鸿章。李鸿章见他一表人才，想重用他，同他当面谈了谈，又觉此人言过其实故而不敢大用。袁世凯不甘寂寞，曾跑到朝鲜混了十几年，后来还是回到北京，竟然认识了当时的权要庆亲王奕劻，还拜奕劻为师，又认识了康有为。结果弄了个浙江温处道的官职，正要走马上任，被直隶总督王文韶留下，派他到旧淮军周武壮带兵屯田的小站新农镇去练兵，这便是北洋军的前身。到了1901年，袁世凯由山东巡抚升任直隶总督又兼北洋大臣时，他便先后上奏，把自己编练的队伍扩编、改名，竟形成了北洋六镇，人马也由小站练兵时的不过七千人一跃而成为左右国运的六镇兵马，进而扩展到全国，形成了以袁世凯为首的北洋军阀集团。袁世凯利用这支军队，挟制朝廷、篡夺政权，当了总统还不过瘾，又想当皇帝。袁世凯被护国军起义推翻以致憋屈死之后，没有人能统得了这支北洋军了。于是，北洋军中与袁世凯的一脉相承的段祺瑞、冯国璋、曹锟、吴佩孚、孙传芳等人，便割据地盘、称霸一方，内部拼杀，与南方革命力量拼杀，中国便进入了一个军阀大混战的局面。

吴佩孚这个无名小官，在沸腾的乱世中，渐渐上爬：1907年在长春还是个小小营管带，次年虽然调至炮兵三标，但还是营管带。后来，辛亥革命爆发了，吴佩孚碰上了一个大好的机会——

曹锟的第三镇由长春调到山西，任务是防止革命军北上。炮兵三标驻守晋北的娘子关。这里，山峦起伏，地势险要，是个易守难攻的地方。

三标标统陈长远也是山东人，跟吴佩孚是老乡，关系也比较亲密。此人粗大身条、粗识文字，性情也较粗鲁。但仗义执言、豪爽开朗，思想上倒是倾向革命党。北阀军进入山西之后，他便对吴佩孚说："老乡，我有个心思，想对你说个明白，看看你咋个想法？"

"标统请言，我听了之后才好说想法。"吴佩孚对陈长远总是谨慎有余。

"照我看，大清王朝是不行了。朝中谁行呢？还看不清。我看，南边的革命党里有能人。说不定今后的天下是孙中山的。"吴佩孚眉头紧锁，陷入沉思。

陈长远又说："孙中山的主张很称我的心。老百姓也很欢迎他。""标统打算怎么办？"

陈长远朝吴佩孚身边偎了偎，放低些声音说："咱最好不打革命党，娘子关要给革命军让出一条路。""上边能愿意？""不能让上边抓住。"

"万一抓住了？""跑！"

"朝哪边跑？"

"朝革命党里跑！"

"……"吴佩孚瞪起眼睛，呆了——吴佩孚不是陈长远，他肚里有文化，有礼义廉耻，有"忠臣不事二主"……革命党是大清王朝的死对头、敌人，吴佩孚吃的是大清王朝的俸禄，朝革命党里跑，那他是大清王朝的什么人？日后不是连祖坟也得扒了么？吴佩孚不敢贸然走这一条路。然而，毕竟吴佩孚又是有头脑的人物，对于世界风云知道不少，对于革命党也略知一些，虽然还看不到革命党必胜的前景，却觉得革命党是应了世界潮流，其主张是比清廷先进的。陈长远想跑进革命党，他又迷惑不信：一个只知道立正、稍息的粗人，绝对看不透世界潮流，不会是被革命党的主张感化了的，这准是在军中不得志、有气喘不舒坦。吴佩孚觉得自己不能同他同流合污。可是，他又不能不敬服陈长远的为人耿直。同一个耿直人走一条路也不能算同流合污……头脑里这么翻腾了许久，吴佩孚最后才说："标统，我可是你手下的人，你信得过我，我信得过你，当然乐意和你同走一条路。标统想了没有，这条路危险呀！"

陈长远见吴佩孚答应了，心里挺高兴。忙说："什么危险？吃粮当兵了，脑袋就拴在腰带上，不知哪会便掉了。活着时，就得选着顺路走。"

"我不是这个意思。我是说，事关重大，军营中人多口杂，弄不好走漏风声，带来横祸。"

"这一点我明白。我是看着你够朋友，才对你说的。在别人，脑袋掉了还不知因啥呢！咱们就这样说定了：同生同死，谁也不出卖谁。"吴佩孚坚定地点点头。

也该着这位陈长远不"长远"，军情掌握得不准，联络工作又没做好，便从娘子关率领队伍哗变了。虽然有几个人跑掉了，大多数哗变的人连同标统一起都被抓了起来。

这一天，吴佩孚正在统制曹锟那里。一听到消息，他便周身打起寒战来。心里想："这次完了，陈长远必然把我供出来了。叛逆是要杀头的，得想一个脱身的办法呀！"他眉头紧锁，脑海翻腾，凶凶吉吉地想了半天，忙对曹锟说："统制大人，陈标统的事我好多天前便知道了，我想以我的影响把他从岔道上拉回来，并且许诺他只要改掉邪念，我绝不禀报。当时他是答应了的，还说：'不能背叛统制'。不想他又变了卦。我有责任，你处治我吧。"

曹锟乍听，心中火冒三丈："这种叛逆大事，为何不早早禀报？"他想臭骂吴佩孚一顿，可转念一想，觉得又不能骂他："作为陈长远的部下，他能不随波逐流、同流合污，已经是万分难得了。何况他还做了争取工作，该是有功劳的。何况人家有言在先，改邪归正了，不禀报。这是情有可原的。"曹锟问："这次异变，你没有觉察到么？"

"觉察到了。"吴佩孚说，"前天深夜我来找统制，统制已经睡下了，门卫说'任何人不许惊动'，我便回去了，昨天观察，似乎平静了，今天又觉异常。这不，我匆匆离队来见统制了……"

曹锟踱着步子想想，觉得也是实情。便点头说："做军人的，食着朝廷俸禄，应该报效朝廷，万万不能有非分之念，背叛朝廷，将会遗臭万年。这种事，我辈万万做不得呀！"

"佩孚明白。"吴佩孚说，"统制的教诲，佩孚无时不牢记于心。所以，这次全标异动，佩孚不怕风险独自来到统制身边。"

曹锟是个喜欢奉承的人，又逢上哗变被平息，心里也较平静，再加上他对吴佩孚本来就有个良好的印象，当初的一股怒火很快便消失了，并且由高兴到相信吴佩孚。最后说："你回去吧，陈长远是不能再带兵了，你先把部队收拾一下，逐个排查一下，不行的赶快处置，该提拔的你尽可以作主。短时间务必把军队调理好。""是，我会按照统制大人的吩咐把部队调理好的。"

陈长远的哗变失败，给吴佩孚创造了一个平步青云的良机。不久，他便被提升为炮兵第三标标统。

中国军阀混战之初，吴佩孚是小得数不上的官儿，他的作为很小，鲜为人知。革命党兴起之后，势如破竹，清廷派兵消灭又消灭不了，便搞了个假议和。假议和被国人识破了，便有人出面进谏朝廷，"请立共和"。那是段祺瑞、袁世凯干的事。出这个主意的，是初露锋芒的皖系骨干徐树铮。结果于1912年1月26日由前线四十二将领署名、段祺瑞领衔向朝廷发了个"请立共和政体"的通电。电文自然编得入情入理，但不乏对朝廷的恫吓。二十六天之后，清帝便宣布退位，袁世凯弄了个共和国的临时大总统当了。当时，莫说吴佩孚这个官职勉强相当于团长的小官，就连曹锟，也是勉强列入四十二将领之中的。

常言说得好，乱世出英雄。袁世凯当了大总统之后，北洋军的镇改为师，标改为团，吴佩孚这才弄了个团长当。袁世凯深知自己的总统大位不稳，便把部队尽量往京畿自己的身边调，把曹锟的队伍又由山西调到北京南郊的南苑。

袁世凯镇压了孙中山发动的二次革命之后，于1914年4月任命曹锟为长江上游警备总司令，率他的三师进驻岳州。吴佩孚被提升为师部副官长，随曹南下。1915年吴佩孚被升任为第六旅旅长。这时候，全中国掀起了护国讨袁运动，这个运动首起云南，漫及各省。袁世凯怕云南之火烧到北京，便派曹锟入川阻止，并伺机消灭云南蔡锷的护国军。吴佩孚率六旅先到綦江，在纳溪同护国军打了一仗。打得很不错，袁世凯听了曹锟的禀报，便授予吴佩孚陆军中将。

袁世凯野心很大，当了大总统不过瘾，一心要当皇帝，皇帝做了八十三天，袁世凯在一片声讨中病死了。袁世凯做总统，段祺瑞有首功。所以，袁便封段为内阁总理兼陆军部总长，段可谓军政大权一手在握了。袁世凯死了，段祺瑞理所当然的是袁的继承人。可是，偏偏由黎元洪出来当了大总统——事虽奇而又不奇：此时虽然段祺瑞大权在握，但中国却在大乱，不仅南北方大乱，北洋系内部也已裂痕渐深。段祺瑞的"小扇子军师"徐树铮为他出了个主意，要他把总统位子让给黎元洪，而他在背后作"太上皇"。段祺瑞照办了。如意算盘并不如意，黎元洪作了大总统之后，并没有按照段祺瑞的指挥棒办事，而是我行我素，行使大总统职权。在对德宣战问题上，二人便针锋相对：段祺瑞要战，黎元洪要不战。争执不下，誓不两立，形成了史家所称的"府（总统府）院（国务院）之争"。一怒之下，黎元洪免了段祺瑞的国务院总理职务。段祺瑞是什么人？北洋三杰之虎！他总握兵权，怎么能咽下这口气。免职令刚下，他就拍案而起："我要发兵，推翻这个总统！"又是徐树铮作了梗。"老总，兵发不得。""为什么发不得？"

"黎元洪是共和总统，共和乃当今潮流；推翻共和总统，要担当什么罪名呢？"

段祺瑞吃了一惊。"这么说，就没有办法了？""办法当然还是有的。"徐树铮胸有成竹地说。"什么办法？"

"老总知道徐州发生的事情吗？"

段祺瑞微锁眉头，鼻子歪到一边，思索半天，说："你是说张勋，张绍轩？"

"是他。"徐树铮说，"张绍轩是个复辟狂，至今还留着辫子不剪。业经在徐州开了三次督军会了，一心想恢复皇帝，只是怕老总不答应，所以议而难决。假若老总送给他一脉秋波，他便会发兵进京。""要我帮他复辟？""可以这么说吧。"

"这什么意思？"段祺瑞不解了，"这不跟打倒共和总统是一回事？"

徐树铮笑了。"皇上复位，当然不是咱们的目的。要知道，皇上能复位，首先得要大总统离了位……"

段祺瑞豁然开朗。"你是说，借张勋的刀，然后……""名正言顺，堂皇天下！"

"好！我就派你去徐州促成这件事。"

张勋，字绍轩，江西奉新人，出生于破落的小商人家。后讨饭到广西，投奔到广西督军苏元春门下，先在督军府上房听差。此人貌憨心诈，手腕灵活，结识了苏元春身边不少朋党，苏委他作了亲兵队长。但因张狂嫖滥赌，惹恼了苏元春，苏要处治他，他不得不逃之夭夭。此时正值袁世凯在小站练新军，他便投到袁世凯门下。义和团在山东兴起，袁世凯督山东，张勋随往，成了总兵；后来袁世凯督直隶，张勋又是在天津统帅武卫亲军的得力将领，张勋发迹是乘着八国联军侵北京之后，慈禧和光绪皇帝逃出了京城之机。那时候，张勋不仅星夜兼程勤王，在宣化附近赶上慈禧之后便寸步不离。慈禧回京就封他为御林军头目。1906年调奉天，为奉军辽北总统，两年后被任命为云南提督，旋即改任甘肃提督。但他哪里也不去，仍住奉天。直到1910年才接统江防营，驻扎浦口。

1911年8月，张勋调任江南提督。10月辛亥首义，张勋在南京为清廷出了大力。此时，江苏、浙江、上海的革命党人联合攻打南京，张勋把辫子盘在头上，脱光上衣，手持大刀率队与革命军决战。最后，张还是大败逃到徐州。因"镇压乱党有功"，清政府授他江苏巡抚署两江总督、南洋大臣，加袭二等轻车都尉之高职。张勋感激涕零，更加效忠朝廷。当清室被推翻之时，他匍伏地上，号啕大哭，对天盟誓，恢复清室。所部官兵，一律不剪辫子，张勋为世人称作"辫帅"，其军队称为"辫子军"。张勋一天也未停止复辟活动。只是因为段祺瑞不支持他，张勋虽在徐州开了三次会议，但都不敢轻举妄动。

现在，段祺瑞派他的"小扇子军师"徐树铮到徐州给张勋送秋波来了，张勋大喜过望，迫不及待地于1917年5月21日在徐州召开了有十三个省督军或督军代表参加的第四次复辟会议。

张勋活动清帝复辟的时候，直系势力已有很大发展，直系首领冯国璋当了副总统兼江苏督军，驻扎南京，独霸长江下游；曹锟被袁皇帝封为一等伯，兵出四川与护国军作战，任征滇军川路总司令，不久改任直隶督军，驻扎保定，独霸北方。吴佩孚不仅已是师长，且是曹锟帐下的头等谋士。

那一天，直隶督军接到张勋徐州会议的电报，有些犹豫难决。急忙派人把吴佩孚叫到身边。

"子玉，张绍轩复辟之心不泯，又要在徐州开会。你对这件事可能也听到风声了，咱们是去还是不去呢？"

四十四岁的吴佩孚望着五十六岁的曹锟，迟疑一下，说："徐州的事，我是听说了，未曾细思索，不知督军大人有何想法？"

"其实，也够难为张辫子的。"曹锟说，"作为人臣，张绍轩忠心耿耿，皇天可鉴。他毕竟是靠着皇恩才有今天的……""这么说，大人是支持徐州会议的了？"

曹锟又不轻不重地摇摇头。"民主共和，乃当今世界潮流。清朝许多显贵都心移志转。张绍轩能否成功，尚难卜。若是真的随附张绍轩来复辟朝廷，岂不伤害了众多显贵？故而，尚无支持徐州的意思。"

曹锟虽然嘴上如是说，但表情却又不是那么坚决。他端起茶杯，缓缓地站起身来，又缓缓地踱着步子，却留下一句耐人寻味地言语："这民主共和……"

吴佩孚淡淡地笑了。心里明白了："曹仲珊是想脚踏两只船，怕得罪了转向的显贵，又与张勋有同感。""督军大人似乎顾及太多了吧。""怎么说呢？"

"当今形势，并非大人所虑。"吴佩孚也站起来，朝曹锟身边移近些，又说，"自从项城故后，朝野上下，人人都在伺机而动：共和固属潮流，朝廷并非一无是处，中国毕竟是中国，怎能与欧美西方相同？共和比帝制究竟优越几许？国人恐只能一知半解。中华帝制，历史悠久，怎么能说不行，一日之间就土崩瓦解了……""那你的意思……"

"这是其一。"吴佩孚答非所问地说，"其次，不知大人是否了知一个情况？"
"什么情况？""府院情况。"

"大总统不是把总理给免了么！"曹锟说，"那个段合肥（段祺瑞，安徽合肥人）也太不像话，飞扬跋扈，不可一世，俨然成了太上皇。不用说黄陂（黎元洪，湖北黄陂人），任何三尺汉子，也不答应。"

"这也是其一。"吴佩孚说，"大总统是免了合肥的总理职，但是合肥也非等闲之辈，何况手中还握有相当兵权。""他敢发兵推翻黎宋卿？"

"问题就在这里。"吴佩孚胸有成竹地说，"大人想想，清帝退位之后，张绍轩在徐州开了三次督军会，都是议商复辟事。为什么议而不决？他势单力薄，听说最多时只有七省联盟。常言说得好，事不过三。张勋居然要开第四次徐州会议，又处在合肥下台这个节骨眼上。如果昔日议而不决是感到势单力薄，那么今天，一定是势不单，力不薄了！"

"难道合肥会……"

"不必怀疑。"吴佩孚说，"合肥也是人，也是大清皇帝的子民，是大清皇帝的重臣。大人认为他是'共和狂'么？不。共和总统免了他的职，他恨共和总统。张勋进兵北京，想扶皇帝，那么对大总统……""我明白了！"

曹锟弯身放下茶杯说，"好，咱们参加徐州会议！"张勋的第四次徐州会议开得十分顺利，二十多位督军和督军的代表，都赞同张勋北上。张勋的秘书长万绳栻多了一个心眼，还提议大家签一张"金兰同心帖"，乐得张勋把留给儿子作压邪祟用的黄绫子也拿出来，连副总统冯国璋在内都签上了自己的名字。

有了"金兰同心帖"，张勋更加有恃无恐了，立即从徐州率六千辫子军北上"勤王"。"绿灯"早亮，大道畅通，辫子军顷刻之间便到京津地区，稍事停留，直发京城。

1917 年 6 月 30 日进了北京，当日，大总统黎元洪躲进日本大使馆；

1917 年 7 月 1 日，北京城挂起了龙旗；

1917 年 7 月 2 日，退位的宣统皇帝溥仪重登极位，开始颁发"圣旨"。

北京挂龙旗的那几天，曹锟大喜过望，亲自跑到吴佩孚那里，喜笑颜开地说："子玉，皇上复位了，辫帅得胜了！你赶快拟个电文给张绍轩，咱们得祝贺祝贺他！"吴佩孚也很高兴，觉得又有一次"上青云"的机会。自然乐意对张勋奉承一番——奉承张勋便是奉承朝廷，朝廷高坐龙位，能不高兴？于是，他闭起门来，挖空心思，写了一份极尽捧张的电文。

也该着事情蹊跷，吴佩孚电文拟好之后，尚未发出，一位老朋友请他去作客。并说："酒宴已摆好，只等大驾光临。"吴佩孚春风得意，正是处处显风流的时候，能不应邀？于是，随车前往，开怀畅饮，不觉竟酩酊大醉了。醉迷中，竟然把那张祝贺张勋复辟成功的电报稿当手纸用了。朋友把他送回家中，他往床上一倒，便腾云驾雾起来，一躺又是两日。

曹锟放心不下，听说宣统登极后便颁旨，加封有功之臣了，自己尚未淋到雨露，恐有遗漏，或张绍轩忘了推荐。他便急忙赶到吴佩孚家中。一见吴佩孚正昏睡之中，心中十分不快。用手推推吴佩孚，说："子玉，子玉，你醒醒。"

吴佩孚正在梦中——他又梦见自己回到蓬莱老家了，还是那么寒酸地走进了烟馆……

曹锟推醒他，他还迷迷糊糊没有离开梦镜。曹锟忙问："给绍轩的电报发了么？"

吴佩孚颠颠倒倒地说："不发了，不发了。他要失败了，彻底失败了！还发什么贺电？"

　　吴佩孚在曹锟面前从不敢戏言，今天忽然说出此话，曹锟大吃一惊。"难道吴子玉竟能先知先觉？"他冷静地想想，笑了。"烂醉之中，信口开河，岂可轻信。"他本来还想再唤醒他，可是吴佩孚早又躺倒身子，一边呓语喃喃，一边鼻鼾起来。曹锟有点发怒了，遂不辞而别。一边走，一边说："如此作为，若有战事临头，岂不误了大事。"

　　北京城头的龙旗挂出不久，张勋的黄粱美梦正酣，段祺瑞便在天津附近的马厂地方举行了一个誓师大会，并且成立了以他自己为首的讨逆军总司令部，发起了一场讨伐张勋叛逆的战争。

　　曹锟正在惊慌之中，段祺瑞的讨逆檄文已宣告天下，讨逆之师，势如破竹。张勋哪里是对手，不得不逃入荷兰大使馆避难，小朝廷又被赶下龙墩。

　　曹锟惊慌了，他是支持张勋重扶小朝廷的。现在，美梦破灭了，张勋成了叛逆，那么他曹锟岂不也是叛逆了？昨天还是赫赫的大将军，今天成了叛逆，曹锟没想到失败得这么快！更使他迷惑的是：挂龙旗的时候吴子玉便说张勋败了，几天后果然应验，这事太奇了！"难道吴子玉有孔明之精，能够未卜先知？"他想起来了，吴佩孚未到军营之前，就在北京街头摆过卦摊，他肯定精通《周易》，以后万万不可慢待他呢！转念再想，他却又有些怕吴佩孚了。"有一天，吴子玉会在我之上的……"曹锟不安了，头低垂，眼难睁，闷在书房里，话也懒得出口。

　　——曹锟发迹之后，看得最重要的是两件事：一件事是置买田产，大造府第：他的故乡大沽，许多好田都被他"买"了去，他又在大沽、天津大造私宅。他当了督军，驻扎保定之后，又在保定大兴土木，首先将昔日的直隶按察使狱署改建成宾馆；他崇拜名将戚继光，把宾馆命名为"光园"；又在关帝庙建了一座"曹锟戏院"，有住有玩之外，还在大清河畔买了好地六百亩，建一座"曹锟花园"，亭台楼阁，山山水水，松柏花草都装点得十分精秀，真够他享受的！另一件事便是纳妾，曹锟原配是郑氏，是曹锟卖布时娶的。郑氏相貌平平，但性格温和；他纳的第一个姜高氏，容貌俊秀，文才出众，琴画诗书都十分精通——这位高氏姨太的哥哥原是曹锟的上司，见曹相貌堂堂，猜想必有大发，故将十九岁的妹妹"赐"给他。哪知这位高氏女人性格高洁，嫁曹后知其家中还有妻子，遂郁闷而死；三姨太叫陈寒蕊，是曹锟的大沽同乡，也是个十分有姿色的女子。当时曹锟虽已妻妾成群，唯一的憾事是都不生儿子。曹锟是笃信孔孟思想的，坚信"不孝有三，无后为大"。

所以，他终日为此事发愁。原本想着再纳他三两房美姜，怎奈这陈寒蕊死不答应，并且告知已怀身孕，"说不定我会生个胖儿子呢！"

曹锟得悉三姨太怀了孕，十分高兴。大喜过望，立即派人把保定府里那个以卜卦著称的司岳三司瞎子请来，请他先卜是男是女。"人家都称你为'司半仙'，是铁嘴，我得请你卜个男女。""督军大人之命，小的自当遵从。"司瞎子说："那就请大人把八字说来。"

曹锟说："我生于同治元年十月二十一日申时。"

司瞎子掐着手指头，嘴巴扇了几扇，然后说道："大都督，您这卦在下细推测一下，觉得有句话不得不说。"

"什么话？只管说。"曹锟说，"人家称你是铁嘴，可不能软。""大人虽是好命，但却在子嗣上不顺。""有没有办法破一下？""有。"

"什么办法？快说。""须纳妾，方能有子。"

"啊……"曹锟真想纳妾，可是陈寒蕊不答应。所以，曹锟这几天心情特别郁闷。

纳妾之事正焦心，现在又要成为叛逆。身败名裂，断子绝孙！曹锟受不了，头脑一晕涨，便躺在床上——病了。

吴佩孚醉酒醒来，得知曹锟病了，便匆匆朝督军府走去。走在路上，忽然想起了给张勋发的贺电还没有发出，他忙着朝衣袋中去摸，不见了。心里十分吃惊："督军大人若问此事，该怎么回答呢？"他放慢了脚步，边走边想应付的理由。直到进了督军府大门，理由还不曾想出，他只好硬着头皮，走进曹锟的书房。

寒暖问了一阵子之后，曹锟把家人都撵了出去，然后想用私事把吴佩孚混着，打发他去了事。于是，便把瞎子算命的事说了出来。又说："这事我倒不全信。只是说得挺叫人心里烦得慌，所以……"吴佩孚笑了——他也想借故混一阵子，以免问起电报事。"督军大人，怎么能够轻信一个瞎子的胡言乱语呢？您知道他是什么人么？"

"什么人？"曹锟说，"不就是算命的瞎子么？""骗子！"

"怎么见得？"

"前几天，有人求他算命，告诉了他生辰八字，问他命中有无儿子。他嘀咕了半天，说人家无儿。那算命的，原来是他的老叔。那老叔扬起巴掌赏他一个响亮的耳光，骂道：'狗杂种，满口喷粪，老叔没有儿，你那三个哥哥、两个弟弟是哪里来的？'瞎子一听，知道坏了，夹着竹马溜走了。"

曹锟淡淡一笑。沉默了半天，才把话题转到张勋的事情上去。"子玉，张绍轩那里……"

吴佩孚机灵，他也听到张勋的事并不顺利。忙说："辫帅的事，自会有历史作结论。咱们老态度，不即不离。"

"我不是说这些。"曹锟说，"我只是说，北京挂龙旗的时候，你怎么知道张勋就败了，还说他'彻底败了'呢？"他把去找他、他睡在床上说的话又重述了一遍。

吴佩孚自己也暗暗吃了一惊，但还是随机应变道："督军大人既然说破了这件事，子玉也不好掩藏了。张勋的事，我有预测，他成不了气候。"

"那样说，当初咱就不该派代表去徐州。"

"此一时，彼一时。"吴佩孚说，"大人还记得吧，段老总的代表徐树铮、曾毓隽不是也在盟约上签了字么，现在徐已是讨逆总司令了。""那幅黄绫子是个祸根。"

"不要放在心上。"吴佩孚说，"副总统（冯国璋）和段老总早作了安排。"

曹锟这才轻轻地舒了一口气，又说："那就应该早早给段合肥发个电报，表明一下咱们的态度。""好，我这就发出去。"

曹锟还想再问问吴佩孚是怎么先知张勋会败的事，只是觉得不好追根求源，便悻悻地说："该做的事，你抓紧去做吧。不一定事事都再商量。"

吴佩孚却不失时机地卖弄自己。"战争有时是凭实力，有时也不全凭实力。天时、地利、人和，当统帅者都要运筹帷幄。诸葛亮不是每出兵就观星相么，那是有道理的。得研究他的道理……"曹锟频频点头，心里越加器重吴佩孚。

复辟被扑灭，段祺瑞成了"再造共和"的英雄，直系首领冯国璋爬上了大总统宝座。吴佩孚从此为自己铺下了更广阔的道路。

第四章

二下潇湘

　　吴佩孚做梦也不曾想到，张勋复辟竟给了他一个大好的机遇：曹锟迷信了他，不仅说他是"勇将"，还说他"足智多谋又善算"。有了这个基础，吴佩孚青云路已是畅通无阻。黎元洪下了台，大总统落到直系首领冯国璋头上，直系的"哥们"还不得"鸡犬升天"！再说段祺瑞总理大权在握，是吴佩孚首先给他发出拥戴电，而他吴佩孚却并没有向张勋表示一个笑意，这份情段老总是会领的。一切的一切，都是吴佩孚的杰作，他能不得意？那几天，吴佩孚兴奋极了，天天军容齐楚，笑容满面，见人也谦和起来，常常喜不自禁地捧起酒杯，自斟、自劝、自饮；似酣非酣时，便晃着脑袋，脚打板、掌击案，哼几声音韵都失调的京腔："包龙图打坐在开封府……"方方的脸上，顷刻就增加了润红；还算圆大的眼睛，却随着兴奋而微合着；剪去辫子之后显得宽大的脑门，泛出青光。四十多岁的人了，他对着镜子自赏，犹觉青春体壮，能够担起大任！他想请命，去寻求一个能够担大任的去处，却又觉得事出无由，只好暗赏孤芳，等待时机。等得有点心焦！

　　冯国璋当了大总统之后，直皖两派各得其所，关系也还融洽，中国出现了暂时和平稳定的局面。

　　中国的事情常常很奇妙。比如说战争吧，有战争时，人人都嚷着要和平；和平之后，又常常找事端使战争再起。本来，黎段府院之争的原因之一，便是是否对德奥宣战。那时候，帝国主义两大集团为重新瓜分世界，正在进行着第一次世界大战，这场大战渐渐波及中国。中国参不参战？参加到哪一方面？一直争论不休。冯段掌权之后，迅即决定参加协约国方面，发表对德奥战争宣言。在国内，北洋系的军阀混战暂停了。南方还有一股革命军打着护法旗号，要打倒北洋派。北洋派生气了："什么护法？"冯国璋、段祺瑞都厌恶"护法"这个词。冯国璋坐上总统宝座不久，便叹息着说："绝不允许他们成气候！过去蔡锷、李烈钧、唐继尧搞护国军，要打倒袁世凯。袁世凯不是死了么，该平静了！又出来个什么护法军，什么孙中山。我们政府的事为什么要由你们来管？解散不解散国会，关系到你们什么？"其实，冯国璋、段祺瑞的用心是很明白的，不许别人动摇他们的政权！赵匡胤灭南唐，谁不明白缘由呢！

　　冯、段也是最怕祸起后院的。所以，在宣布对德奥开战的同时，决定组织军队南下，消灭护法军。

　　吴佩孚的机会来了，他十分自信，南下的军队会由他吴佩孚左右。他该去请命，但他却在曹锟面前表现得十分冷静，不提任何要求，连在曹锟面前停留的时间也很少、很短；许多天前思索着请战，现在一个字不提了。只是不再暗自饮酒，不再对着镜子自赏，他面上的红润似乎也减色了。

　　果然，吴佩孚被任命为直系南下军的前线总指挥——南下的总指挥段祺瑞，兵分两路，东路统帅是段芝贵、李长泰，西路是曹锟、吴佩孚。曹锟不到任，吴佩孚以代理第三师师长身份兼任直军统帅。

　　天有不测风云。正在吴佩孚组编军队、准备粮秣的时候，家中突然闹起了大事：寡母张氏，收拾行李一定要回蓬莱老家。吴佩孚很焦急，匆忙到母亲面前，赔着小心说："娘，你出来有十年了，儿子媳妇有什么不好，你只管打骂；再说，老家没有人照顾你，你回老家怎么生活呀？"

　　张氏气怒地说："饿不死俺！当初你爹没了，我一个寡妇领着全家都能活过来，我一个老妈子就不能活了？"

　　"不是住得好好的么，怎么说走就走了呢？"

　　"娘都黄土埋到脖子了，我吃不得别人的瞅眼饭。"

　　吴佩孚明白了，知道是跟媳妇闹了意见。便说："娘，你先别走，我去找佩兰。"

　　吴佩孚来到张佩兰房里，张佩兰也在收拾行李，一定要回长春老家。

　　"佩兰，这就是你的不对了，娘能跟咱再过多少日子？你就别跟她闹气了。有啥过不去的？当儿女的应该以顺为孝，你……"

"我怎么啦？"张佩兰不服气地说，"娘面前我哪点做不到？当初叫干妈时我就常常给她洗脚、洗头，这几年……""那怎么会又出事呢？娘闹着要走，为啥？"

"我哪里知道？"张佩兰沉思片刻，又说，"我和你结婚十年了，从没有为娘家人求过你办一点事。这一次，一个牛起顺都不容。牛起顺是你的部下，升官不升官也是你的事，我不过是提个醒。老奶奶就动起了怒——"

吴佩孚这才恍然大悟……这里，要说一段事。

当初，张氏寡母在翁钦生掌柜的鼓励和支持下，便匆匆领着媳妇李氏和三儿文孚赶往长春。说来也巧，老太太行期刚定，吴佩孚竟也派人来接，不费多大周折，婆媳、母子便到了长春。

一别十年，重又相逢，说不尽的悲悲喜喜离别情意，又说起翁钦生的恶恶善善为人处事，笑一阵，泪一把，叹几声，哭几声；又问了些乡亲状况。吴佩孚的督队官忙里忙外，又在一家张姓火店觅到住处，让这婆媳、母子定居下来。张氏和文孚住正房，吴佩孚和李氏住耳房，亲亲热热一家人，倒是重新过起和和美美的生活。

这张家火店有个女儿叫佩兰，业经成人长大，一身横肉，肥头宽脸，虽不算怎么丑，却也并不美，生性倒是喜打欢闹，能说会道，整天喜鹊儿似的出出进进。不多久，便跟吴家这家人热火起来。张佩兰心直口快，一来觉得吴佩孚人还不错，又是个官儿，同时也觉得老太太挺仁厚，硬是要认张氏为干妈。干妈认定了，自然称佩孚为干哥哥。干哥干妹，问暖嘘寒，渐渐亲热起来。一天，张氏领着媳妇、三儿子文孚去逛街了，吴佩孚也没有操练任务，便躲在房中读书。那张佩兰瞅准这个机会，失失张张地闯进来。

"妈，干妈！嫂子！"没等人回话，她已闯到佩孚面前。

"她们都逛街去了，兰妹你坐吧。"吴佩孚放下书，招呼她。

"你怎么不去逛街？"

"我……我想读点书。"吴佩孚微微一笑，"好像觉得还有点什么事该做。所以在这里……"

"什么事？连嫂子也不陪陪。"说着，这干妹妹已经来到他身边，搭手把桌上的书拿过来，胡乱翻着——其实，她既看不懂也不想看。

吴佩孚站起身来，伸过手去夺书。"你别看了，这书不是女人看的。"

"我偏要看。"张佩兰嗔娇着说，"我不信哥哥能看的书，妹妹就不能看？"说着，便侧着身子、偏过头朝佩孚依了过去；吴佩孚也故意朝她偎依过去。两人紧紧贴近了。屋子里，静悄得死一般，两股呼吸的激流在动荡、在雷鸣般地交织！吴佩孚把张佩兰推倒在床上；张佩兰任凭吴佩孚去做他想做的一切事情……

雷雨过后，风消云敛，张佩兰穿好衣服，理了理散乱的黑发，嗔怒着说："哥哥你真坏，坏死了！"

吴佩孚笑了。他又捧起她的香腮，狠狠地吻着，说："俺读书人从来都是一本正经的。可是，你却惹得俺神魂不安，俺怎么能不狠狠'处罚'你！往后你再惹俺，俺还得'处罚'你！""啥都给你了，可今后……"

"兰妹，你放心，我绝不辜负你就是了。"俩人又搂抱在一起，亲昵了半天。

天下事没有密得了的。吴佩孚对干妹妹的"处罚"竟被一位叫牛起顺的队官知道了。这个牛起顺也是个心术不正的人，他亲眼看到吴佩孚"处罚"干妹妹的事，先想当作笑料，给他到处宣扬一番，让他抬不起头，见不得人。他关在自己房中，眯着眼睛沉思，想编一个吸引人的桃色故事。但转念又想，不妥。"自己毕竟是吴佩孚的部下，惹恼了他，他还不想怎么惩治我就怎么处治我！"牛起顺思来想去，觉得还是以此事作为敲门砖，去投投吴佩孚的门子，弄点升腾为好。于是，他瞅着一个的机会，钻到吴佩孚的办公室，半求半诈地说明心意，果然弄了个相当于连级的小军官。他十分满足，得恩想报，便自告奋勇，去张家做媒，要张家把闺女嫁给吴佩孚做二房。张家早想图个高枝攀，又约略知道了闺女跟吴佩孚的丑事，自然满口答应。牛起顺好事做到底，便主动在外边租了房子，择了吉日，准备瞒着张氏寡母和李氏二人，待办完喜事再说。

谁知事又不密，就在吴佩孚结亲这一天，张氏寡母什么都知道了，她领着媳妇和三儿子文孚，怒气冲冲地闯到新居，又吵又闹，并且叫文孚掀翻了酒席。文孚知道此事是牛起顺从中说合又找的房子，便找到牛起顺，拳打脚踢一场，把个喜宴闹得鸡飞蛋打。

吴佩孚向老娘和李氏赔了许多不是，又长跪不起，并且做了许多许诺。张氏和媳妇李氏看到生米已煮成熟饭，只好痛着心地接受下来。自此，吴佩孚这个家便产生了裂痕，连当初那阵子的干妈、干女关系也生分了。张氏娘儿仨恨佩兰，更恨那个牛起顺。"坏肠子东西，佩孚都是他调唆坏的。要不，读了那么多年书，怎么会连结发妻也不在意了呢！"后来，老太太几次让吴佩孚"革了那个牛起顺的差"。可是，吴佩孚、张佩兰又都对牛起顺感恩戴德，谢还谢不尽，怎好革他职？

事情过去也十年了，李氏也于两年前病故了，老母张氏虽随在儿子身边，却只闷在屋里烧香念佛，什么事也不管了。

张佩兰在李氏病故之后，自然升到了夫人的主位。往日还拘于"二房""先婚后嫁"的名声，举止也比较收敛，如今是堂堂夫人，气派自然不同。又觉得"能有今天，全是牛起顺的功劳，我得好好报答他！"于是，便趁着此番吴佩孚南征，实实在在地为牛起顺"讨封"起来，这才引出这一场风波。

吴佩孚看着老娘如此气怒，佩兰又那么赌气，犯愁了——当官指挥军队，吴佩孚已经得心应手了。此番南征，他很有信心取胜。而在老母、妻子之间，他却束手了：逆着母亲的志向去做吗？吴佩孚绝不会干，他信守"不是孝子绝不会成忠臣"的信条，他要做孝子，他要顺从母愿。"孝应以顺为先！"要服从母亲，却又要得罪妻子，吴佩孚又不愿意做。张佩兰，虽然算不上是美女，相比之下，比李氏要好得多，社交场上能搭搭茬；理家管内，还有心胸；尤其是在吴佩孚面前，那种柔情、那种温馨，那种女人应该给男人的全部，她都给了吴佩孚。军营之外，吴佩孚的家是令他心满意足的。现在，一个牛起顺的事就办不成么？竟能驳了夫人的面子么？

这事虽小，吴佩孚却犯了大愁。他不得不去找张福来。

张福来，督队官，是吴佩孚比较信得过的朋友。他们二人官职也不相上下，性情相一。只是张福来为人比吴佩孚洒脱得多，思想不那么正统，遇事"点子"来得特别快。张福来听吴佩孚叙说完"难处"，两条浓眉抖了抖，用手捂摸了一把唇边黑压压的胡茬，笑了！"我说多大的军机呢，鸡毛蒜皮！"

"难哪！"吴佩孚叹息着摇头，"老母、佩兰都赌气。""都满足她们不就得了！""怎么满足？"

"牛起顺的官照升，对嫂夫人直说。然后对老母撒个谎，不就完了。"

"撒谎？"吴佩孚说，"老娘这次下狠心了，非把牛起顺撵走不可。"

"封官以后调别处不就行了么。"

吴佩孚眯着眼思索了一阵子，觉得再无良策了，张福来的主意可行，是个两全——三全其美的办法。一场家事风波，便被一个粗人轻而易举地处理完了。

家事安定，后顾无忧，吴佩孚方从保定挥师南下，直驱湖南。吴佩孚虽形似文弱书生，在用兵上却有他的独到处，且又能身先士卒。兴师之后，马不停蹄，一路势如破竹——前进之中，他想起一段往事：

四年前，也就是二次革命之后，汤芗铭任湖南督军，曹锟以长江上游总司令名义率部援湘，驻扎岳州时，吴佩孚以团长左迁师部副官长随曹入湘。那一次，吴佩孚春风得意，有了颇为出乎意料的升腾，他产生了对湖南的特殊感觉。

本来，吴佩孚那次是极不乐意入湘的：副官长算一个什么职呢？只不过是一个马弁头头，以巧言令色为必要职能，呼之为牛则不敢为马。吴佩孚哪里愿意干这种差事。所以，他干时极不尽心，连曹锟也觉得他颇不称职。

有一天，长沙集会，汤芗铭率一群将军出席，吴佩孚代表第三师师长也出席了这个集会。这也是阴差阳错的巧合，汤芗铭以高姿态自居，先请友军的代表吴佩孚讲话。吴佩孚顷刻精神大振，他要利用这个千载难逢的机会展现一下自己，使友军将领知道他吴佩孚并不只是一名小小的马弁头，而是胸有韬略、口若悬河的栋梁之材！

吴佩孚读过几年圣贤书，有秀才功底，他自信，若不是跟翁钦生斗殴，他必然会金榜夺魁，形势迫使他不得不走进行伍行当。一个秀才与兵为伍，吴佩孚觉得他肚里的才华无处用了。今天，在湖南督军面前，守着不大不小的一帮将军，吴佩孚的学问有用了。他搜肠刮肚编出一套动听的词语：开篇便奉承汤芗铭"督湘有方，万民敬仰"；接下去说湖南是一片宝地，人杰地灵，又夸湖南诸将"胸有韬略"；再下去，便大谈起孙子兵法，谈起诸葛亮神机妙算……吴佩孚满面红光，挺胸昂首，声音洪亮，吐字清晰，文白相间，一口流利的国语。台上台下，四座惊讶！

那汤芗铭虽然是个只知带兵夺地的人，肚里却还有点文化。听得吴佩孚的奉承，奉承得又那么不显山、不露水，已经是昏昏然了；又听他谈古论今，更不知吴城府有多深呢！在吴的讲话中，汤芗铭多次站起身来，带头拍巴掌。那些属下，谁不紧跟！一番谈吐，吴佩孚成了最令人注目的人物。

吴佩孚讲演完了，汤芗铭丢下属下各将，挽着吴的手回到客厅，亲自把他扶到椅子上，一边命人献茶，一边说："子玉将军，今天我万分高兴，将军的到会，为大会添了光彩，为湖南添了光彩，也为中国军队添了光彩，将军——是个栋梁。"

吴佩孚心里热了：湖南一霸能如此评价他，这是何等的珍贵！吴佩孚本想当面表示谢意，但转念一想，不行："官场上的奉承话，跟屁差不多，放出来也就消失了。我得让这个督军给我吹点风，说点有用的话。"于是，他轻轻地叹息一声，说："承蒙汤大人的厚爱，子玉感激涕零。只是，子玉并非什么将军，只是一个小小的副官长，人称马弁头。"

"这不会吧？"汤芗铭惊讶地说，"如此才智，怎会无人识？"吴佩孚冷笑着摇头："只怪子玉运气不佳。若能在汤大人麾下，有汤大人伯乐之目，子玉自然不至于如此。"

汤芗铭明白了，原来吴佩孚没有被重用，有意求助于我。忙说："子玉放心，这件事就包在我身上了！"

不久，曹锟到长沙，在拜会汤芗铭的时候，汤款待他之后，便开门见山地说："三哥（曹锟排行居三，有人对他表示亲近，多呼'三哥'），我有件事正想专程去求，你来湖南了，正好面谈。"

"说吧，有事只管吩咐，怎说'求'呢！"曹锟表示堂堂大度。

"你手下有一位了不起的人物，你用不着的话，借给我好不好？"

"谁？"曹锟问。

"就是你的副官长吴子玉。"

曹锟心里一惊："吴子玉是个人才，可汤芗铭怎么知道的呢？"那个时候，曹锟只是觉得吴佩孚不是一般属员，但又说不具体怎么不一般。汤芗铭这个"围魏救赵"的办法，立刻在曹锟头脑里产生了作用。他笑着说："你老弟的手伸得太长了吧，怎么能一下从两湖就伸到直隶去了呢！"

"我是觉得此人足智多谋，只想借来用一阵。"

"借不得。"曹锟说，"吴子玉已有安排。"曹锟平时对汤芗铭的知人善任，是很敬佩的，今见汤如此赏识吴，觉得吴必有超人才华被汤发现。所以，酒宴匆匆而散，曹锟便对吴佩孚重新安排起来——曹锟到岳州，就把吴佩孚提升为六旅旅长。不仅提拔吴，而且从那从后，事无巨细，常常向吴询问。吴俨然成了曹的重要谋士。

吴佩孚身价高了，在岳州大整军纪、广结名士。偷偷地建造起自己的根据地……

瞬间四年过去了，吴佩孚对湖南却时刻记在心上，不时地沾沾自喜："楚虽三户，亡秦必楚！"此番南行，将重圆旧梦。兴师之日，便势如破竹；再临岳州，又下长沙，直趋衡阳，不足三月，吴佩孚则威震湖南。

吴佩孚驻衡阳，陡然改变了面目——战争频仍，军去军来，兵在人们心目中早已成了怪物。所以，吴佩孚以长衫马褂、绅士之姿接待四方，俨然是一位长者、父母官。

有一天，岳州一位叫王青山的乡绅专程来拜。吴佩孚虽然对他并无记忆，还是盛情款待。这位王公是地方上一位惯于看风使舵的人物，风流得并不高尚。四年前，他曾以捧场的姿态送给吴佩孚一块"翁然楷模"的木匾，说吴待湘人言行一致，不妄取民间一草一木，是岳州人的楷模。吴佩孚得意忘形，随即送给他一份颇为丰盛的"车马费"。现在，这位王公手中又拮据了，这才匆匆赶到衡阳。

王青山见了吴佩孚，免不了旧事重提，先奉承一番，说了些"湘人对将军思念"的话。吴佩孚见他脸面消瘦、衣着简粗，举止之间不乏乞求之态，便说："佩孚离湘北返之后，也时刻不忘湖南诸君，只是心有余而力不从。此番临衡，想着百废待兴，但又不忍心增捐加税，置湘民于水火；即便有心资助诸位，也只能空叹而已。"

"将军误会了，"王青山说，"青山此来，并无此意。只想表明一点心机：外人常说'湘人排外'，其实，这是皮毛之见，不知湘人。湘人重气节而轻死生，谁若以征服者姿态高压湘人，则'楚虽三户，亡秦必楚'；若以情意厚结三湘豪杰、名士，湘人则必翁然心服！青山正是怀着如此之心，来向将军禀报一件大事的。"吴佩孚惊讶地说道："佩孚愿聆赐教！"

"此番南来，将军乃北军统帅，所到之处，湘民无不提浆以待。三湘各地，谁不知吴将军！只是……"王青山叹了一口气，无可奈何地轻挠了一下脑袋。

"王先生，请明示！"吴佩孚坦然一笑。

王青山往前移了移身子，放低点儿声音，说："湘潭可属将军统辖？""是呀！"

"既是将军所辖，安抚湘潭民众的告示为何不以将军之名发布，却以旅长张某人之名？"

"会有此事？"吴佩孚听得部下如此越权，认真了——正在大树自己威信的吴佩孚，怎能容得下属夺其名誉。

王青山从怀中拿出一份告示手抄件，说："这是在下一位好友手抄转来，请将军过目。"

吴佩孚接过告示，只看了看署名，便已怒从心起。但他还是稳住了怒火，假似认真阅读，心里却思索着"如何对待此事"。吴佩孚毕竟算是有心胸的人，他把告示看了许久，淡淡一笑，说："王先生，张旅长的告示写得很好么，都是为老百姓着想，没有什么不可。"

"我不是这个意思。"王青山说，"此举是否越权？我想将军……"

"王先生不必介意。这说明我的部下是有心计的人，我没有想到的，他先想到了，而且又敢去做。很好。"说着，命人取过一份厚礼，对王青山说："本当留王先生多住几日，怎奈军务在身，不便多陪。"王青山假意谢辞一番，揣着银元走了。

王青山一走，吴佩孚发起怒来："好一个张学颜，你有什么资格发布告示？我饶不了你这个旅长！"

——五旅旅长张学颜，在三师中是个资格颇老的人，平时高傲自大，目空一切。早在吴佩孚当上旅长时，他就说："吴子玉区区一个马弁头，竟也能当旅长，和我分庭抗礼，这还了得！将来保不准爬到我头上去！"这话不到两年，吴佩孚果然升为三师代理师长、直系南下军的统帅，成为张学颜的顶头上司。张更不满。所以才有湘潭越权出安民告示一事。

吴佩孚怒气未消，便命人发了电报召张来听训。

张学颜敢在湘潭独自发布布告，就是对着吴佩孚来的。吴佩孚召他，他那里听召，只发了一个"抱病"电报，便挡了过去。

吴佩孚接到回电，沉默了起来，在自己房中，背着双手，缓缓地踱着步子，脑子里却翻江倒海：电报也算军令吧，军令不从，张学颜岂不胆大包天！可是，吴佩孚又想：他毕竟算得军中元老了，驻守一方，擅自做点主张，也并非不可为，何况布告内容，并无不妥。得容人处且容人，日后见着面了，提醒一下，也就算了。想到这里，他把回电放下，自己也缓缓地坐在太师椅子上，端过那个鹤颈式的水烟袋，点着火门，"咕咕噜噜"地吸起烟来，面前顷刻便云雾沸沸，异味冲鼻。这些年，吴佩孚的鸦片瘾是忌了，军中不准吸，同行们也以反鸦片为荣事；他自己的官也渐渐大了，总得做个表率。再说，当年逃出蓬莱，也是对天盟过誓的，不能欺天。当初因为忌鸦片才染上了吸水烟的瘾。吸水烟不在禁例，并且还可以流露出雅士的派头，——那时候，官场私交，常常以烟具的优劣和烟品的优劣来分地位高低和情谊厚薄，人们也多以此来论断某人身份。吴佩孚的鹤颈青铜水烟袋，算是名贵品了，除了王宫用的龙头青铜水烟袋，就算它高档了。鹤颈式，表示高寿多福的意思，暗示官位很高。再往下的烟具，便人不得品了：虽也是青铜所造，只是水箱、烟管都极普通；到了低下层人家，只用个竹竿装个铜烟锅也就罢了。吴佩孚捧着鹤颈青铜水烟袋，老半天，并没有品评烟味如何，独觉得张学颜"窝"了他一下，这口气得出："两年前就是这个张学颜骂我是'区区马弁头'的，他本来就瞧不起我，倚老卖老，连召也不听了。将来临战，他还不得独断专行？"想到这里，把水烟袋朝八仙桌上用力放去，"嗵——"发出一声响。"来人！"

一个侍卫走进来，立正站在他面前。"备车，我要去湘潭！""是！"

吴佩孚带领他该带的卫队，急急匆匆奔赴湘潭！

第五章
认敌为友，暗通湘军

　　吴佩孚自衡阳动身，怒气冲冲。他决定到湘潭之后，首先训斥张学颜一通，而后拿掉他的旅长，找一个合适的人替代。此时正是秋末冬初，湘江之水渐枯，南岳之岭尤绿，一派小阳春天气。望着前呼后拥、齐齐整整的大军，吴佩孚得意地笑了："我吴子玉将要成为南岳之王了！"

　　北军南下，进攻入湘之护法军，大总统冯国璋、总理段祺瑞决定由曹锟为总司令，张敬尧为副总司令兼第二路司令，率第七师由湘南通城向湖南平江进攻，指向长沙；第三路司令是张怀芝，率第五师由江西萍乡向湘南醴陵进攻，对长沙取包围形势；吴佩孚为第一路司令，率第三师先击溃石星川、黎天才部，出湖北襄樊，经荆州、监利向湖南岳阳进攻，与第二、三路会师长沙。吴佩孚进军顺利，按期在长沙与张敬尧会师，那个湘粤桂联军总司令、湖南督军兼首长谭浩明虽然布告湘民"勿稍惊慌"，他还是逃到桂林去了。

　　北京政府接到攻湘胜利的消息，自然十分高兴，匆匆忙忙给曹锟发了电报，一是转饬吴佩孚率部继续追击湘军，直捣两广；一是任命亲皖的张敬尧为湖南督军兼省长。这个决定显然是不公正的，攻湘头功是吴佩孚的，他该是督军。但曹还是要吴"遵照执行"并令吴继续南下，占衡山、取衡阳。衡阳取下之后，吴佩孚便按兵不动了。此时，正是由于赏罚不公，吴佩孚心绪烦躁、焦灼不安之际……军行不久，吴佩孚冷静地想想，觉得自己有些小题大做了：张学颜不就是一个旅长么，小小动作即可驱去，何必兴师问罪，更不必亲自前去；此番攻湘，得算吴佩孚的首功，他张敬尧的部队不是在吴佩孚开出的平坦道路上才前进的么，他怎么成了湖南的督军兼省长呢？吴佩孚认定这是段祺瑞在培养亲信、扩充势力！怨张学颜之心，又转移到恨张敬尧身上来了。"我不会叫他有好日子过的！"

吴佩孚官职渐渐大了之后，性格也渐渐刚愎起来，他决定了的事，即便错了，也从不愿改。既知张学颜不是大事，回师衡阳不就完了？他不，张学颜是必责的，要树军纪。

吴佩孚到湘潭，一见张学颜并没有患病，平静下来的心情又气怒起来："违抗军令，弄虚作假！"坐未定，他便铁青着脸说："张旅长，你到湘潭之后，就急忙发出了告示安民，是吗？""是的。"张学颜直答。"不觉得不妥么？""没有什么不妥。"

"南下军有统帅部，本路军有司令部，发布安民告示怎么能以一旅之名呢？"

"你是代理师长，你不出面，我是正式旅长为什么不能出告示安民呢？"

"你乱纪，你违令………""任凭你了。"

一怒之下，吴佩孚立即转回。回到衡阳，他便给曹锟发了一个急电，说"张学颜不听调遣，有误军机"。

曹锟本来就知道吴张不合，又加上张敬尧任湖南督军兼省长给吴佩孚带来的不快，处在用兵之际，曹只有舍张而留吴了。便发了一个急电，"调张学颜赴汉口另有任用"，吴佩孚由代师长改为署理师长。

湘潭走了个张学颜，吴佩孚保举他的心腹董政国升补，总算舒了一口气。平静了两天之后，他便盘算起与张敬尧决斗的策略——

张敬尧，字勋臣，安徽霍邱人，保定军官学校毕业，是皖系军阀的骨干之一。曾任北洋七师师长、苏鲁豫皖四省边境剿匪督办等职。进攻湖南之前，他是徐州剿匪总司令。段祺瑞荐举他任南下军副总司令，也是想给他一个腾达的机会。此人是个有名的爱官、爱钱之辈，吴佩孚瞧不起他。可是，现在这个人却军政大权都握在手中，吴又在他管制的地盘之中，矛盾渐大、渐明起来。

吴佩孚坐在衡阳自己的行辕，正苦思着如何对付张敬尧时，有人来报："门外有一绅士打扮的人求见"。吴佩孚想："来衡不久，与乡绅尚无过密接触，是何人上门？"即传："请！"

来人年约四十，细高身条，白净面皮，长衫礼帽，手中提一只湘竹小箱，见到吴佩孚便脱帽行了一个鞠躬礼，而后说了句："将军一向可好！"

吴佩孚望着来人十分陌生，一边让座，一边说："欢迎先生光临赐教！"来人点头坐下，把竹箱放在面前桌上，轻轻掀开，取出一封信。才又说："家主人命我专程前来拜望将军，欢迎将军临湘。"

吴佩孚接过信，拆开来，先看看落款，看看他的主人是谁。这一看，他猛吃一惊："赵恒惕？！"原来是湘军首领派来的代表。他没有看内容，便把信先放下了，想说什么，但又没有开口，故意去端茶杯。

客人却开门见山地说："家主人问候将军，对将军风尘仆仆南下，表示慰勉。家主人还说，冯大总统就职伊始，便主张和平统一中国，此意深受国人赞许。以后，也每见大总统主和通电，怎奈形势却逆着大总统意愿。将军是北军中的智者，家主人知道定有自己的见解，故差在下一行。"

吴佩孚思索片刻，笑了。"是战、是和，都取决于中枢，佩孚庸庸一介武人，怎有能力左右形势？请转告贵主人，我会认真思考他的美意。""那就多谢了。"说着，客人便匆匆告辞。

来人走后，吴佩孚才把赵恒惕的信仔细看起来。信上，无非是说了些世界潮流、人心所向之事，说明清廷腐败、各派势力纷争，最后落到直冯和皖段的貌合神离方面来，认为南下用兵是违大总统意愿的。"吴将军督师入湘，势如破竹，其原因，便有湘人厌战，并慕将军盛名，愿以和平方式接待将军。不想进湘应领首功的子玉将军却并没有受到北政府的褒奖，而随在将军马后的张敬尧竟主湘之军政全权，我等甚为将军不平。故不计前嫌，坦诚与将军相商，南北两军还是以友为重，进行议商国事，即便不能左右大局，湘战也应立即停止，两军各守原有阵地，互不相犯，待以后大局之变，再行磋商……"

吴佩孚看了来信，心里一阵热腾，信中措辞虽不无激烈，但所指事实却真真切切：世界大战已烽火四起，中国亦宣战于德奥，形势万分紧迫；更加上《辛丑条约》之害，国人无力再内讧、厮杀了。赵恒惕说的冯、段貌合神离，更是一针见血，吴佩孚应该当湖南督军而不能当，心中有怨，如此等等，都堆到他心头了。他闭着眼睛躺在湘竹做的躺椅上沉思了许久，越思越想，越觉得赵恒惕的意见有道理。"我要把湖南造成一种特殊的局面，为大总统的南北议和主张开创一个典型！"他站起身来，匆匆来到桌边，展开文房四宝，就给赵恒惕写起回信……张敬尧就任湖南督军兼省长之后，政令还得靠着军令，而军权又握在吴佩孚手中，吴佩孚偏偏又不与他配合。督军、省长成了湖南的孤家，军令、政令无法推行，境内敌对势力——湘军也无法消灭，湖南顷刻间便成了三足鼎立之势，三驾马车各拉各的。张敬尧是怀着来湖南发展、壮大自己的心的，军令、政令既掣肘，那就开财路吧。于是，以省长名义在湖南开设裕湘银行，滥发钞票，搜刮现金并加征苛捐杂税，大发"惠民"彩票。一时间，弄得湖南民穷财尽，百姓叫苦连天。张敬尧的第七师官兵一看主帅如此搜刮，也便军纪废弛，到处抢劫、骚扰人民，行为较土匪有过之而无不及。

吴佩孚是个精明人，再加上有湘军的暗助，对于张敬尧的所行所为了如指掌，心中十分高兴。他想："你张敬尧在湖南为王吧，有一天湘人会推翻你的。"吴佩孚在衡阳天天盛宴款待绅士名流，朝朝与湘军互派使者；段祺瑞要他继续南征的电令，他连看也不看；酒宴之外，便是诗赋丝竹之酬。一时间，南国衡阳竟是一派歌舞升平！

吴佩孚要收买湘人之心，他要做到有多少湘人骂张敬尧，就有多少湘人颂他吴佩孚！他在衡阳助资兴学、出资扶穷，凡有益于社会的事业他一概乐为！他的军纪特别严，对于扰害湘民的兵士，一律严惩。

一日，吴佩孚正在宴衡阳绅士，其属下押着三个装束狼藉的军人进来，说是七师某部官兵在衡东、攸县一带抢劫被抓来的，问吴如何处置。吴佩孚走出宴席，问了那三人几句话，便回来对在场的绅士们说："诸位，我已查明，这三人确是七师张督军的下属，他们对抢劫之事也如实承认。诚属军中败类！只是，他们都是张督军的属下，即是骚扰湘民，吴某也不便治罪。我想问问大家，你看该怎么办？是送给督军大人自行处治呢，还是交给民众处治？"湘人早已仇恨张敬尧及其军队，恨不得把他们通通赶出湖南，哪里能容得把这三人送回去。便大声说："他们就是奉张敬尧之命行事的，送他们回去只会领赏，我们不答应！应该就地正法！"

这是吴佩孚意料中的事。他把嗓门提高些说："诸位绅士的意见我吴某接受了。惩治贪赃，是大总统一贯的主张，本军南下之始，总统再三叮嘱，每到一地，必须视民众如父母，凡害民者，立即就地处置。今后，我部任何一兵一将，若有害民行为，务请揭举，吴某绝不宽恕。今日，我一是听从民愿，二是代总统行命，将这三个败类立即处死，以谢湘民！"

一声令出，三个人头落地。就此一举，衡阳街巷鞭炮齐鸣、颂声载道，吴佩孚顷刻间成了湖南人的救世主。

吴佩孚既与赵恒惕关系暧昧，又有意和平统一，共济同舟，又感到自己的地盘在北方，湖南再好也不是久居之地，决定挥师北上。不过，兵撤衡阳之后，衡阳还给谁？他犯了思索。按说，吴佩孚和张敬尧都是奉一个主子的命南征的，吴走所占地盘理应交给督军、省长张敬尧。可是，他摇头了。"我不能交给他。湖南是我吴子玉的天下，交给张敬尧了，连老百姓也要骂我。"交给赵恒惕，他又觉得名不正、言不顺，怕今后被问罪。他思来想去，拿不定主意。那几天，他寝食都不安起来，天天闭起门来，苦思苦想，有时就翻开《三国演义》，看看古人用兵时的喜怒哀乐和进退战机。

吴佩孚虽然已经习惯了军营的进退和逢迎，可是，他不想让人们品评他是"行伍英雄"，他要做一个儒将，作一个讲究仁义礼智信、讲究礼义廉耻的将军；他要把自己的队伍带成有道德的队伍，出师要出义师。他常常给属下讲《论语》《孟子》，讲《中庸》《大学》。他熟读了《孙子兵法》，然而，他对那些奸诈、取巧之条，总作出种种批判，再三表明非不得已绝不为！在私人交往上，吴佩孚也坚持以信义为本。此番南下之前，曹锟将要任命他为三师师长兼一路司令时，有人向冯国璋告密，说吴佩孚"一个书生，只会拉结朋党，不可大任"。冯国璋只淡淡一笑，对曹锟说："子玉谋略超人，用之不应有疑。"曹锟如期任命，并把总统心意转告吴佩孚。吴感激涕零，决心附冯到底。所以，兴兵之时，他便决心利用条件，来推行大总统和平统一意愿。

经过反复思索，他决定把衡阳让给赵恒惕，以便为大总统今后倡导和平留下一条路——殊不知就此，便引出了直皖两家渐渐分裂，以致激成大战。这是后话。

吴佩孚把想法告知了赵恒惕，赵恒惕十分感激，并愿今后多多合作。现在只剩下一件事了，就是用什么名义撤兵北上。

张敬尧很缺乏自知之明：官迷了心窍，钱迷了心窍。湖南早已被他刮得天高三尺了，忽然间他又要做四十大寿。督军又是省长，做大寿谁敢不送寿礼。一时间，三湘上下，为送礼竟闹得乌烟瘴气。

消息传到衡阳，吴佩孚先是一惊，继而大喜："好，我要北上为张敬尧做寿！"

衡阳郊外，一个秘密而幽静的小房子里，吴佩孚和赵恒惕会见了——这是一个十分别致的会见，谁都不带助手，除了远处有一组保卫官兵之外，房子里连茶水都是早已备好、自取自用的。吴佩孚、赵恒惕都穿便装，谈话也是开门见山。

"我要为将军送行，只是太仓促了。"赵恒惕说，"连向弟兄们表示一点心意也来不及了。"

"湖南已经够穷的了，"吴佩孚说，"我不忍心再收你的厚礼！"

"湖南人会对将军感恩戴德的！"

"说正事吧，我要走了。"吴佩孚说，"我想由南而北，步步拔营。""我将率军从南而北，步步欢送！""事不宜迟。"

"湖南永远是将军的阵地！"

"我的后备部队离开衡阳时，我再给张敬尧发出祝寿电。"吴佩孚说，"我想，我这次率队北上，必然会引起张敬尧的警惕，他会采取措施的，请将军务必做好防御。"

赵恒惕再三感谢，而后两人又商定好撤、接的具体时间，这才分手而去。

果然，吴佩孚大本营将撤衡阳时，给张敬尧发了一个这样的电报：

今闻大帅千秋，特率全体官兵前来长沙，庆祝大寿。

张敬尧收到这个电报，惊得目瞪口呆，通身瘫痪在椅子上——他心里明白，这哪里是北上祝寿，明明是撤军北上，要丢下湖南！张敬尧是无能力守湖南的，吴佩孚北撤，明明是赶他出湖南。

张敬尧立即给段祺瑞发了救援电报，请北京政府迅作处理。段祺瑞虽知湖南状况，但鞭长莫及；今见情况危急，却也一时想不出良策，只好一方面开了一张空头支票，说调派长江下游吴光新部驰援，另一方面要张敬尧速派兵接收吴佩孚部所占地区。

张敬尧无可奈何，只好先走自己能走的一步棋，命吴新田旅克日出发，接防衡阳，并命张敬汤旅为后备部队。令虽出了，但却难行：吴军撤出的一块一块地盘，早被赵恒惕接收，赵派重兵在衡山与湘潭之间将吴新田旅死死阻住，使他寸步难行；又将张敬尧部困在湘潭，张旅成了一颗死棋。湖南半壁河山顷刻易帜！吴新田旅原来是张敬尧的主力，入湘之后，官兵大发抢劫财，人人都背着一个沉甸甸的"金银包"，谁也不愿再上前线拼性命。加之张敬尧又给了他们一个秘密任务，要监视吴佩孚部的行动。这个吴旅既要保住身上的钱财，又要戒备吴佩孚，还得对付湘军，更加上行进途中受困，哪里还有战斗力，湘军一出动，便把它打得落花流水。

张敬汤军一见吴新田被击败，无力恋战，也无心恋战，竟下令火焚湘潭，大肆抢掠，官兵们饱掠财物而散。

吴佩孚导演的这场"联赵逼张"戏进展得十分顺利，北撤的吴军全部乘船沿湘江北上。湘江，两岸杨柳，两岸欢呼，吴军成了湘人最崇敬的义师。每过城镇，吴佩孚必身着便装，接待地方名人。于是，赞颂和鞭炮齐鸣，黎民百姓倾城而动，吴佩孚又成了湘人的救世主！

吴佩孚很得意，他确信湖南无论军还是民，都对他怀有好感了，而他离开湖南，张敬尧绝不会立足。"我就看你皖系如何霸占湖南吧！"

吴佩孚到长沙时，是一个朗晴的秋日，湘江水碧，岳麓山青，连阳光都那么耀眼晶莹！吴佩孚的队伍齐齐整整地列在船头，两岸却布满了张敬尧"迎接"的大军——

吴佩孚北撤，张敬尧紧张，接管吴地已成了泡影，他的劲旅步步败北。而今吴佩孚又兵临城下，他想自己的去从了。"万一吴佩孚兵扎长沙，夺我全权，我将如何应付？"人报吴军已停泊大西门码头，张敬尧竟瘫在太师椅上，他觉得马上就会有人来命令他交权。他想藏起来，但往哪里藏呢？吴新田已被湘军困在途中，张敬汤旅不知行踪；长沙城中的留守部队早已私囊累累、无心守卫，谁能保他张敬尧督军、省长安全呢？他不得不去迎接吴佩孚！吴佩孚是"特率全体官兵前来长沙庆祝大寿"的，他张敬尧是"寿星"，怎么能无所表示？

在陪员的簇拥、保镖的卫护下，张敬尧离开督军府，徒步朝大西门码头走去。

张敬尧临湘一年多，身个虽然还是那么不足，但身体却发福了。发福得上身有些儿短，两臂也向外支撑起来；圆圆的脑袋明显地收缩下垂了；两腮鼓起，鼻、眼都变得不尽相称。唯独额、鬓间的皱纹多被新添的脂肪填满了，填得那脸膛大有浮肿感和空虚感。张敬尧动身去码头时，本想着便装，想以一方父母官之尊，去迎接吴佩孚。但他怕。他自知，今天湖南的地方官应该是人家吴佩孚的。吴佩孚此番北撤也与没有当上湖南地方官有关。"便装出现，岂不更激起吴子玉的气怒，不愿接受欢迎该多难堪！"张敬尧回到内房，立即换上督军服。"我张敬尧是受命主持驻湘督军，有上命，我就是一方军队之首，你吴佩孚敢不听我的？"张敬尧穿上镶有金色披带、带肩花的督军服，又佩上宝马，登上马靴，扶正了高顶儿、镶黄金条的缨子帽，这才出来。

大西门码头，早已戒备森严，连定业在这里的商贩也被撵了出去。人群拥塞在警戒线之外——他们拥挤着，议论着，翘首观望着，他们似乎预感到一场有死有活的厮杀将要在码头上展开！

张敬尧立在码头，只让人去船上对吴佩孚报个信；吴佩孚出来立在船头上，只等待张敬尧上船。气氛顷刻有点紧张！张敬尧心虚，怕出事，还是携随员向吴的坐船登去。吴佩孚也快步来到舷梯前。"欢迎子玉将军莅长沙！"张敬尧先开了口。"祝大帅千秋长寿！"吴佩孚忙着答礼。

两人正挽手朝船舷走去时，一个士兵向吴佩孚报告："有人不听劝阻，擅自上岸。"

吴佩孚停步转身，说："你没有告诉他，任何人不许上岸。""告诉他了。""说清楚了？""说清楚了。""怎么说的？"

"我说，将军有令，军行之中，任何官兵不许登岸，以保证沿江城乡居民安居生活；有违军令者，军法处置！"

"那还报告什么？"吴佩孚以不容争辩的口气说，"按军令办事就是了。"

几个士兵将那上岸的人拖到船头，一声枪响坠入江中。清碧的江水，立刻泛出一片殷红。

张敬尧又惊又喜：惊吴军军纪严明，令出法随；喜吴军一兵一卒不准上岸，说明吴军并无侵犯他张敬尧地盘之心。轻松地笑笑，说："将军治军严明，令我十分敬佩！只是这位弟兄恐是无意所为，倒是可以宽恕一二的。"

"事情虽然不大，若众人都无意行事，岂不误了军机，乱了军纪？军纪严，才能攻无不取，战无不克。大帅既有一番仁慈之心，吴某对这个士兵家眷优厚安抚也就是了。"

说着，二人便并肩入舱，烟茶献上，问寒嘘暖，气氛倒也平静。其实，吴佩孚心中明白，只要他的三师离湘，张敬尧哪里是赵恒惕的对手；赵恒惕赶走张敬尧，他吴佩孚倒可以再奏张敬尧一本，说他守土不力，丧失了湖南。即便段祺瑞不处理，他张敬尧的日子也并不好过。这要比吴佩孚夺他的地盘声名好得多。张敬尧看到吴军一兵一卒都不许离水，知他无意夺权，心中也安静了许多。他捧着香茶对吴佩孚说："子玉将军此番率军来长沙，勋臣个人十分感激，长沙百姓十分感激。不知是打算小住，还是急回衡阳？"

"湖南政局已定，今后只是治理，那都是大帅的事了。吴某想北返直隶。"吴佩孚说的字字千钧，不容置疑。"合肥和曹帅的意思，不是要继续进军两广么，怎么……"

"两湖大局已定，两广不足为虑。"吴佩孚轻摇头，淡淡一笑，"有大帅守护南岳，还怕大局不稳？大总统新理国政，实在是百废待兴，千头万绪，中枢事情不能不特别重要呀！"

张敬尧听得吴佩孚如此说，知道北撤大局已定，留是留不下了；他也不想留。果真留下，将来和湘军联盟，岂不是自己想走也走不脱了。索性让他去吧，自己只对付湘军，或可有望。寒暄之后，张敬尧匆匆告辞，吴佩孚送至船头，两人挥手告别，各自去了。

形势比张敬尧估计的还坏，吴佩孚一离湖南，赵恒惕便尾随而至。湘军由衡阳至衡山，由衡山至株洲，由株洲瞬忽间便经湘潭进逼长沙，摆出一副吃掉张敬尧的架势。张敬尧哪有应战之力，只好率领吴新田、张敬汤残部，急急忙忙向湖北逃去。

光是吴军北撤，张军北窜，形势还可。怎奈由于北洋政府内部意见分歧，指挥不能统一，整个南下部队和南方驻军都发生了变化：驻湖南常德的冯玉祥部，不声不响地退出了湖南；张怀芝部也急急退出湖南入了江西；安武军和奉军的湘东支队也都拔营遁去。一度被北洋军占领的湖南，转眼间便都回归了湘军。

张敬尧退到武汉，还抱有一线希望：吴光新的援军即到汉口，他会马上又有靠山——吴光新是皖系的骨干，是皖系首领段祺瑞的小舅子，他能不保护张敬尧？

这里，还得插入一个人——王占元。

王占元，字子春，山东馆陶（今属河北）人，时任湖北督军，与江苏李纯、江西陈光远并称长江三督。此人是直系人物，与冯国璋关系极密。辛亥革命时，随清军前线第一军总统冯国璋开进汉阳。由于夺汉阳、击武昌有功，由师长而至帮办、督军。护法军虽几度北上，湖北一直比较平静。这王占元便抱定了"闭关自守"的宗旨。

王占元也是个视兵如命、视地盘如命的人。在湖北，早已结成一个铁筒般的小集团，别人，水滴不进，针插不入。张敬尧从湖南败入湖北，王占元本想只借给他一条道，让他通过而已。他知道张敬尧已经光杆一条，不敢对他湖北如何。哪知张敬尧到湖北不久，吴光新跟着来了。吴光新是奉命援湘、搭救张敬尧的，他手下却有一个不大不小的队伍。王占元吃不下饭了："吴光新来者不善！"王占元跟谋士们商量之后，决定先处置吴光新。于是，借洗尘之名将吴光新请到汉口——来赴一场十分别致的宴会。

吴光新到汉口，发现吴佩孚早过了洞庭湖，便知自己的处境十分恶劣，想走也困难了。正在此时，王占元送帖"请明日来武昌赴宴"，以表示为他洗尘。吴光新身边高参陶宏力劝，说："王子春不是咱们的朋友，此请居心不良。"吴光新笑了："我堂堂长江上游总司令，手中握有两个师、两个混成旅的重兵，谅他一个湖北督军还不敢对我如何！"陶再劝，他却怒道："你们也太量小了，连人家宴请也不敢赴，还谈什么争夺天下。"于是，便携副官、马弁等十六人乘小兵舰过江。至汉阳门登岸，改乘王占元派来的马车。

王占元在两湖巡阅使署敬候，吴光新到时，立感气氛不对：戒备森严，欢迎的仪仗队全副武装，他的马弁等刚到署外，即被请到另一僻静处。

吴光新被领到公署正厅，王占元正立在厅外。一照面，王便说："吴司令，你的防地在长江上游各地，何以分兵东开武汉？"

吴光新知道祸事来了，躲已不及。便壮着胆子说："这是奉陆军部命令，你管不着。"王占元冷笑入内。吴光新想抽身退出。

此时，一群早已埋伏好的卫队齐出，随即将吴光新扭送军法处管押。真是：方为座上客，即作阶下囚。吴光新暂时失去了自由。再说张敬汤领的一支残兵，是大肆抢劫湘潭之后逃到湖北的。开了抢劫之例，兵不再好管理了，更加上那张敬汤是张敬尧的胞弟，弟步兄尘，得抓即抓。他们一到武昌，又干起了搜刮勾当。王占元本来对这支外军存有戒心，如今又扣押了援军首领，索性一不做二不休，以"严肃军纪"为名，在武昌把张敬汤抓了起来，还不待张敬尧知道，就把他处决了。张敬汤的队伍自然被王占元收编了。

张敬尧的另一支队伍——吴新田旅，本来只剩下少许残兵败将，一见援军首领被扣，友军首领被杀，他们像漏网之鱼，匆匆从湖北逃往河南。

至此，张敬尧成了真正的光杆司令了。他望着滚滚长江，望着对峙的龟蛇二山，摇首叹息，不得不携眷属偷偷地离开武汉，逃往天津！一支浩浩荡荡的南征军——皖系的骨干队部队，竟惨败在盟军直系主力之手，段祺瑞恨得鼻子直歪了几天。此事为不久后爆发的直皖大战，埋下了深深的根子。

吴佩孚武汉小停，备受王占元之款待。而后，吴佩孚匆匆北上，驻扎洛阳。在那里大练新兵，发展势力，去开创他一生最兴盛的时代——"八方风雨会中州"！

第六章

雄踞洛阳

由于和湘军赵恒惕的默契配合，吴佩孚曾想依托长江，占据武汉，联络西南，发展一支强大的武装，彻底推翻段祺瑞政权，创一个直系执政的新局面。兵过岳阳的时候，他把秘书长王承斌叫到自己舱中，二人单独议起此事。

吴佩孚把香茶捧到王承斌面前，呼着王承斌的字说："孝伯，我们这次出湖南，可不是不要湖南。有一口气，我咽不下。湖南是咱们打的，肥肉到了手，合肥却把它交给了张敬尧，我们成了保镖。"

"只要我们走了，张敬尧是保不住湖南的。"王承斌满不在乎地说——本来，王承斌对吴佩孚把湖南交给赵恒惕是不乐意的。一来，吴佩孚未曾与他商量，他觉得吴独断专行；二来，湘军的代表也总只与吴一人接触，王有点吃醋。幸亏后来湘军的代表仇鳌补上了这个情。除了对王承斌请吃之外，又送给他一批包括一本宋拓的千字文在内的厚礼，王这才在吴赵关系中不作梗。否则，他是坚持要把湖南交给张敬尧的。不过，吴佩孚和王承斌在对张敬尧当湖南督军兼省长这个问题上，还是持一致反对意见的，认为段祺瑞不公道。

吴佩孚把他"以武汉为大本营、依托大西南，将来开创直系天下"之事对王承斌细说之后，问王："孝伯，我们务必要走这一步。你说呢？"没待王承斌回话，吴佩孚又说："段合肥不是具有人王地主之心胸的人。他野心很大。张敬尧被委湖南,说明他积极培养势力。司马昭之心……"

王承斌点头笑笑,说:"你想得很好,只是……""有什么不妥么?"

"那位王子春,毕竟是大总统的人。"王承斌说,"他在湖北,虽无建树,却也有些根基,从他手里夺了地盘,合适么?"

"不就是一个湖北么?到我们主宰大局的那一天,还把湖北还给他不就完了?另外,再把长江上下多给他一段,不就对得起他了么。""是否向曹帅和大总统说一声?"

"不必了。"吴佩孚说,"事成以后,我想他们会赞成的。"吴佩孚还在做美梦时,谁知事又有变——

段祺瑞跟冯国璋,本来就是同床异梦。段祺瑞身为国务总理,却大权全握;对南方是战是和的问题,直系屈从了皖系,同意发兵。可是,张敬尧被委为湖南督军兼省长,冯国璋、曹锟都吃了一惊!他们明白,这是皖系在扩大势力,段祺瑞下一步想干什么?连大总统也不能不忧心忡忡,黎元洪就是一个例子。

中枢意见分歧,南方战事奇妙。段祺瑞闻到吴佩孚把地盘都让给了赵恒惕,又得到报告说张敬尧败出湖南,他的鼻子立刻歪了起来。他背着大总统直接找到曹锟,追究起南方的军败责任。

"珊帅(曹锟字仲珊),"段祺瑞开门开见山地发难,"吴子玉不是败湖南,而是胜局已定,拱手将所占之地又归还了湘军,才会有今天的惨况。如此儿戏战局,吴子玉要负军法呀!"

曹锟心里一惊。但他想辩明原因,说明"吴佩孚攻湘大功告成,而今是治湘,当然是督军、省长的责任。吴佩孚在湖南无用了,退兵是你逼的"。但又觉不能这样顶撞,便说:"容我再查一下,实情果然如此,自然请示老总处治。"

段祺瑞哪里只是对一个吴佩孚有意见,他是认为整个直系都与他作对。今日上门,只不过是先打个招呼,他要对直系采取措施了。曹锟对这个问题也看得明明白白。所以,段祺瑞一走,曹锟就连夜去找冯国璋。

冯国璋现在坐在大总统位置上,大权却不在自己手上。他自知,自己比黎元洪好不了多少,日后结局恐还是一样的。冯国璋名为直系的首领,实际直系的骨架是曹锟加上一个吴佩孚,而直系根据地在保定。冯国璋锁着眉沉思了好大一阵,还是一言不发——不好说呀:总理是责任内阁,大总统等于一个旗号，何况段祺瑞还兼着陆军部总长，军政大权集于一身，是个炙手可热的人物，弄不好，又会有一场内讧。

在冯国璋踱着沉沉的脚步时，曹锟又说了话："子玉有委屈呀，留在湖南一日，他便会与张敬尧关系激化一日。合肥太不顾大局了。"

"这个人平生如此，视权如命，又有一套奸诈手段，更加上徐树铮煽风点火，跟谁都难共事。"冯国璋思索片时，说："张敬尧逃出湖南，段合肥已是恼羞成怒，他决不会善罢甘休。现在看来，他不仅仅是想惩治一个吴子玉，说不定你我都要干连在内。"

"我估计到这一点了。"曹锟说，"我想是不是作一个最坏的打算：既然三师已退出湖南，就急令子玉回保定，不必再开辟什么地方了。只要保定有三师在，合肥不一定会轻举妄动。保定稳定，大局则不会有多大变化。你说呢？"

冯国璋点点头，"你想得很周全，只有这样做才万无一失。三师到你身边，合肥便会收敛。你就告诉子玉吧。"

正在吴佩孚要依托长江，控制西南大局的时候，曹锟的特使赶到岳阳。一宿长谈，吴佩孚改变了方针，他决定借道武汉，匆匆北上。

吴佩孚离开武汉的那一天，王占元还怀着留恋、惜别之情，不仅畅饮大醉，二人还倒在一张床上，彻夜长谈。

"子春呀，你把段老总的小舅子给扣押起来了，这个祸惹得不小呀！"吴佩孚半醒半醉地说。

"这，我不怕他。"王占元也是迷迷糊糊，"我不是侵占他吴光新的长江，是他吴光新跑到我的湖北来了，我是防御、抵抗他。再说，扣下一个吴光新，要比赶走一个张敬尧事小多了。张敬尧一跑，湖南就不是他歪鼻子的了。你惹的是这个祸，比我大得多！"

"合肥不会善罢甘休。"吴佩孚似乎还清醒，"看起来，要大闹一场了。""我不怕！""怎么不怕？"

"有你吴子玉，连大总统和珊帅都高枕无忧，何况我一个小小的湖北！"

王占元是半真半戏说的话。说这话的时候，他压根儿就没有想到吴佩孚进湖北还是怀着"暂时吃掉"他的目的。若不是北方吃紧，只怕王占元也要暂时清闲几日了。

吴佩孚常常酒后吐真言，他见王占元如此奉承他，动了真情。摇着头说:"你别把我看得那么伟大,实话对你说吧,我还真想待在武汉不走呢!"

"那是求之不得的。有你大驾驻扎,我连门卫都可以撤了。""你这样放心?"吴佩孚冷笑,"你认为我来保护你?不是!""那你为什么?"

"为什么?"吴佩孚认真了,"为了大计,想借你的这片地盘!"王占元冷飕飕地寒战了一下——地盘在那个时候,与乌纱帽是同一性质的。吴佩孚想占湖北,那便意味着王占元的滚开,他不能不心惊。可是,吴佩孚明明是撤军北上,而又是在北上之前把自己的想法如实地告诉了他王占元的,王占元一块石头落了地。此际,他的酒也醒了,神志也清爽多了。他转身倒了一杯茶,一边递给吴佩孚,一边说:"子玉,如果你的话不是故意吓唬我的,我现在就像敬献给你这杯茶一样,把湖北送到阁下手中,并且愿意为阁下效劳终生!"

"我吴佩孚实话对你说吧,今天不那样做了。湖北你尽管放心守着,谁也不敢有非分之想。"吴佩孚把王占元给他的香茶呷了一口,轻叹一口气。又说:"子春,又要大打一场了,有能耐,等着用吧。""跟谁?"王占元问,"南边?""北边。""北边谁?"

"到时候你自然知道。"吴佩孚说完,躺下身子,很快便发出鼾声。次日,吴佩孚乘车北上。王占元把他送上车,握着他的手说:"子玉将军,请你告诉珊帅和大总统,王子春是一个可以信赖的人,日久会见人心的。"

吴佩孚酒醒之后,已知昨夜失言,正想寻找一个机会解释。现在王占元又如此表白,便说:"王督军,我吴子玉拿你当知己看待,无话不说。昨日也有些酒后失言,万望不必介意。你我同舟共济,自当以大局为重。"

王占元又说了一些表明忠心的话,两人才分手。然而,军阀混战,各具实力,父子兄弟都不可不防,何况军阀之间。不久,吴王还是发生了矛盾。王占元既靠直曹又想依赖皖段,在后来曹吴让萧耀南接任湖北督军时,王占元竟把吴光新放出并优待了他。吴佩孚获悉后几乎要杀了他。这是后话,暂且放下。袁世凯死了之后,北洋军阀便走向分裂,军阀混战的局面也就从此开始。而这场长达十六年的大混战,可以说是从直皖战争开始的。

本来,对南方是战是和,直皖两系已无法共容了,湖南撤兵,湖北扣了皖系骨干吴光新,便使两派矛盾更加火上添油。将相不和,无以为政,府院之争业经酿成了一场复辟战祸。冯段之间,虽水火不容,但都怕那场复辟之战重演。段祺瑞势力大，冯国璋终于无声无息地下野了，谁拉出一个老好人徐世昌充当大总统。为了掩人耳目，段祺瑞也辞了总理兼陆军总长职，而由靳云鹏组阁。但谁都明白，靳只能是段的代理人，权仍在段手中。

段祺瑞弄权有术，徐世昌难以左右。徐世昌有心想当几年"文治总统"，尽力把矛盾化小，常常三更半夜安排自己的策略。他感到段祺瑞太凌驾于人了，得给他点颜色看看，于是，便把段祺瑞的骨干、西北边筹使兼边防军总司令的徐树铮给免了职。后来他觉得皖系势力很强，果然直皖开战，曹吴必败，又想给段送点秋波。于是，又将吴佩孚三师师长的职免了，并褫夺中将官阶，交陆军部惩办；还以"督率无方"之名把曹锟"革职留用"。徐世昌满以为做到左右逢迎，会相安无事。哪知道，他的所有的法令谁也不执行，并且又出现了一个阴暗角落里的大活动……

段祺瑞是以领袖自居的，接二连三发生的事情都使他自居不了，他不得不做自己的打算。

段祺瑞首先排排自己的家底，皖系有两大主力，徐树铮的西北边防军、吴光新的长江上游总司令所部。这两支主力，要控制全国局势，数量不足，装备也差；最令他头疼的，是徐树铮、吴光新二人又不能合作。这样的势力怎能和直系抗衡？思来想去，段祺瑞睡不着觉。有几天，他终日歪着鼻子闷坐。

就在这时候，日本帝国主义者看准了段祺瑞，愿意用贷款和武器支持段祺瑞在华北扩大势力。于是，段祺瑞假借中国参加第一次世界大战为理由，筹备参战军，自任参战军最高统帅——参战督办。参战军共三个师，第一师曲同丰，驻北京北苑；第二师马良，驻山东济南；第三师陈文运，驻北京南苑。段祺瑞终于感到腰杆硬了。

段祺瑞的参战军组成之后，即拉出一个明白的架势：要跟直曹展开一场大战。他一方面在北京西郊石景山和北京北郊汤山频频进行对抗演习和联合战斗射击；同时传出讯息：内定皖系骨干刘询为直隶省督军，曲同丰为河南省督军。段祺瑞所以这样做，一来是自认实力很强，战必胜，向直系发出一个信号；二来是向刘询、曲同丰等属下表示个态度，"仗打胜，地盘就是你们的。有了地盘，什么都有了。"

对于段祺瑞的活动，曹锟、吴佩孚心中明明白白。所以，他们加紧协商，积极而秘密地将部队由湖北、河南北移。两军对峙，战火一触即发！

这期间，即 1919 年，直系首领冯国璋由于气怒，在北京病逝了。曹锟、吴佩孚成了直系的首领。曹锟坐镇老巢保定，吴佩孚自然成了这场大战的前线总指挥。

四十七岁的吴佩孚，已经具备了非同寻常的指挥艺术。他明白：直皖这场大战是不可避免的，段祺瑞参战的主力是新培训的参战军三个师。想到这三个师，吴佩孚暗自笑了："是一群书生指挥的乌合之众，实战起来并不可怕。"他要和这个对手展开一场以智斗为主要战略的战斗。在紧张地北上行军途中，吴佩孚昼思暮算，终于把他的阵容摆成了明暗两个方面，而以迅雷不及掩耳之势把主力摆到他的老巢保定与北京间的涿县（今涿州市），以逸待劳，准备决战。

大战终于在 1920 年夏展开了，这是北洋军阀派系分裂后的第一次大战——直皖大战。

段祺瑞将他的部队分为两路：一路为西路，段芝贵是总指挥，下辖三个师，即曲同丰的参战军第一师，陈文运的参战军第三师和刘询的陆军十六师。西路军的主要任务是，沿京汉铁路线由琉璃河向南进攻，目标是夺取保定。一路为东路，马良任总指挥，主要兵力是马良的参战军第二师。东路军的主要任务是，沿津浦铁路线由济南向天津进攻，目标是夺取天津，是作战的助攻方面。

皖军于 6 月 20 日前集结完毕，当日中午命令全面推进。作为主攻部队的西路军是这样布阵的：京汉铁路西是参战军第一师，京汉铁路东是陆军十六师；另一支部队——参战军第三师为总预备部队，总指挥部驻琉璃河车站附近。谁知这些新组部队缺乏实战经验，两支主攻部队南行不久，即发生了自我交叉，不但迟迟不前了，而且发生了混乱：团团打转，首尾不顾。至傍晚，又碰上一场倾盆大雨，大军东躲西藏，行又行不得，住也住不下，饥饿、雨淋，全军乱了营。指挥部不得不决定临时宿营于涿县。

此时，直军便派出一个小小的骚扰部队董政国混成旅，迅速进入涿县的高碑店车站附近，该部首先派出一个连至下坡店掩护。

次日清晨，皖系部队继续南下，刚至下坡店，即遭到直系掩护部队的阻击。战斗打响了，枪声大作，喊声震天。皖军指挥官缺乏实战经验，加上对直系军队情况不明，无法正确判断，处置发生错误，误以为面前就是直系主力。于是，将部队逐次展开，进入战斗；并命令炮兵进入阵地，开始炮击。

战斗打响之后，直军发现皖军摆的是决战架势，立即将掩护部队撤出。当夜，皖军占领下坡店。次日黎明，当皖军想乘胜追击，长驱南下时，又失去了进攻目标——找不到直军主力了。他们还疑为直军变换了战术，于是，立即命令部队在下坡店以南停止前进，构筑野战工事，摆开防御态势，以应大战。开战后的这一小小接触，吴佩孚已经心中有数，他认定主宰这场战争的是他吴佩孚，而最后胜利的，也是他吴佩孚的。

吴佩孚在按部就班推行自己的应战计划的同时，猛然想起了关外的张作霖可以助他一臂。他匆忙写了一封长信，派一个亲信速去沈阳，邀奉入关。

中国北方，当时除了直、皖两大势力之外，还有股力量——盘踞东北三省的张作霖奉系。张作霖占据东北之后，总想借机向关内扩张势力，但又怕直、皖两家不容，只得望关兴叹。吴佩孚的特使一到，张作霖盛情款待，并且厚厚地送了一份礼物。随后，派出两个旅出关，由天津直趋涿县，屯兵于皖系的背后。

趁着皖军停滞不前之际，吴佩孚将他的主力迅速向前增加，很快便形成对峙局面。他又以小部队对皖军进行扰乱，皖军更不敢前进。

皖军中的陆军第十六师刘询部出征的第一天，就军心不定。原来这个师在待遇上，没有享受参战军的优惠；临编队之前，刘询去找段芝贵要求给予补给，段芝贵告诉他已无储备，待后再补。什么时候补？不知道。刘询要求担任预备队，段芝贵亦不准。进击开始，与他隔路南行的是曲同丰的参战第一师，这个师自恃是段祺瑞的心腹，横行霸道，多次发生交叉，完全是由于曲部抢占富裕村镇所造成。刘询想来想去，觉得除了段祺瑞许诺他的"直隶督军"一张空头支票以外，他们再无星点实惠。于是，刘询更采取了环顾左右而驻足的态度。

涿县小小的火力接触之后，皖军便再不前进。如此滞留了六天，不仅吴佩孚的主力已经调遣完毕，张作霖的奉军两个旅也已安营于涿县。吴佩孚亲临前沿，站在琉璃河一侧的阵地上，笑了。

此时，吴佩孚手下已有五万军队，这五万军队又是刚刚在武汉配足器械、领到三个月的薪饷的，装备齐全，士气大振，进入阵地便怀有必胜之心。吴佩孚观察了前线之后，又分析了正面之敌，知道自己只要不进攻，刘询是不会攻击的。吴佩孚立即命令前沿部队吹奏停战的号令。

刘询正徘徊不前，猛听得对方吹起停战号，心里十分高兴。能不战，是刘询求之不得的。于是，他也命令部队吹停战号令。这里，形成了一个十分奇特的战场：双方军队像在进行对抗演习，所有的枪声都没有了，各自阵地上官兵走出战壕，自由活动。不过，刘询和他的官兵有点纳闷：这是一种什么战局？

正面主力部队被吴佩孚的停战假象迷惑住了，大家都怀着侥幸的心理等待这场战争结束时，吴佩孚竟派人给刘询送去了一份十分优厚的礼品，并答应为该部提供足够的配给和薪饷。刘询高兴了，他立即明白表示："今后一定听从子玉将军调遣，在战场上实行反戈一击。"刘询没有问题了，铁路以东至此已不属皖军控制。吴佩孚放心了。他这才急急忙忙把集结在京汉铁路以西山区中的部队朝琉璃河车站附近运动，突然对皖军西路总指挥部发起攻击。皖军大溃，总指挥段芝贵仓促逃走，残部大乱。刘询也在此时反戈，一战全胜。西线参战的皖系部队三个师，至此已覆灭了两个，只有第一师曲同丰部迅速撤退，7月1日撤至京郊北苑。

吴佩孚胜局已定，姿态也高了。他列出许多优厚条件，请皖系参战军一师长曲同丰到高碑店直军指挥部谈判。曲同丰见大势已去，又想保存自己的实力，不得不去谈判。其实，不想谈也得谈。曲同丰便依命赶到高碑店——哪里会有什么谈判。曲同丰一到，即被直军扣留、软禁起来。

参战军一师师长被软禁了，群龙无首，营长以上军官大多离开营房，跑到北京城里去了。直到接到"缴械遣散"的通令，才回到营房交点了武器，按编制到长辛店车站领取了遣散费各回原籍去了。

皖军的西路主攻线全线失败后，东线主力连天津也不曾到，便掉头南回，仍回到济南附近驻地，等待大局发展。段祺瑞精心筹划的直皖大战，以皖系的彻底失败结束了。段祺瑞兵败求和，通电引咎辞职，逃至天津日本租界内"蹲闲"去了，徐世昌大总统的靠山又成了直、奉两家。

直皖大战，结束了直皖两大派之间的暂时矛盾，但又产生了直奉之间的矛盾。

奉军入关，是与直军合作的。张作霖认为，若不是我奉军出兵直接威胁皖系背部，战局不会急转，直系也不一定会取全胜。可是，胜利的果实奉军除得到教导团的重炮和一部分器材外，所有三个师的武器装备弹药和各仓库存储的物资均为直系独得。张作霖大为不满——这便种下了不久之后发生的第一次直奉战争的种子。

直皖大战结束，吴佩孚以胜利者的姿态进了北京。大总统徐世昌、国务总理靳云鹏、直系新首领曹锟等人，均出面盛情迎接。那一天，北京城骄阳似火，晴空万里，长安街上彩旗招展，人群簇拥；吴佩孚穿上将军服，骑在一匹枣红色的高头大马上，故意将行进放得缓慢，并不时对一街两巷人群致以笑意。

自率师南征湖南，吴佩孚便步步走着称心之道。心宽意爽，身体也渐渐发福了，膀大腰圆，面宽额大，红光晶莹，好一派福相！他在总统府接受最隆重的欢迎以后，便在曹锟的陪同下，到他的临时住处休息。至于胜利后的一切处置事宜，自然由他的秘书长王承斌和曹锟的助手们一起去办了。

这一天，他和曹锟密谈到深夜——本来，曹锟对吴佩孚的相信已到迷信的程度，此番战胜之后，曹更觉得吴是个智勇双全的将才。于是，说不尽的信赖、赞扬语言，最后还又许诺说："子玉，咱们这个大摊子，往后就由你来承担了，我已在总统面前提出请求，不日会有明命颁布的。我看，今后究竟是在保定还是在什么地方，就有你决定吧。"

"我已经选定了，"吴佩孚说："北方的事还是大人作主，我想立足洛阳。那里地形险要，物产丰富，能养军队，可以控制大局。我在那里会有更大好处。"

"我是想着将来这北京的事。"曹锟说，"安福系这一伙虽然败了，合肥的影响还是大的；再说，政军各界，均有他不少人。若是中枢有变，大局还不会稳。至于说洛阳，我也想过……"

"我看还是洛阳吧。"吴佩孚以坚定的口气说，"眼下还有一件大事，务必抓紧做好。""什么事？"

"我观看了星象，合肥那一群，只能算是外表暂时失败了。他们余孽犹在，其心不死，后患无穷。"

——吴佩孚对中国的术数是下过一番功夫的。只要行兵打仗，他总是先用奇门遁甲等来观测天象，推测此举的气数和命运。凡认定不可妄为的，他即不为；凡认定可为的，他即积极为之。所以，吴佩孚平生从不把自己的生辰八字告诉别人，以防他人暗算。曹锟原来对吴佩孚的这一套是不相信的，那一次张勋复辟失败，吴的一派醉后胡言，使曹锟相信了。只要吴佩孚在曹锟身边，曹锟指挥军队，一行一止，必让吴择吉日。碰到作战，吴佩孚即早起登高，观察天象，当时军中曾流传这样的话："吴佩孚用兵——看天！"听了吴佩孚如是说，曹锟心里一沉。忙问："会怎么样？""会东山再起。""那该怎么办呢？"

"我看，应该把他们的气焰压下去。"吴佩孚说，"他们的队伍虽然溃散了，首领们却不会死心。只有搞死他们的心，才会永逸。"

曹锟这个人信邪，当年保定的司岳三司瞎子、外号"司半仙"的卜人，就给他常常算命。连曹锟生儿子、当督军都是司瞎子给他算出来的。命中他会得岳阳，所以他的儿子最早起的乳名叫"曹得岳"；他还下令给司岳三的正房挂匾，又委司瞎子以副官职。吴佩孚比司瞎子有学问，曹锟对他也信之更甚。因而说："你看该怎么办，我一定让卜五（徐世昌字卜五）履行公事就是了。"不几日，曹锟即借以大总统名义，解散了以皖系骨干为主组织的安福国会，通缉段祺瑞、徐树铮等十名骨干分子。9月，吴佩孚被任命为直鲁豫巡阅副使，驻扎洛阳，实际代行巡阅使曹锟全职。

吴佩孚在洛阳住定之后，这才轻松地舒了一口气。心想："我直系总算稳定了大局，总算左右了大局！"他要在这里养育一支更为庞大的队伍，来守住这个大局。在他思索着扩军和培训新军的时候，忽然想起了一个人，想起了一个叫冈野增次郎的人……

第七章
挥师长江

　　吴佩孚在洛阳安定之后，第一件大事是扩军。大局对他有利，天下大多姓"直"，段祺瑞从日本获得的三个师的装备几乎都归吴佩孚了，吴佩孚不费吹灰之力，便再拉起三五个师。中原物博，人口众多，大旗一摇，招兵买马还是不成问题的。吴佩孚不是草莽，他要带出一个有素养的军队，他平时很敬仰日本人的军训，认为"人家那才是真正的练兵。面前是刀山，人家的军队只会挺胸上！"所以，他想请冈野增次郎做他的军事顾问。

　　冈野，出身军人，又是一个政治家兼企业家，吴佩孚住长春时认识他。

　　吴佩孚在自己的书房中，认乎其真地写了一封长信，信中一再表示"自当焚香扫榻谨迎高车，拟聘阁下为本署顾问"。

　　信发出之后，吴佩孚知道冈野准来，便在洛阳他新砌起的继光楼上为冈野安排住室。一切都是按照日本人的生活方式，门窗地面全改成木板，招待人员新做了和服，学了日本菜谱，学会了日语。吴佩孚还亲笔写了一副对联挂在室内，其联文为：

　　　　得志当为天下雨，论交须有古人风。

　　冈野如期抵达洛阳。

　　冈野增次郎是个中国通，中国的历史文化、风土人情，连当时的军阀们的心理，他都熟悉得很；而且冈野又是一个十分关注中国内情的人。吴佩孚请他到洛阳，正是他想在中国为他的大和民族献身寻求猎物的时候，吴佩孚和他的直系，是冈野最理想的目标了。何况吴佩孚已经是大帅，雄踞中州，左右中国。所以，冈野接到聘请信后便匆匆赶到洛阳。

那一天，吴佩孚欢迎冈野的盛况，也算空洛阳之前，吴用了十几辆装饰一新的马车，新组成了欢迎乐队和仪仗队。冈野入城时，乐鼓齐鸣，鞭炮震天，所经街道，民众几乎倾巢而出。吴佩孚迎他到署外，两人挽手并肩，直至继光楼上。

冈野一身和服，进客厅先向吴佩孚行了个中国式的长揖礼，然后笑着说："大帅，别来无恙！"

"托冈野先生福！"吴佩孚拱手还礼。

"我早已断定，吴先生是中国栋梁，果不出所料。""还赖冈野先生鼎力相助。"

两人坐定，侍从献茶，边饮边寒暄，冈野一边打量这客厅的布局。从他面上的微笑，看得出他对新居的满意。

"大帅，"冈野说，"东都洛阳，是才子辈出的地方，大帅这座酷似迎宾楼的所在，为什么不取一个名士之雅号，却叫继光楼？"

"我的同乡、明代抗倭英雄戚继光，是我自幼崇拜的偶像，故而……""抗倭……"冈野笑了，"是否也包括我们的大和民族？"

"历史早已掀过了那一页。唯其精神，中国人倒是视为灵魂的。"

冈野连连点着。当他的目光放到大厅中吴佩孚亲书的对联上时，他品评有时，笑了。"大帅，我愿以中国古人之风与大帅交。"冈野说，"刚刚走在途中，闻说河南农村有一铁树开了花，我心里十分激动。大帅住洛阳，铁树开了花。中国习俗，铁树开花将有救世英雄出现。无疑，这救世英雄非大帅莫属了。"

"过奖了！子玉不敢当。"

吴佩孚命人备了一席丰盛的宴席，为冈野接风，自然又是一番推杯换盏的盛况。吴佩孚住洛阳，有了地盘，连升三级，正是他春风得意之际。人逢喜事精神爽，吴佩孚自然就多饮了几杯。酒多了，显得红光满面。他脱去了毡帽，露出一副发青的脑袋；敞开胸怀，袒露着一件雪白的衬衫；他把袖子卷起，一边为冈野添酒加菜，一边卖弄起自己的身世。

"冈野先生，实话对你说吧，我如今，是有了一些官职。但比起我的先人，我总在自愧自羞。"

"大帅这么一说，我倒是想起了一件事。"冈野不知是有意奉承，还是真的有所激发，他说，"早年在长春，是在一家小酒馆，也是咱们两人对面畅饮。我好像听大帅说过，大帅是周人吴太伯的后裔。那时候，我对中国古史缺乏研究，听之任之。现在，多知道一点历史了，倒是发生了兴趣。请问大帅，您说的先人，是不是周武王追封为吴伯的那位周文王之伯父，为保文王承大位而遁走江南的吴太伯？"

吴佩孚点点头。"所以，我的祖籍该是现在无锡、苏州间的梅里。你知道我的先人为什么称太伯么？"冈野摇摇头。

"祖先是太丁之长子，吴是国号，伯是爵，或解太者，善大之称，伯者，长也。是龙的传人。""领教了，领教了。"

"我们这位太伯无子，卒后立弟仲雍，是为吴仲雍。仲雍卒，子季简立。季简卒，子叔达立，叔达卒，吴系乱了。此时正值周武王克殷，好费了一番周折，才找到太伯、仲雍的后人周章。周章已君吴，因而封之。这就到了太伯五世了！"

"这么说来，延陵季子也该是阁下的先人了？"

吴佩孚点点头。眯着眼睛沉思着，又掰着指头算计着，说："延陵季子是太伯十九世孙寿梦之四子，也是最有才华的一位。寿梦欲立之为王，他却不领，还是让给大哥诸樊了。"

"听说诸樊死了，要还王于季子，季子还是不受。再欲王他，竟跑到乡间种田去了。这真是高风亮节！"

吴佩孚官阶连升之际，便渐渐想找一个显赫赫的根基。终于找到了吴太伯这一系。多年来，只偶尔流露，今日雄跨嵩洛，位尊三省，倒是起了认宗的决心，所以才在日本人面前大谈其祖。那个冈野虽通一点中国历史，却是皮毛，大路货色，真正盘根结底，他还是不知其所以然的。只是有一件事他糊涂，太伯居梅也好，周章君吴也好，那多是吴楚之地，即今天的长江三角洲。吴氏怎么会有一支人马由吴楚北迁黄海之滨的蓬莱？这是个谜，但又不好问。"人家只是戏说，我戏闻之不就完了，何必追根求源，弄它个水落石出呢！"

正是吴佩孚安心洛阳治军的时候，湖北连连派人来，要求吴撤换两湖巡阅使兼湖北督军王占元。

这个王子春也太不像话，贪财好货，克扣兵饷，再加上在鄂的皖系人物郑万瞻、张春霆等发动倒王，以报他扣押吴光新之仇；湖北绅、商两界省议会议长屈佩兰等也主张鄂人治鄂，赶走山东人王占元。一时间，湖北的事把洛阳搞得乱哄哄的。

吴佩孚在湘作战和直皖战争中都得到过王占元的帮助，他离湖北北上时王占元一次就送了仪程六十万，他们又都是山东一块土上的人，自然偏向王占元。所以，到洛阳请愿的人，他总是婉言劝解，后来干脆拒不接见。不接见不行，鄂人天天围上门来。一天，那个叫屈佩兰的省议长竟领着数人直闯进来。吴佩孚发怒了，他立在大厅外，声色俱厉地说："王子春当督军是中央派的，他没有做好我是相信的，但也不会像你们说的那样坏吧！如果各省都像你们这样，都要求自治，那还要政府干什么？要是各省军政都归各省自己管，那么中国不成五胡十六国了么？"他挺挺胸，但嗓门却压低了点，说："百姓们受的损失、外国人受兵乱的损失可以由督军来赔，赔不出，就免除捐税。兵变的事不能都怪王督军，这是你们湖北安福派搞的阴谋，想借这个机会换督军，我不同意。"

湖北人见吴佩孚不帮忙，就纷纷跑北京、跑保定。同样得不到理想答复之后，便联合广州国民党和湘、川军队向武汉进兵。最出人意料的事是，湘军各部竟也推荐赵恒惕为总司令，以援助鄂人自治为名来进攻湖北。王占元仓促应战，派孙传芳为前敌总司令，率二师和一些地方部队去迎战湘军。孙传芳的这支部队早已腐败不堪，失去战斗力，羊楼洞一战，便溃不成军。王占元不得不连电洛阳告急。

吴佩孚见电，十分恼火，他怎么也不会想到赵恒惕会出湘军打起王占元来。当初，吴佩孚撤湘北上时曾与赵有密约，湘军是不得北犯的。为什么不守信呢？他气怒地说："这不单单是湖南与湖北的问题，我们不能袖手旁观。否则，助长南人反对北人的气焰。非把他们赶回去不可。"他匆匆赶到保定，与曹锟商量出兵问题。

曹锟此时正以"自然领袖"自足，不仅同意援鄂，而且有意吃掉王占元，派一个更亲信的人主鄂，但又沽名钓誉，不愿承担发起战争的罪名，故而把"包裹"往上推给大总统徐世昌。徐世昌光杆司令，还不是唯曹吴是从，只得同意出兵。有了大总统令，名正言顺了。于是，1921 年 7 月中旬，曹锟主持召开了将领会议，决定出兵湖北、湖南，推行两省一起拿的方针，随即调靳云鹏第八旅和河南宏威军赵杰部为前驱，萧耀南二十五师继进，出兵援鄂，还秘密决定以萧耀南接替王占元的督军职务。萧是湖北人，曹锟认为这样做符合"鄂人治鄂"的要求，以免群情再动。吴佩孚虽觉此举有些不讲仁义，但还是同意了。只是说："王子春是北洋老人，对咱们都不错，趁他危机时把湖北拿过来，有点不好意思。若按他那愚蠢腐败，早该叫他下台。今天大帅和大家的意思既然如此，那就这样决定吧。"吴佩孚作了一个圆滑的表白，把后事也推卸得一干二净。

萧耀南到汉口，便抱定先逼王占元自动退出然后再驱走的办法，他命汉口镇守使杜锡钧和第八师师长王汝勤在内部倒王，给王造成一个无法立足的形势。

王占元走投无路，内外夹攻，不得不于8月初向大总统徐世昌提出辞职。徐世昌即明令准免王占元本兼各职，并于8月11日特任吴佩孚为两湖巡阅使，萧耀南为湖北督军。

王占元，一个显赫湖北多年的军阀，不得不于是日夜间仓皇走出武汉——此时，他感到直系已不是他的靠山，他要重新寻找一个主子，以便东山再起。于是，在他离走之前，偷偷地把关押了年余的皖系骨干分子吴光新释放出去。

吴佩孚的夺取两湖计划正在推行之中，他在洛阳署内却见来人报："赵恒惕的代表葛豪、赵冕求见。"吴佩孚略为惊讶片时，便传"请！"

二人被领进客厅，一进门，吴佩孚就来个先发制人，说："赵炎午（赵恒惕号炎午）既然背信弃义，还有什么话可说，就让他把湖南的军权、政权都交出来好了。不然，我是要派人去取的。"

葛豪立站着说："大帅不要生气，事情果然只是交出来，炎午也不派我们来亲见大帅了。""那还有什么话说？"

"大帅知道，当年大帅和炎午友好，才有个衡阳密约在案。目前，炎午却有他不得已的苦衷。不过，只要大帅一到湖北，我们管保让湖南军队撤退。"

"我要是等着赵炎午走了再去湖北呢？""炎午的事，还是要请大帅多多维持的。"

吴佩孚冷冷地笑了，心想："什么维持？他赵恒惕既不想得罪我，又想在湖北扩展地盘，哪有那么便宜的事？"不过，吴佩孚毕竟和赵恒惕有过密约，他打算今后有一天还要和南方议和。所以，今天也不想把事做绝。他对葛豪等说："王占元离开湖北了，湘军必须撤退。否则，难免不以兵戎相见。"谈判无结果，葛赵走了。

王占元离鄂之后，吴佩孚任两湖巡阅使，萧耀南就任湖北督军，他们即日发出通电，主张在汉口召开国民大会，协商国事。

赵恒惕却一方面通电拥护南北共议大事，一方面顶不住两湖军人、政客的压力和川军入鄂的诱惑，继续进攻武汉，以实现湘川两军会师武汉的最后目的。

8月15日吴佩孚到武汉。到后即找湘军代表葛豪谈判湘军撤兵事。湘军不仅不撤兵，反而频频由蒲圻、咸宁、通山前线极力进攻。

吴佩孚生气了，他拍着桌子对湘军代表说："我一生用兵，不为戎首。人不犯我，我不犯人。今湘军甘冒不韪，进占湖北；我建议和平谈判，解决争端，他们又不以为然。既然如此，那就彼此兵戎相见，一决胜负好了。"

大战不可避免地开始了。

吴佩孚命靳云鹗的第八旅、河南的赵杰旅、二十五师的一部先打汀泗桥的湘军；调三师六旅杨清臣部、二十四师四十八旅苏世荣部及山东第一混成旅张克瑶部到汉口；派顾问李炳之带兵赴宜昌，协助长江上游总司令卢金山、施宜镇守使赵荣华指挥驻宜部队抵抗川军。一切部署完毕，吴佩孚才于8月26日乘着"楚观号"兵舰率三师六旅、二十四师八旅顺江而上。

夏秋之交，天高云淡，江水滔滔，涛涌浪起！逆着滚滚长江，吴佩孚坐在指挥台上，心潮也浪卷涛翻。他想起了草船借箭、想起了火烧赤壁之故事。"诸葛孔明不就是赤土筑坛，仰天暗祝，借来一阵东风才大破曹阿瞒的么？我吴佩孚的奇门遁甲并不弱于诸葛亮，我不用二十八宿旗，不按六十四卦分位，也不需祭坛，更不借东风，便可以打败赵恒惕！"

军舰到了新堤，吴佩孚见自己的部队与湘军隔江对峙，又据报告，自临湘至岳阳之段，湘军均布有严密防御阵地。吴佩孚把第二混成旅旅长刘佐龙叫到舰上，对他说："你们暂时不要强渡，免得受到重大损失，待明天拂晓，可大力猛攻，届时海军当到达岳阳附近，便开始对敌炮轰，陆军也会登岸，从敌人防线后边进攻，一战就可以将整个湘军击败了。"

刘佐龙又将自己主力摆布情况作了汇报，这才下船去了。

天近黄昏，吴令军舰急行上驶。军舰驶过白螺矶时，吴佩孚望见江面狭窄，又见敌阵并无动静，便命全速前进，又命炮火猛攻南岸。湘军未及反击，军舰已去远。军舰过城陵矶时，正是深夜，湘军曾用炮火射击。部下请示是否进行还击。吴佩孚摇手说："灯火全熄，全速前进！"敌人失去了江心目标，瞎放一阵空炮。次日黎明，军舰安全抵达南港。

吴佩孚登上指挥台，眺望岳州，一片寂静，唯有寥落晨星在天边闪烁，江水在脚下泛波，吴佩孚笑了。"此攻敌之良机，赵炎午你走不脱了！"他命炮兵即向岳州南门外大石桥一带轰击，又命陆军火速登岸，进入战斗。一时间炮声隆隆，火光冲天，人潮如流，杀声震耳。赵恒惕还在睡梦之中，听得厮杀声响。陡然坐起，更见大火冲天，闪闪耀眼，还疑为敌人已经攻入城中，便不敢恋战，连衣服、公文包也顾不得携拿，就带着一部分卫兵仓皇逃出岳州。

湘军已无指挥，各部纷纷溃乱。未经激战，吴佩孚即得了岳州。他一方面命人收捡器械、收容俘兵，一方面派兵沿粤汉路北上，从背后包袭蒲圻、赵李桥、临湘一带的湘军。湘军腹背受敌，全线溃退，大部分被直军缴了械——至此，湖北战事基本结束。

战胜湘军之后，吴佩孚没有马上北返。他要葛豪去把赵恒惕找来。

吴佩孚十分气恼赵恒惕。"想当初，衡阳密约，我让给你那么大一片的地盘，为的就是日后互不侵犯。我离开湖北没三天，你竟侵我地盘，你有什么信义？朋友而无信，还交什么朋友？"吴佩孚越想越气，越想越怒，他恨不得一见赵恒惕就把他抓起来，杀了他。

赵恒惕逃出岳州，仓忙中，不知去何处才好。正是东躲西藏的时候，葛豪找到了他。

"耀庭（葛豪字耀庭），你怎么来了？""玉帅派我来找你。"

"找我？"赵恒惕有点惊恐，"到这种地步了，找我干什么？""过去的事就别说了，说也是时过境迁的话。如今你只好去见他了。""我不去。""不去好么？""去好么？"

葛豪想了想，说："玉帅对你还是不错的。我想，只要你坦诚地对他，能更好地认识一下自己，我想不至于有多大风险。"

"往天的事都是你从中周旋的，还得你多担待。"

"我会努力的。"葛豪说，"把话说清楚了，再对以后的事表示个诚恳的态度，我想玉帅是会好人做到底的。再说……"葛豪把话吞了一半，只轻松地舒口气。

——葛豪作为赵恒惕的代表和吴佩孚接触，并且大多时间都在吴的军营的，他很了解吴佩孚，也会迎合吴佩孚的思想。他知道吴佩孚和段祺瑞不合，其根源便在南北是战是和的事情上。吴佩孚是主张和平统一的，总想通过议会形式为实现统一。这就使他在对待革命党的问题上严中有宽，跟赵恒惕打中有拉，并且以拉为主。他认为："只要赵恒惕不再与吴佩孚为敌，吴是会对他宽容的。不过，赵恒惕帮助鄂人打湖北，也确实激怒了吴佩孚，吴佩孚能不能原谅他？"葛豪心里没底，所以，后一句话他只说出个头，便吞下了下去。

赵恒惕是走投无路了，思来想去，觉得除了负荆请罪，再无别的好办法。他便硬着头皮跟葛豪到了岳州。

赵恒惕跟随着葛豪登上吴佩孚乘的"楚观号"兵舰。登舰那脚步，却沉如坠铁，而心也跳得"咚咚"出声。他来到吴佩孚面前，垂头敛语，一声也不敢响。

吴佩孚坐在特制的椅子上，一动不动。他只瞪着两只大眼睛，上上下下、目光炯炯地打量着赵恒惕，约有五分钟之久，一言不出。赵恒惕神情尴尬，站立不动，心跳得更厉害，脸上的疑惧之色渐渐加重，汗水也偷偷地渗了出来。

吴佩孚终于开了口，他声沉而带怒地说："赵恒惕，你与朋友失信，驭部下无能；和，你不安分；战，你又无力，所以落得今天的下场。是愿打还是愿罚，你自己认吧。"

赵恒惕心惊胆战地说："所有一切，已托耀庭另行报告。此事，我实在是受人胁迫，无法善处，请大帅原谅吧！"

"你胡说！"吴佩孚发怒了，"何人胁迫你？胁迫你做什么？""这——"赵恒惕又低垂下头。

第八章

直奉大战前夕

　　在军阀群起、互争霸主的岁月里，吴佩孚似乎想给人以一个颇为光彩的形象。他的居室中，常悬一联："文官不要贪污卖国，武官不要争夺地盘！"他给自己书写的座右铭是："不做督军，不住租界，不结外人，不借外债。"五四运动时，吴佩孚是唯一接连发出通电反对在《巴黎和约》上签字、主张取消中日密约、支持学生运动的军阀。那时候，他俨然是一个爱国军人。当时的《民国日报》连篇累牍地赞扬他。皖系北洋政权被推翻之后，他又多次发出通电，要召开国民大会解决国是。这些虽然都只是一些应潮之举，吴佩孚还是获得了声誉。

　　然而，吴佩孚毕竟也是个军阀，援鄂之举取得成功之后，他立即走马上任两湖巡阅使，并派亲信萧耀南为湖北督军。他那个"不做督军"的信条不是伪善的口号了么？说是"不结外人"，也是假话。段祺瑞是亲日派，张作霖也是亲日派；直系军阀的背后，何尝不是英美帝国主义在撑腰。英美帝国主义同时插手南方的革命党。这便是吴佩孚、赵恒惕关系复杂的微妙处。

　　赵恒惕被吴佩孚将了一军，甚感尴尬，只得垂头不语。

　　吴佩孚沉默片刻，看见赵恒惕也够狼狈的了，猛然产生了同情感，并且觉得这还是一个有用的人。便故意叹了一声气，说："赵炎午呀赵炎午，你什么时候才能分清朋友、敌人？手中的枪总在乱放，何时才能混得出人头地？"

赵恒惕一听吴佩孚这腔调，心中一松。他知道，这种话只是老子对儿子、上级对属下说的，其用意是"恨铁不成钢"，并没有胜者之将对败军之首那种训斥、责处之语气。忙说："是恒惕处事不当，不该侵犯大帅之地，请大帅处置。"

吴佩孚淡淡地一笑，又轻轻地摇摇头。

赵恒惕更觉轻松了。接着，他便把西南川军的情况向吴佩孚作了详细的报告……一场你死我活的厮杀硝烟未消时，双方将领已经握手言和。吴佩孚命人准备酒宴，就在军舰上和赵恒惕谈论起今后大事。

吴佩孚说："你还回你的长沙，我只驻兵岳州，作战略上的布置，决不进军长沙，各安其位，你放心吧。"

赵恒惕乞求似的说："已到了这个地步，怎么去长沙呢？还得请大帅帮助。"

"收拾你的残部么，"吴佩孚说，"我能还给你的再还给你。""大帅还得先借我一支军队用用。""干什么？"

"我这一次之所以会败得如此惨，是因为内部……"于是，他把自己内部不听他指挥的鲁涤平、宋鹤庚两部情况作了详细的介绍。然后又说："我要趁机收编他们。"

吴佩孚点点头，说："给你部队可以，但一定要用你自己的番号。"

赵恒惕在吴佩孚的支持下，很快收缴了不听他指挥的鲁、宋两部，又把自己的沈鸿英部交给吴佩孚收编作为孝敬，这才又耀武扬威地回到长沙。

吴佩孚在岳州和赵恒惕达成和议交易的时候，还授意张绍曾等通电呼吁举行庐山国是会议，意图促进南北统一。当时虽然北方的张作霖、阎锡山、马福祥等将领多通电拥护，但因西南方面没有表示诚意，空喊了一阵子口号，终未实现南北统一。正是吴佩孚想整军返回洛阳的时候，宜昌方面军情又紧张起来，直军驻宜昌将领李炳之急电再三，请吴速派援军解救宜昌之围，并再三请吴亲自到宜昌督战。

吴佩孚领着胜利之师，正想乘胜前进，再加上西南川军对他的议和倡议又是那么冷淡，他正急于出师无名，故而，接电之后，即率三师学兵团、二十四师四十八旅和王汝勤师一部，由岳州乘舰西进。

此时正是中秋，长江两岸虽然还是郁郁葱葱，但江水已是平静之极，旷野全黄，稻谷也在收获，天高气爽，北雁南徙。吴佩孚仰望长空，一时心潮澎湃。

吴佩孚兵到沙市，得知川军围攻宜昌甚急。急令全速推进，并令部队在西山、东山等地登陆投入战斗。激战两天，川军顽强不退，吴佩孚觉得硬拼不行了，便命施宜镇守使赵荣华旅抽一部队伍从右翼芳香场出击，迂回至川军左右方攻其背后。

赵旅所抽之部，由营长于学忠率领，行动迅速，战力很猛。川军不支，退往南陀溪、安南庙、溪口方面去了。于学忠激战有功，吴佩孚称他为"天生将才"，即由营长升为团长，不久又升为十八旅旅长，最后升为施宜镇守使。百日三迁，于学忠成为名将。

为了彻底消灭川军的反击力量，吴除派陆军尾追而外，亲坐军舰逆江而上，直至宜昌之围全解，才驻扎宜昌。吴佩孚这才松了一口气，打定主意在宜昌休兵几日。

吴佩孚取得湖北、控制湖南，又击退了川军，声威大振，连曹锟也自惭不如。曹锟派他的秘书张传宜，亲随吴身边，既表示慰勉又算代他观战。这位张传宜，年四十，文质彬彬，诗文也颇润识得些，又有一副机灵的脑瓜、一副伶牙俐齿，颇受吴佩孚的欢迎。所以，吴佩孚由宜昌起航东下时，便把这位特使叫到自己身边，两人对饮起来。

"大帅，"张传宜捧着酒杯，"今日凯旋，又是一路顺流，旌旗飘飘，江水滔滔，大帅之心情，必然也飘飘、滔滔的，正是有诗之时，何不开怀长歌！"

吴佩孚西上时便几度诗兴萌起，只是战事在即，未及抒发。今见张传宜如此奉承他，自己的诗兴也被引了出来。

"我久不作诗了，本来就平平。今见先生如此雅兴，又如此过誉佩孚，实不敢当，亦不敢不奉和。咱们今天扔开一切礼俗，完全是以文会友，我便写一首。若不堪入目，自然盼望先生指正。"吴佩孚微笑、摇首，一边挥笔。遂得七律一首：

> 彝陵风雨洞庭秋，一叶扁舟驶上游。东北烽烟犹未息，西南鼙鼓几时休？庐山面目真难见，巫峡波涛惯倒流。独坐艄头思逝水，江流咽尽古今愁。

张传宜捧诗在手，边读边赞："好诗，好意，气势磅礴，情致绵远！非将帅雄才，岂能有如此手笔！"

吴佩孚笑了。"是大自然、是战争赋予了人广袤深厚的思想情操！试想，闺中怎能有厮杀之声！"

张传宜又奉承一番，但心里也隐隐感到吴佩孚不无流露骄奢之情。

吴佩孚回到汉口，又主持了一次长江联防会议，对西南防务作了一番布置，正思索着班师洛阳时，忽然想起了跟随他多年的张福来。他便把张福来叫到跟前，说："福来，咱们风风雨雨，同舟共济也快二十年了，你吃了不少苦，也立了不少功，我总没有瞅到机会重用你。不知你怪我不怪？"

"大帅说哪里话？"张福来说，"从跟随大帅的第一天起，就不曾想升官发财，只觉得能够有事做，不离开大帅左右，也就心安了。"

——这张福来是吴佩孚长春时的督队官，一个相当于副营级的小军官。能力平平，战功寥寥，是个不显山不见水的人物。所以，大任务没有他的，大升腾也没有他。吴佩孚忽然又想起了他，是因为有点特殊的情感：当年吴佩孚的老娘领着媳妇从蓬莱来到长春时，那个张家客店的临时住处便是张福来给觅到的。张福来跟店家的小儿子张锡九是把兄弟，这张锡九便是吴佩孚现任夫人张佩兰的胞弟。纵横关联，又是姻缘的搭桥人，虽然从中出力最大的人是牛起顺，张福来的功劳也还是不小的。所以，此次征南胜利，吴佩孚忽然想起了他。问起"怪不怪"的事，只是表明没有忘他。

张福来原来是有意见的，觉得吴佩孚得恩忘报，倒是想开小差跑回家去。可是，兵荒马乱，家境困难，回家又怎么办呢？便这样熬下来了。平时，倒是挺有志气，从不去找吴佩孚。今天吴佩孚找他了，又表示了亲近，积在心里的怨气早已烟消云散。便说："大帅，我怎么会怪大帅呢？跟大帅这么多年，寸功未立，只觉得辜负了大帅的栽培，还得请大帅多多教诲呢。我日后一定好好干，为大帅争气！"

别看张福来平时拙嘴笨舌，这几句话说得却也十分得体，惹得吴佩孚笑逐颜开。"别这么说，咱们的队伍有今天，怎能没有你的功劳呢！至于今后，咱们还是一起闯就是了。""紧跟大帅，永不变心！"

"这样吧，我几天就要回洛阳了，这边的事也还难放下。我想委你为岳州总指挥，镇守湖北的南大门，以防南军再来侵犯。"

张福来立即并足挺胸，向吴佩孚行了个军礼。"听从大帅命令，一定守住岳州！"

"队伍我再给你配备一些，你就准备长驻岳州吧！"

至此，吴佩孚的私人恩怨总算还清了——他要表白他的正统，要当正人君子，要做到以涌泉报人的滴水之恩。他不愿意负人，尤其他身边的人，为他做过好事的人。

南边的事情已毕，吴佩孚这才离开武汉。当他轻松地躺在北上的车上时，他才感到他吴佩孚真的不一般了，他在政治、军事上都获得了空前的成就。"我吴子玉出山至今，立德、立功、立言，都得到了国家和黎民的承认！我……"他笑了。

中国太大了，南方酷暑，北方严寒；东方日出朗朗晴明，西方昏沉满天阴雨，谁能奈何得了！

吴佩孚征服了两湖，他觉得可以稳坐中州了。其实不然。那个雄踞东北的张作霖就不愿平静地生活。直皖之战，张作霖瞎喜欢一场，只算帮助吴佩孚扩大了势力。等到吴佩孚扩编了三个师在直军，他才感到为他进关增加了难度。这还不说，他觉得最不合算的，是他得罪了段祺瑞。这个段祺瑞，可比吴佩孚的影响大多了。"吴佩孚算什么？连曹锟也只是势利小人。人家段合肥不失为爱国军人，小皇帝就是他一个通电拉下来的；袁世凯称帝，他又能不计私交而大义凛然地反对。是个有头脑的人物！"他又想起了孙中山，他比较欣赏孙中山的政策。于是，张作霖在把一脉秋波送给段祺瑞的同时，便派少将副官张亚东去见孙中山。

孙先生看了张作霖的信，又听了张亚东说明来意，孙中山高兴地笑了。他对张亚东谈了对大局的态度，又谈了"本党"的打算，然后说："雨亭（张作霖的字）在东北治理得很好。不过，外有日本帝国，处境是很艰难的；如果国家统一了，建立了革命的中央政府，地方的事就好办多了。"因为是初次接触，孙中山不便多谈，只写了封信让张亚东带回奉天。

张作霖见了孙中山的信，心中十分高兴。这样，张作霖、段祺瑞、孙中山的三角同盟便不声不响地结合起来了。自然，结合的目的是推翻直系曹吴。

这件事不知怎么走漏了消息，被曹锟知道了。趁着张作霖有事在北京，曹锟便匆匆赶去找张作霖。二人一见面，曹锟就急不可待地开了腔：

"雨亭老弟，咱们兄弟不错嘛，为什么要和孙文联合起来打三哥呢？"

"三哥，"张作霖极力否认，"你怎么能听信外人胡说八道？咱们不是儿女亲家么？我再怎么的，也不会盘算到老亲家头上！"

曹锟虽觉得张作霖的话信不得，却也拿不出更多的真凭实据，只好作罢。

曹锟这一闹，张作霖倒是觉得密保不住了，得赶快下手。于是，在1921年最后的日子里，在日本人的支持下，把个亲奉分子梁士诒推出来任了国务总理，企图压倒直系势力。

梁士诒，广东三水人，字翼夫，光绪进士，是袁世凯的幕僚，1907年出任铁路总局局长，交通银行帮理。1911年武昌起义之后，是袁世凯内阁的邮传部大臣，为袁窃权十分卖力。1912年3月任袁的总统府秘书长，交通银行总理，成为"旧交系"的首领。为了支持袁世凯帝制增发交通银行纸币三千万元，引起纸币贬值，大大坑害了人民。袁世凯死后被通缉，逃往香港。1918年又投了段祺瑞，成了安福国会的参议院议长。不久，又投靠了奉系张作霖。真是只大混战中典型的变色龙。此番被推到总理位子上，他一方面要报答奉张的厚爱，一方面要向皖段表示忏悔，愿意在奉皖联络中做一点两家满意的事。果然，梁士诒一登台，就把直皖战后被定罪的徐树铮等十六名皖系骨干分子的罪给赦免了。

吴佩孚在洛阳正做着黄粱美梦，想利用召开国民大会的机会，彻底把皖系消灭，赶徐世昌下台，另组织一个合乎他口味的政府。不料北京、东北就出了这样的乱子。"现在不是对付段祺瑞了，而是应该掉转头来，对准张作霖。"梁士诒作了国务总理，吴佩孚怒火三丈，他一方面宣布安福国会是非法的，不承认徐世昌这个大总统，说他是"五朝元老""东海先生"；一方面痛斥内阁，说："梁翼夫卖国投敌、坑害黎民，谁人不知！今天竟由这样的人来治理国家，他会把国家置于何地？把百姓置于何地？"吴佩孚气怒未息，便向全国发了一个通电，揭露梁士诒的"卖国媚外"罪行，说他是早被国人通缉在案的"卖国贼"。并且准备采取措施，赶走梁士诒。

就在这个时候，保定军官学校的新任校长张鸿绪来到洛阳，不用人传报，他径直走进吴佩孚的客厅，满面愁容地立在吴佩孚面前喘粗气。

张鸿绪是位四十五六岁军人，身材、气度都有一表将相，虽然愁眉不展，那站立的姿势却是典型的军人标准。这副相貌，便是吴佩孚最欣赏的军人形象。他对他瞅一眼，说："你怎么这时候来了？坐下说话。"

"大帅，"张鸿绪说，"学校出事了。""能有多大事？"吴佩孚轻蔑地一笑。

"大着呢！"

"没告诉三爷？"

"是三爷让我来见大帅的。""先坐下，喝杯水，慢慢说。"

张鸿绪把军帽放在桌上，缓缓地坐下，又深深地叹声气，这才说出来意——

保定军官学校，是袁世凯时期创办的，是为北洋军阀培养军官的。原名保定东关大学堂，后改为保定军官学校。中间曾停办一阵，曹锟驻保定之后，又重新恢复起来。这个学校从第一任校长蒋方震起，都是日本士官学校出身的人主持，为中国军队培养军官。吴佩孚得势之后，决定改派北洋武备学堂出身的张鸿绪接任校长，排挤亲日派，培养自己的势力。这便在学校中惹起了风波……

"玉帅，"张鸿绪屁股刚坐定，便说，"一些教官和队长，都离开学校了。"

"为什么？"吴佩孚很惊讶，"他们为什么会要走？""闹事。"

"什么？！"吴佩孚好像想起了一件事。"听说你早几天把戴联玺、杨正治等人都驱赶出去了，是不是？他们都是资历颇深的教官呀！"张鸿绪望了吴佩孚一眼，没有说话。可是，他心里却在嘀咕："不是曹大帅对你交代的么？你们让我把士官派都赶出去，我不过才赶出两个人！"

大约是吴佩孚也想起了自己的安排。所以，他又改口说："不要过激，要讲究策略，要照顾影响。"停了片刻，又问："一共走了多少人？""已走三十多人。"张鸿绪说，"骨干力量基本上走完了。""知道他们的去向吗？"

张鸿绪思索着说："除了钱大钧、黄琪翔等少数人去了广州之外，戴联玺、杨正治、赵巽、梁济、毛福恩等二十多人都去了东北。"

"什么，去了东北？！"吴佩孚不平静了，此时此事，对他神经刺激最大的就是东北。

张鸿绪又说："听说，这些人刚离开学校，张作霖就派专人把他们都接走了。一到东北，即奉为上宾。还听说……""听说什么？"

"张作霖盛情款待了他们，对他们说：'你们在吴佩孚手下，只能当个参谋之类的幕僚，因为你们不是行伍出身，他决不会让你们带兵。我的部队不同，我的将校军官个个都是文武全才。'他这样说了，随时就这样做。就说那个一般的教官何柱国吧，一到东北，就当上了中校教官兼队长，还在八旅中为他挂了职……"

吴佩孚是自诩中国儒将的，哪里听得下他的部队官长都被人说是"行伍出身"，更何况这些培养军官的教官都投到奉张怀中去了，这对他是件多不利的事呢！

"你回去吧，我会采取对策的。"他又说，"我会要他们自由地走出去，一个个地都不自由地回来！"

关于梁士诒出任国务总理的分歧、对骂，关于保定军学校教官的背直投奉，尤其是东西方帝国主义国家背后的操纵，亲日派的张作霖和亲英美派的曹锟、吴佩孚，已经渐渐水火不相容了。吴佩孚把他在直皖战争时的部队原班北调，拉开了包围京津之势，意欲冲向山海关，把奉张打出去；直皖战争时张作霖派入关内支持吴佩孚的两旅仍留在关内，又由长城外调两个师驻京郊，而后从山海关至京津又由驻了重军。两军对峙，战火一触即发。

吴佩孚是熟读《孙子兵法》的，战争中的对阵、攻坚、攻心，虚实真假，他都实践过，他更知了解敌情的重要。大战虽在酝酿，他却早已绞尽脑汁。他认为："张作霖来势虽猛，但终归是长驱侵入，比起他的坐镇应战，还是有许多不足的；何况，张作霖是布置了一个前后强、中间弱的兵阵，只要把京郊的奉军主力吃掉，张的阵脚便会大乱。"

吴佩孚亲临保定之后，便对曹锟说："这一场厮杀残酷呀！老帅得有个破釜沉舟的打算。"曹锟跟张作霖是儿女亲家，想不到他们之间会刀兵相见；何况，张作霖又是当面对他表白过，绝不会向他出兵的。现在，现实情况使曹锟猛醒了。听得吴佩孚这么一说，曹锟心里觉得不安。他说："子玉，你的话是对的，对待奉张是应该破釜沉舟。'当庭不认父，举手不留情。'张雨亭太不识抬举了，得给他点颜色看看。"

"老帅对张景惠这个人有什么看法？"吴佩孚说，"如今，他是张作霖的前敌总指挥，率领两个师驻京郊。"

"张景惠，勇过人，智不足。"

"此人勇智皆好。"吴佩孚说，"张作霖派他到最前线，算是知人善任。我们不能小看他。"

"这么说，他不好对付了？"

"是这样。"吴佩孚淡淡一笑，又以轻蔑的口气说，"我想对付他得用另一种办法。""什么办法？"

"张景惠的小妾如今不是住在天津么，请老帅告诉四爷，厚厚地表示一下，老帅再写一封亲笔信，跟张景惠叙叙情谊；我也派人到他的指挥部去馈赠一下，争取和他免战。老帅您看如何？"

自从吴佩孚作了巡阅使，身份入了"帅"字辈之后，人们便在曹锟这个帅头上添了一个"老"字。不过，吴佩孚很少这样称呼，今日声声称呼均有"老"字，可见情况不一般。平时曹锟便言听计从于他，今日又如此尊重他，心里自是一番高兴。但有一条，吴佩孚提出要从天津让他的四弟曹锐拿一份厚礼送给张景惠，曹锟有点心疼。大半生他都是伸手拿别人的，何况那老四又是个能进不能出的守财奴，拿私藏去换胜利，曹锟得盘算盘算。

吴佩孚见曹锟态度不顺畅，心里十分不高兴。"鼠目寸光！就是看见白花花的银子眼馋，你也不知这银子是怎样往你家中滚的？"他迟疑了半天，说："这样吧，老帅既然觉得有难处，就不必勉为。他张雨亭能和别人合作打我们，我们也可以和别人合作打他。合作不就是意味着利害共担么，老天有眼，咱们把仗打胜了，天津还是济南，河南还是湖北，分给别人一片也就够了。"

吴佩孚用的是激将法，却给曹锟擦亮了眼睛。"这可不行，天津是我的祖籍，河南、湖北是你吴子玉的根据地，拿这些当赌注，得小失大，不能干！"曹锟心惊的是，拼死拼活全是为了地盘，没有地盘怎么养兵，何况他这几年时不时地还做着人王地主梦。"若连地盘都不是自己的，还有空中的人王可当么？"想到这些，他笑了。

"子玉，你怎么会这样想呢？我是觉得张景惠这个人有点儿贪心不足，得拿多大个数目才能打动他的心？"曹锟说，"至于说到钱，莫说动用天津的，就是保定、就是我的任何一个姨太太手里，动个万儿八千的，也难不住。这样吧，我明儿派人去张景惠那里，不就是两个师么，先开他一个月的饷，事成后升他两级。你看怎么样？"

吴佩孚笑了。"老帅做事，素来是深谋远虑的。这样想，自然再妥当不过了。老帅明天先派人送钱上门，我后天派个妥帖的人去见见他，把事情商量定下来。"

吴佩孚把他的秘书长陈廷杰找到跟前，对他说："大战要开始了，我想派你做先行官，如何？"

陈廷杰在吴佩孚身边久了，彼此都了解，他说："要是用着摇摇羽毛扇，我自然当仁不让！只是不知跟谁交战？""张景惠。""老奸巨猾。"

"这才用得着阁下。"吴佩孚把和曹锟商量的措施对陈廷杰说了一遍，又说，"礼已经到了，你此行，说礼也算礼——是看看张景惠用什么态度礼尚往来。说兵也算兵，你是先头部队，来一次武力侦察，也好确定大战的策略和战术。"

陈廷杰眨着眼睛思索片刻，说："什么时候动身？""明天一早。"吴佩孚说："还要一个助手么？""是斗智，不需武力，不要助手也就罢了。""那就叫'单刀赴会'了！"

陈廷杰只身进了北京，直奔张景惠的军营。张景惠以礼相待，迎进客厅。两人对面坐下，张景惠摈去侍从，彬彬有礼地说："我估计秘书长阁下会光临的，但没想到如此迅速。不过，我已经采取了更迅速的措施，将三爷的厚礼退了回去。因而，我们只能谈风说月了。"张景惠先发制人，来个关闭谈判大门。

陈廷杰笑了。"张将军果然是个爽快人。既然'只能谈风说月'，陈某倒也有兴趣，总算不负此行。张将军，据说东北的花季特别短，而严寒的日子却又特别长。要说比春天，比江南晚了一季；要说比日落，比西北早了几个时辰。在中国的版图上，东北可只算一隅呀！将军说对不对？"

张景惠一时不能领略其意，迟疑片时才说："中国太大了，季节、时差都很悬殊，热冷也颇差异。"

"难得将军承认这个事实。"陈廷杰说，"大丈夫，应有鸿鹄之志，总看着自己的天井一片，那是燕雀的襟怀。""秘书长这是何意？""我在为将军悲叹哪！""我不明白。"

"你——无酒假装醉！""还望明示。"

"张将军，"陈廷杰换了口气，"中国的战乱是暂时的，最终还得统一。谁主沉浮？是智者，是在中国有更多地盘、兵力和胸有大志的人。两军交锋，谁胜谁负，在目前仅居其次。头等大事，是做将者应有长远、博大的胸怀，为国家民族想，为自己前途想。不知将军是否作过这样的对比：当今中国，谁是英雄，谁是草莽？是的，直奉之间一场大战是不可避免的了，张雨亭大举入关想战胜曹三爷，谈何容易？此时此刻，三爷看重了将军，有所表示，将军果真将这份厚意拒之门外，我不知将军想过后果没有？"

"此事若在秘书长身上，该如何处置？""投之以桃，报之以李！""我不能背叛雨帅。""将军更不能背叛时务！"张景惠垂下头，不说话了。

"我知道将军是不会退礼的。"陈廷杰说,"将军也不会背叛张雨亭。我倒是想了一个两全其美的办法,果真大战开始了,我们只盼望将军能别忘了三爷的厚意。"

"我感谢你的光临!"张景惠说,"你回去告诉珊帅,张景惠领他的情了。"

陈廷杰一举成功,匆匆回到保定。

1922年4月,第一次直奉大战,终于拉开了序幕……

第九章

曹吴异梦

　　直奉战火一开，吴佩孚率领他的主力分三路由马厂、固安、长辛店开始向奉军进攻。

　　张作霖以为北京有他两师主力，直系奈何不了他，前方无虑，可以从容不迫地由山海关挺进。哪知战争一打响，张景惠的两师便投向吴佩孚。一个回马枪，张作霖乱了阵——不得不节节后退。转眼间，长城以内没有他立足的地方了。

　　直奉大战闪电似的结束了。这时，最慌的，莫过于大总统徐世昌——

　　徐世昌是在直皖两家互争不下时，渔翁得利拾了个大总统当的。虽然有个君子协定，曹锟、段祺瑞都不当副总统，但那是战争平息之际，二人都有个休养生息的想法，就让他徐世昌"文治"几年吧。直皖战后，段合肥失去势力了，徐世昌匆匆忙忙把个靳云鹏拉出来当国务总理，想让他周旋直奉关系，自己再"稳治"几年。靳云鹏和张作霖、曹锟均有姻亲关系，但张、曹都不喜欢他。这时候，徐世昌就犯了难："直皖新仇，两派不可偏一；奉张虽小，可势力渐强，该叫谁当总理呢？"

　　徐世昌是个书呆子，又胸无大志，往日遇事只会闭起门来在吕祖面前上香问卜。现在，香也上了几次，还是定不下来。最后，还是其堂弟徐世章和秘书长吴笈荪为他做主，拉出个梁士诒做国务总理。梁士诒不出面，事情还平静些，此人一出山，正赶上孙中山、段祺瑞、张作霖紧锣密鼓搞三角联盟。梁士诒便一头扎进段、孙怀里。这一下子惹恼了吴子玉。奉直两家大战了一场，谁知这一仗奉张又意外地失败了，败出榆关之外，长城以内成了曹锟、吴佩孚的天下。徐世昌自知日子不好过了，急忙把徐世章、吴苪荪找来，撇开吕祖，问计于他们。

三人对面坐下，徐世昌语无伦次地说："局势你们都看清楚了，该怎么办？你们说说吧。"似乎目前这种局面不是直奉大战造成的，而是这两个人造成的。

吴苪荪机灵，想点子也快，他早已想出一个最好的办法，那就是请徐世昌通电下野。但是，他知道那是不可能的。徐世昌刚愎自用，唯利是图，是个"不见棺材不落泪"的人，要他平平静静地退出大总统位子，谈何容易！所以，吴苪荪只长长地舒了一口气，把个天大的疑团用淡淡的一笑转给了大总统的堂弟徐世章。

此时的徐世章，正任着交通部次长、津浦铁路局局长。是一个和吴苪荪一样的机灵人，又能言善辩。不过，他比吴苪荪更了解他的堂兄，知道他从不主动认错。若从这场战争的具体情况来看，徐世章觉得他的堂兄该负主要责任。有一件秘事，就是他奉他的堂兄之命干的——

大约是十天前吧，吴佩孚对梁士诒已发展到要动干戈的时候，外人均认为是对着奉张干的，唯独徐世昌，却认为是对着大总统干的。徐世昌让其堂弟徐世章携带他密信出关，请求张作霖"出兵勤王"。并且语重心长地对堂弟说："你对张雨亭说，军费问题，我可以厚助。请他入关，主要是拱卫京师，起牵制作用，别无他意。"

徐世昌虽然觉得这是一条"烧香引鬼"之计，但也觉得眼前不得不如此。这才引起张作霖名正言顺地大兵入关，直奉大战挑起。

现在，要把这件事抖出来，要让大总统承担罪责，谈何容易。所以，徐世章也以淡淡一笑。

豪华的总统小客厅中，依然沉默，沉默得令人窒息。

徐世昌心中发怒了："我是要你们来出主意，摆脱困境的，你们只管悠闲地闷坐，这算什么？"他扔掉毡帽，敞开胸襟，两眼发直，口吐唾沫，气急败坏地说了话："你们都默不作声了，好像你们都是没事人，只有我罪责难逃！那好，我拿主意，我决定了。当初周旋段合肥、张雨亭联合，是你吴苪荪的主意；去东北调兵，是世章的主意，也是你去的。你们两人是罪魁祸首。现在，我只有杀了你们，才能谢天下！"

"啊——？！" 两个人同时惊讶不已。

吴芨荪呆若木鸡，连嘴巴也合不上了。

徐世章跪着爬到徐世昌面前，一边大声哭喊，一边说："三哥，三哥！你不能那样做，杀了我们，国人也会骂你，问题还是解决不了。我有个办法，你听我说说……"

徐世昌背过身去，没有表示愿听，但也没有表示不听，只默默地站着，大口大口地喘着粗气。

徐世章忙说："三哥，吴子玉对你发难，是因为奉军入关。现在战事已息，奉张已败，大局已定，假若你能下一道命令，免了张雨亭的本兼各职，矛盾自然会平息下来……"

徐世昌毕竟是个胸无大志、鼠目寸光的人，只要眼前能过得去，明天哪怕刀割头，明天再说。他思索有时，转过身来，摇晃着巴掌，说："去吧，去吧！你们都去吧。该怎么做，我自己拿主张。"不久，徐世昌便发出了一道坚决而简洁的总统令：免张作霖东三省巡阅使等本兼各职。

命令发布得快，反馈也来得快！只在一夜之隔，便收到了张作霖的通电，这个通电不单单是给他大总统的，而且是"告全国军民人等"。

徐世昌还以为是张作霖的下野宣言呢，他想从中捞点稻草，看看能不能稳住大局。于是，拿出花镜，一字一句地看下去——

自内阁问题发生以来，中央陷于无政府状态。作霖远处关外，不欲为若何举动。徐世昌派其介弟世章及吴秘书长芨荪先后来奉，谓总统面谕，饬作霖率兵入关，以资震慑。庶总统对于用人行政得自由处分。当服从命令，率师入关。后欲搬兵回防，徐又派徐、吴二人再三挽留，并谓直军徒有虚名，无能为力。作霖与仲珊本系姻亲，岂忍相残，子玉情同袍泽，更非仇敌，苟非丧心病狂，何至兵戎相见。顾以总统之令，违心言战。自恨菲才，以致丧师失地。及明其真相，方知为人所利用，决计兵退滦州，出关自保。徐世昌又遣使来，劝我再战，一面以命令夺我职权，犹谓敷衍表面。此中诡谲，又复谁欺！徐世昌之为人，诡计多端，唯利是图：臣事满清，欺其孤寡；辅翼项城，辜其所托；唆使张勋复辟，又从而翦除之；重用安福党人，又迫段氏下野；信任曹吴，又使作霖以兵铲除。作霖愚昧，为人所卖。误以为和事老人，不知其实为……

　　徐世昌看不下去了，风风雨雨、混混浊浊的二十余年国是国非，张作霖全推到他头上去，国难民穷，全是他徐世昌捣的鬼，徐世昌成了国人唾骂的祸首——张作霖虽骂得言过其实，但也绝非无指。徐世昌头眩目花，他昏倒在地上了。

　　两天后，即1922年6月2日，徐世昌不得不发出一个通电，辞去大总统职——直奉一战，消灭了一个大总统。

　　直奉战后，吴佩孚成为北洋军阀中的首要人物，他开始了滋长更大的野心。不过，吴佩孚的头脑还是清醒的，他还有点自知之明：握大权，他还缺乏实力，无能稳住大局。那位为他立下汗马功劳的秘书长陈廷杰，一直被他留在密室，夜以继日地同他磋商下一步棋该怎么走。

　　"玉帅，"陈廷杰说，"徐卜五辞去大总统了，由谁来接替？这是头等大事。玉帅看谁合适？"

　　吴佩孚说："我和老帅商量过了，目前，还得从咱们之外寻找一个合适的人。要不，许多事都难以顺当处理。"吴佩孚说的"许多事"，陈廷杰心里明白，无外乎收拾北洋残局，与南方合作，等等。所以，吴一边说，陈一边点头。

　　陈廷杰说："听诸方人士的意见，应该首先恢复法统。这么大的国家，没有法统怎么行呢？帝制取消了，大总统是个集权的代表，第一件事当然是恢复国会。还有……"陈廷杰望望吴佩孚，见他边听边想，严肃认真，知道此见他是愿意接受的。又说："有人建议，仍请黄陂（黎元洪，湖北黄陂人，以地望称黄陂）出任总统，不知玉帅有何想法？"吴佩孚仿佛没有听清楚，他只微闭着双眼在优哉游哉地沉思。其实，他是在掂量着利弊：自己也好，曹锟也好，目前都不是当总统的时候；黎元洪是被段祺瑞赶下台的，自然对段怀有成见。如果让黎再出任，他是会感恩于曹吴的。从这一点，吴佩孚同意他出来。还有，南方政府，是以"护法"的名义出现的，现在，若恢复国会，依法再选总统，护法则再无存在的必要，那帮人是跟吴佩孚有盟约的，当然最后要归到吴的队伍中来；而用国会的名义选举新的继任总统，徐世昌也不会对他直系再怀忌恨。思索已定，吴佩孚表示了一个坚定的态度："那就这样吧，就由黄陂来继任大总统。你就和有关的人士磋商吧。"

　　"是否先对老帅说清楚，由他出面做做各方面的工作？"

"那就不必了。"吴佩孚说，"一些主张，我和老师昔日都谈过，无非是付诸实施。目前是最有利的时机，若再三商量，怕夜长梦多，添加更大困难。"

于是，几乎在吴佩孚的一手操纵下，徐世昌辞职不久，黎元洪再度就任大总统。

对于黎元洪继任大总统，曹锟是不乐意的。他曾想，"既然我直系的敌人一个一个都臣服了，大总统自然该临到我了，为什么还要别人出任呢？黄陂出来了，他凭什么？凭政治，他早在国人心目中失宠了；凭军事，他无一兵一卒，无方寸之地……"但他又想："不让黎黄陂出来，积极恢复国会就有困难，国会恢复不了，下一步……"他困惑了。他想得很实际：没有国会，下一步他想当总统，便不可能顺顺利利。所以，当事成之后吴佩孚告知他时，他还是比较满意地说："这件事子玉办得好，对国家、对人民都能说得过去；黎宋卿（黎元洪字宋卿）也会用心做好该做的事情的。"

二十世纪二十年代的中国，乱是乱，却也英雄辈出。黎元洪复任了大总统之后，他没有忘了自己原任的大总统是怎样下来的，没有忘记自己是如何狼狈躲进租界的。"自己太自信了，没有发挥身边人的作用。集思才能广益么！"

黎元洪把李根源、韩玉宸找到面前，说明了当今情况和自己的想法，然后态度谦虚和蔼地说："现在，大局又把我推上高位了。高位难守呀！二位是我左膀右臂，同舟共济的是咱们。该怎么当这个大总统？还得二位多出主意。"

李根源、韩玉宸都是政学系里小有名气的人物，也算得智谋出众之人，跟着黎元洪几起几落，同甘共苦有些年了。李根源还颇有点善辩之才。听了黎元洪的话，李根源认真地想想，然后说："'前事不忘，后事之师！'高位和大权是相一的。如今，军权、政权都过于分散。那巡阅使、督军之位，本来是沿袭旧制，既然国设总统，应以共和政体施政。若能取消这些各霸一方的军权，地方自治只以政权为主，天下自然统归总统。总统便再不会受制于人。"

韩玉宸也说："要当大总统就当自己的大总统。要有权，要说了算！"黎元洪心里实在了。"二位高见。我也是这样想的。"

三人议商已定，黎元洪又和国会的几个人通通气，便决定首先废除巡阅使、督军等职衔，并且明令实施。

军阀混战时期的巡阅使、督军虽然都是呼风唤雨的人物，但也有三六九等。当初段祺瑞当权时，皖系人物领着的这些头衔，有职有权；段祺瑞下台了，虽然还保留一些皖系人物的督军头衔，可连自己管辖地区内的事也无权过问了。如今，天下属直系，总统令废除巡阅使、督军职，还不是废除直系的实权——皖段是无实权了，奉张新败退出关外，有权的巡阅使、督军只有姓"直"的一家了：曹锟是直鲁豫巡阅使兼直隶督军，吴佩孚是两湖巡阅使，各省督军也大多是直系人物。黎元洪的这一措施，无疑是对着曹吴来的。

曹锟急急忙忙地把吴佩孚叫到天津，一见面便说："子玉，出乱子了，你知道么？"

吴佩孚不惊讶，只淡淡地一笑，轻蔑地说："不就是想把大权都揽到一个人手里么，没有多大乱子。""黄陂忘恩负义，向你我开刀！"

"只能说他举起了刀。开不开刀？主动权还不在他。"

"在谁？"曹锟着急了，"在你，在我？你我都不是大总统呀！""他黄陂是怎样当的大总统？他的靠山是谁？""如今他在位上，可以令出法随，名正言顺！"

"老师就忘了'水能载舟，亦能覆舟'的话了么？"

"那么说……"曹锟松了一口气——舟是武力推上去的，覆自然也得用武力。玩了大半生武力的曹锟，深知武力的威力，今天竟忘了。吴佩孚这么一提醒，曹锟方才恍然大悟："嗯，不错。段歪鼻子的宝座比黄陂坐得牢，不是一动武他便乖乖地走了么？赶一个黎宋卿，比赶段祺瑞容易多了。"他对吴佩孚说："好，就按你的办法，来它个兵谏！"

"我啥时候说'兵谏'的话了？"吴佩孚忙纠正，"这种事用兵谏，不是上策。"

"啊？！"曹锟糊涂了，"你不是说水亦能覆舟么？黎宋卿是大总统，不是一只装在笼子中的鸟，说放就放了。不动动干戈，他是不会从总统宝座上走下来的！"

"兵是要动的。必要时，仗是要打的。但是，不是样样事都得打仗。"吴佩孚要摆他的儒将风度了，儒将就不能迷信武力。创造天下可以用武力去开辟，治理天下却不单是用武力能完成的。"对于黎宋卿，要他下台，只需喊几句口号就行了。"

曹锟对吴佩孚的才识，是崇拜的。听了吴佩孚这么一说，他焦急的心情平静多了，知道他会有比用武力更好的办法。便说："那你说说吧。能不用武力，当然更好。"曹锟说这话的时候，忽然又想到一个人，他的参谋长熊炳琦——

吴佩孚到来之前，他曾问计于熊炳琦。"润丞（熊炳琦字润丞），黎宋卿对着咱干了，咱得赶走他。""大帅想怎么赶？"熊炳琦问。"发通电，逼他下去。"

熊炳琦摇摇头。"这会引起舆论，不好收拾。"

"管他那么多！"曹锟说，"大权夺回来，谁想咋说咋说。"

"不！"那个被人称为"小诸葛"的熊炳琦说，"岂不闻'得人心者得天下，失人心者失天下'？人言可畏。""那么说，就无办法了？"

"有，有。"熊炳琦说，"大帅怎么忘了玉帅的一句口头禅：人说无有办法的事，我偏说'吴'有办法！问问玉帅不就成了，他准有办法。"曹锟这才急急去找吴佩孚。

吴佩孚说："中国的大权，最终要落到咱们手里。咱们得以道理和智谋治理天下。古人说：'理国要道''君子为国，正其纲纪、治其法度''攻取者先兵权，建本者尚德化'。连老老年的《晏子春秋》上也说：'能爱邦内之民者，能服境外之不善。'"说着，他把自己对当前的对策说了一遍……

曹锟听罢，立刻满面笑容。"好好好！你这位有学问的人，想出的办法就是不一般。你去安排一下，让孝伯（直隶总督王承斌字孝伯）去办吧。"

吴佩孚点头走了。

——吴佩孚的驱黎策略分暗明两个方面：

暗的：由天津的曹老四曹锐出面，去收买国会议员，以便架空国会，使国会对总统掣肘，总统失去依托，继而刁难。黎上台之后由张绍曾任国务总理。本来就是用他装饰门面的。国会一造他的舆论，再有几个人顺着形势给他为难。造他谣言，他就困难了。于是，1923年6月6日，张绍曾在总理位置上没坐半年，"自动"下来了。责任内阁没有总理了，自然没有人负责任了，政府瘫痪下来。

明的：就在政府瘫痪的同时，驻北京的军队、警察，一队队来到总统府，向总统索要军饷，递请求书、呼口号，说："为什么几个月不发我们军饷了？谁家没有老婆孩娃，我们家家都嗷嗷待哺了！总统得关心人民生命！"日出闹到日落，日落闹到深夜，整个北京城乱成一团。

黎元洪还以为是真欠了军警薪饷，使他们吃不上饭呢。便匆匆找到曹锟，说："珊帅，北京地方，军归你的王孝伯管辖，警归你的冯焕章（即冯玉祥）管辖，你们得解决薪饷问题，不能任其饿荒！"

曹锟冷笑、摇头，软软地还击："大总统何不问问陆军总长金永炎，陆军部往下拨薪饷了没有？""怎么会呢？"

"正是不发薪饷，军警才来请愿。"曹锟说，"何止北京如此，我保定比这里更甚，此番来京，我几乎出不来了。"

从兵到帅都口径一致，黎元洪愁了。战争频仍，国库空虚，有几个银钱多在各派军阀手中，总统和国务总理也拿不出。黎元洪本来是想责难曹锟一番，要他收拾这个乱局，现在，曹锟竟向他发了难，他为难了。"珊帅，这么说来责任不在兵士。你抓紧去做做教育工作，我再找陆军部商量一下，欠弟兄们的饷总是要发给的。你回去吧。"

曹锟刚离开总统府，有人急报总统："北京城主要街口警察罢岗，全城秩序大乱！"

又有人报："大街小巷，五颜六色的标语满天飞，其中有不少是……"说着，便把标语递上去。

黎元洪拿过来一看，差不多全是印着"黎元洪快快下野！"他发怒了："这成何体统，要造反了？"他拿起电话，要警察总局，警察总局电话不通。他又要京畿卫戍总司令部，电话也不通。他再要总统侍卫队，连总统侍卫队的电话也不通了。黎元洪这才感到他面临的形势严峻了："曹仲珊原来在赶我下野！"就在这时，他收到陆军检阅使冯玉祥、京畿卫戍总司令王怀庆的辞职报告。

黎元洪匆匆回到东厂胡同他的家中，他要在自己的私邸召开一次紧急的亲信会议，来磋商应急措施——然而，他家的守卫早已换了人马，连水电也全中断了。他成了真正的"孤家寡人"！他不得不偕同陆军总长金永炎、美国顾问福开森等十余人及部分家眷，匆匆登上专车，前往天津。

这是 1923 年 6 月 13 日下午。

黎元洪匆匆离开总统府、离开北京了，曹锟反而有点慌张了。"这怎么办？"他挂电话找吴佩孚，要吴佩孚立即赶来。

——这里，得交代一下吴佩孚目前的心情：自从黎元洪又当大总统之后，吴是想利用他来实现统一中国的计划的；而曹锟，则是想借黎搭桥，实现自己当当总统的美梦。这样，吴曹之间，各做各的梦。下一步棋怎么走？尚未定夺黎元洪已经先下手，废巡阅使、废督军、拉国务总理，集自己的大权。这时，吴曹的矛盾又相应地减弱了。吴佩孚的驱黎计划为什么要王承斌去执行而不是自己调兵遣将？这是吴佩孚为自己留了后路。他猜测，只要驱黎成功，曹锟是不会先统一中国而后当总统的，他要迫不及待地去当总统。"空中楼阁呀！"吴佩孚认定那样的总统是当不牢的。可是，大总统由直系来当，总比外人强。现在，黎元洪逃往天津去了，吴佩孚的思路还在乱："人走了，总统职位还在身上，任凭逃到何处，他还是现任的大总统。要摘掉他这个桂冠，总得求一个名正言顺的理由！"吴佩孚是坚持"非礼不为"的做人信条的，假也得假出一个"礼"字来。就是在这样慌乱的思绪中，他来见曹锟。

"子玉，现在事情摊明了，你看怎么办好呢？"曹锟每遇事，总用这种口气。表面上，他是谦虚，能听下言；实际上，他心中也确实作不出决断。这样做，又可以为自己留下退路。

"是不是找找孝伯，听听他的意见？"吴佩孚一是对这样的大事心中尚未思定，处理一个总统的事可比不得处理其他人，深浅都可；二来呢，他自觉是外任官，京畿的事，直隶总督出面比他好。"孝伯马上就到。"曹锟说，"我想听听你的意见。"

"黄陂也太不像话了，他连自己是怎么上来的也忘了。当初合肥赶他下野时，他那狼狈相谁能忘？可他自己却忘了。"吴佩孚故意拉长线，顾左右而言他。

"人，是应该有点自知之明的。"曹锟此时也看透了吴佩孚的情绪，便随和着说。

两人谈话之间，王承斌到了。这位直隶总督一进门便说："黄陂跑了。跑得好！"

"跑了有什么好？"曹锟说，"还有些事无法办。""大不了，大不了。"

"你有对策？"曹锟说，"比如，大总统印他还带着。"

王承斌说："老帅请放心，跑得了和尚跑不了庙。何况天津还在我手中，自然会有办法。"

"好，好，"曹锟忙说："那你就抓紧先去办这件事吧。"

王承斌是受恩于直系、受恩于曹锟的，他的沉浮死生都和直系、和曹锟息息相关。为曹锟出力，便是为自己出力。所以，和曹锟谈话一毕，他就要着急去实施。但他还是转过身来，谦虚地向吴佩孚求意见。"玉帅，你的意见如何？"

"兵贵神速。"吴佩孚说，"免得夜长梦多，留下后患。你就照着老帅的意思先去办吧。"

"好，我用最快的速度，赶到天津。"

王承斌一边通过京畿卫戍司令部转知北京铁路局，要控制黎元洪专列的前进速度，一边乘上最优良的汽车，用最快的速度朝天津驰去。

王承斌赶到天津火车站时，黎元洪的专车还不曾进站。他把部队在车站内外布置妥当，以防意外，便坐进车站的接待室，思索着这一仗如何打。

天津车站，静悄悄，但却戒备森严，连发往北京的列车也暂时停开了；除了技术性很强的值班人员之外，月台上流动的人员也多是直隶总督府派来的。黎元洪专车刚停稳，王承斌就迎到面前。"大总统，你好！"

"是你？！"黎元洪立即沉下脸来。

"没想到吧。"王承斌口气有些逼人。

"我从来都不愿意这样想。"黎元洪立在车门下，颇带怒容地说，"请你不要妨碍我！"

王承斌却又变得恭敬起来，他微笑笑，说："请总统稍候，承斌接北京训示：务请总统把印暂交出来。"

黎元洪怒了，他瞪起眼，挺起胸，以逼人的口气说："我是大总统，我为什么要交印？截车夺印，是何居心？"但那口气和声音却并不协调。他说话的时候，用眼角瞥了一下车站，发现除了少数流动人员，一些通道出现了军装整齐的队伍，却又不是自己人。他心里吃了一惊——那年月，所有玩兵、玩权的人都明白，要自己威武，是要有实力作后盾的；只要有几个师的兵力在手，不问你是不是人玩意，照有地位，照耍威风；今天有兵，今天有权，今天就威风；明天军队都倒向别人而你又落到别人的势力圈，即使你是三头六臂，纵然身上还披着龙袍，你也得乖乖地当孙子。黎元洪感到末日来了，感到了身子单薄。他叹息着，摇着头，闭着目，说："当初要我当大总统的，是你们直系；今天逼我下台、拦车夺印的，又是你们直系。你们这样翻手为云、覆手为雨，难道就不怕世人谴责么？难道就不怕起码的道德惩罚么？"

王承斌也不甜不酸地说："大总统，你就忘了'此一时，彼一时'的话？当初要你当大总统，那是完全正确的；今天向你要大总统印，也是完全正确的。潮流要我们这样做。轮到你，你也得这样做……"

黎元洪不愿意再听下去了，他闭紧眼睛和嘴巴，半天不说一句话——黎元洪是有预感的：他知道"他们会搞掉我"，他作了准备，离京前两天，他就安排姨太太黎本危到东交民巷里的法国医院去"住院"，随身把总统印带了过去。他想："在万不得已时，便到租界里去行使总统权。"然而，他没有预料到事态发展得如此令人迅雷不及掩耳，他连向太太告别一声都没来得及便匆匆上了专车，自然那颗总统印还留在法国医院他的黎姨太身边。

王总督逼印，给是不给？黎元洪在激烈地思索：交印——那无疑是宣告总统下野。下野的滋味黎元洪是领教过的，那是1917年7月张勋复辟之后，他被赶出总统府。不好受呀，人不人、鬼不鬼，连妻子儿女都受人歧视。那一次其实是段祺瑞逼他下台，他恼羞成怒，几乎寻死，曾经发誓不再涉政。后来，当段祺瑞假惺惺地劝他再当大总统时，他说了这样一段话："辞条之叶，岂有再返林柯；坠溷之花，焉能重登衽席？心胆具在，面目何施！"那是何等的慷慨！"我为什么偏偏又'再返林柯''重登衽席'了呢？"他后悔。后悔自己言而无信，害了自己，以致自己又面临重尝下野的滋味之苦。不交印——自己原本是直系拉上来的，是替曹吴做的"儿皇帝"，哪里有自主权？现在，他又后悔了："早知今日，何必当初呢？"黎元洪山穷水尽了，官场的险恶他也领尽了！他转身对站在身后的副官唐仲寅说："去打个电话给法国医院，把大印交给高凌霨。"

王承斌还是不放心，他说："请总统先到休息厅略坐，待承斌安排一下，再送总统出去。"

黎元洪叹声气，跟着王承斌走去——但他心中明白：什么略坐，还不是拿我当索印的人质。印不到手，人质是不会放的。

住在法国医院的黎姨太接到电话，知道大事不好，无可奈何地含泪将总统印交给了代理国务总理高凌霨，便哭哭啼啼出了院。

高凌霨是在张绍曾下野之后临时代理国务总理的，也是个扶竹杆不扶井绳的人，黎曹之争展开之后，他还脚踏两只船，既不向黎也不向曹。而今，黎元洪跑了，跑了之后又不得不交出总统印。曹锟是胜券在握了！于是，他怀揣着总统大印，笑容满面地匆匆赶去找吴佩孚……

第十章
"保定派"与"洛阳派"

黎元洪下台之后，直系家族本来应该关起门来，认真研究研究如何执掌大权的事。不就是为权么！不为权，谁捧着脑袋跟枪炮碰呢？说来也奇妙，用权似乎比夺权还难！

没有超出吴佩孚的预料，黎元洪下台之后，曹锟想的根本就不是统一全国的事，而是紧锣密鼓地进行着自己如何当总统。吴佩孚不耐烦了，他不去找曹锟，便悄悄地转回洛阳，去营造他的中州去了——从这个时候起，直系便渐渐派生出曹锟的"保定派"和吴佩孚的"洛阳派"，只是后来形势变化多端，他们尚未发展到火拼便"日薄西山"了。吴佩孚到洛阳，渐渐产生了"武力统一中国"的念头，他承认袁世凯、段祺瑞的办法好，想步他们的后尘。于是，他在自己的书房中书其联为：

　　　　龙泉剑斩血汪洋，千里直驱黄河黄。

六十二岁的曹锟，坐在保定他的直鲁豫巡阅使署内，猛然间感到自己老了。"呀！人活七十古来稀。来日不长了，拼拼杀杀大半生，该享享清福了。"什么清福？曹锟想的是登上极位，享受中国黎民百姓对他"山呼"！他想找吴佩孚商量。可是，吴佩孚不感兴趣，跑到洛阳去了。他把另一个心腹、参谋长王坦（养怡）找来，把话颠倒着对他说："养怡，有人说我曹某人的钱太多了，无处用，想买一样值得买的东西。你猜他们说我想买啥？"

王坦跟曹锟多年了，很了解他的脾气，反话正说，那是表示他不乐意干；正话反说，则是表示他想干又不愿自己说。其实，曹锟的想法，早就有明白透露的，瞒不住亲信。如今是民国，讲究共和，夺了权还得有一个民主选举的程序，选举就得靠国会，靠议员。他盘算来盘算去，恢复的旧国会对他曹锟，是没有这份情意的。只有对所有的议员厚厚馈赠一下，才或许有希望。早几天，直隶总督王承斌把这件事告诉了王坦，问王坦"有什么意见？"王坦笑着说："老帅也该买个总统当当。钱多了，干什么用呢？切不可留给后代。有钱人的后代，没有几个好东西！过几天总统瘾，也比把钱留给儿孙好。"现在，曹锟当面问他了，他自然不好用这种又嘲又讽的语言来回答。所以，他笑着说："老帅的为人和才干，我们都是知道的，当个总统，那是比谁都会当得好的。趁着形势还不稳，不妨花几个钱，买买议员，弄个总统当当。百年之后，有这个身份也光彩！"王坦见曹锟点头微笑，又说："说真话，许多天来我们就想向你进言，劝你莫失良机。"

"这么说，总统我还是可以当的了？"曹锟正话反说了。

"当然可以。"王坦说，"袁项城当过总统，黎黄陂当过总统，咱们的冯华甫当过总统，连徐卜五也当过总统。他们哪一个能力、人品能比得过老帅？"

一番话说得曹锟心花怒放。

王坦走后，曹锟立即动身去天津，找老四安排钱款。

老四曹锐，矮个儿，粗身腰，几乎横竖一般粗长。他坐在三哥面前，听着关于买总统的神话般的叙说，心里却在翻腾："这份家产来得不易呀！我得说服三哥，不能乱用。"

"三哥，"曹锐说，"可不可以动动别的项目上的银子？家中的都收存了，还是别动吧。"

"这次不同，非动用家中的不可。"

曹锐呆了——银子是老三弄来的，不能太让他寒心，以免日后绝了路。他说："实在要用，是不是紧打紧算，能省则省？"

曹锟点着头，慢吞吞地掰着指头，说："国会议员是八百人，每人五千，是四百万；议长得额外优厚；还有车马费、招待款，总得有个千把银子吧。"

曹锐一听说，"千把银子"，还疑为是"千把银元"呢。忙说："三哥，这么便宜，可以买。不就是千把银元么，你在北京或保定随便挪挪就行了，不必动家中的库存了。"

"什么，千把银元？"曹锟生气了，"你，你简直不懂事！你不想想，千把银元买头毛驴够不够？这是买总统，总统是天子，是皇上，是人王地主！你当是猫狗呢。千把是千把万！"

"娘呀——！"曹锐简直昏倒了。口里喃喃呓语："袁总统、黎总统、冯总统、徐总统，连小皇上也算上，哪一个值千把万银元？照着活人做个金身，也用不了！"

"你——你鼠目寸光！"曹锟大声怒吼，"你只知道银元是宝，不知道总统是什么。总统是什么？总统是一国之主，等于皇上。我当了总统，普天下都姓'曹'，所有的金山银海都是我的了，所有的国民都是我的臣子；我要啥有啥，我想咋办就咋办；今后世世代代咱们的子子孙孙都是龙种……这些你懂么？难道这些不比你手中的银元多得多？！"

曹锟这么一比喻，老四明白了，心里宽了。忙说："三哥，你别生气，曹家这杆大旗，永远归你扛！我只在天津卫转悠，不懂事。千把万就千把万！千把万买个总统，值！咱买！"曹锟从天津回到北京，知道王坦在国会议长吴景濂那里也得到了圆满的回答，心里十分高兴。便把直隶总督王承斌、代理国务总理高凌霨和秘书长王毓芝（兰亭）找到家中，说了一片感激的话，又说明老四已把钱准备好了。然后说："大家都别小家子气，要让议员们收了钱都能动动心！每人三四千不算多。"说着话，曹锟用眼角瞥瞥大家，见他们面有赧色，心里一跳："怎么，这些人不愿帮忙？"忙又说："每人拿多少钱合适，大家决定，我不在乎。还有什么地方该花钱，只管说。"

王毓芝欠了欠身，说："当前恐怕不是钱多钱少的问题，是有钱能不能送得出去的问题？"

曹锟又是一惊。"怎么说？"

王毓芝轻轻地叹一声，说："据可靠的人士说，国会议员这几天纷纷南下，大约有七百人到了上海。""是真？"

高凌霨点点头，又说："听说是邓汉祥邀请的。自然由他提供了旅费和食宿费。"

"邓汉祥？"曹锟有点不相信。因为高凌霨是在交印时才转向曹直的。是不是别有用心，尚难说定。

"是的。"王毓芝又证实，"邓汉祥最近在上海创办一个'国闻通讯社'，自任社长。他请议员去沪，究竟想干什么？还不清楚。"

　　王毓芝是曹锟身边的"消息灵通人士"，他传来的消息，曹锟自然笃信无疑。他皱起眉头，陷入沉思："邓汉祥是浙江督军卢永祥的亲信，卢永祥是段祺瑞的亲信。难道这个段歪鼻子心不死？！"

　　——曹锟紧锣密鼓活动买总统的时候，南方革命党孙中山的代表汪精卫、皖系军阀段祺瑞的代表邓汉祥和奉系军阀张作霖的代表姜登选、杨毓珣以及云南、四川、湖南各派的代表会集上海法国租界，共同商量倒曹吴的事情。议定的项目之一，便是运动旧国会迁来上海，由卢永祥拨款一百万元作议员南下经费。故而，确有七百议员到了上海。

　　曹锟一时是说不清议员南下的目的，但他断定议员南下对他不利。他思索再三，又下了大赌注。"我决定了：每个议员送大洋五千！我就不相信，重奖之下，没有勇夫！"

　　五千大洋一张选票，这个砝码是够惊人的！所以，大家还是乐意去花的。

　　人们起身告辞的时候，曹锟独独把王坦留下。"养怡，你慢走一步，我有话说。"

　　王坦被留下了——王坦心里很不安。他对吴景濂的工作之所以做得很成功，其中原因之一，是他跟吴的许夫人有不同寻常的关系，而许又正是吴的宠儿。王很卖力，事情顺利，同时也做到了重酬一下许夫人的情分。王坦精明，好事不可贪，又怕曹锟戳这个底，便在人们走了之后问："老帅，大头（吴景濂）那里没事可做了，我也到南方去吧。"

　　"你还得再到大头那里去一趟。"曹锟说，"他那里是关键。""我看是不是这样做，"王坦说，"让孝伯和我一起去。他去见见吴大头，我去做做许夫人的工作。双管齐下，会更好。"

　　曹锟也略知王坦跟那位许夫人的关系，便点头答应。又问："养怡，你看给大头多大个数目呢？"

　　王坦想了想，说："送个整数怎么样？"因为曹锟答应每个议员送的数升到五千元了，给议长十万不算多。"你说是十万？"曹锟瞪了一下眼。

　　王坦心里一惊："到什么时候了，你还拿着钱当镜子瞧！"他解释说："这个人可是左右形势的，怕少了动不得他的心。"

　　"养怡，"曹锟笑着，摇着头说，"我素来敬佩你的胆识，今日怎么觉得你英雄气短了。办这样的大事，捧着十万八万，先不说瞧得起瞧不起人家议长，咱自己这身架就不够气魄！这样，先拿去四十万，不够以后再补。"

王坦心里一震："这老家伙不惜血本了！"

王承斌、王坦，还有高凌霨、王毓芝等人分别从前门外二条胡同里的大有银行开出一张张支票，便四处活动去了。

曹锟觉得事情有个眉目了，一连几天也累得够呛，回到内宅，朝床上一躺，便大叫："思红，思红呀！"

小姨太九思红匆匆走来，朝床沿上一坐，便说："啥事？一进门就大呼小叫的。"

"快给我捶捶背，酸死了。"

"那么多下人，偏偏叫我。"九思红又嗔又笑地说。

"只有你捶得舒服，"曹锟搬过她的脸膛，狠狠地啃了她几口，又说，"明儿你做了贵妃，我就不让你捶了。""事情办妥当了？"

"有啥不妥当？"曹锟说，"天底下的事全一样，有钱能买鬼推磨。有钱还能买不来选票？"

九思红笑了。"你办事我怎么能不相信呢！我是觉得，大总统不当上，我悬着的心就放不下。"

"放下吧，跟买东西一样：钱到货来，绝无闪失。"

正是曹锟做着登极美梦的时候，一个惊心动魄的消息在北京城爆炸：一家报纸在头版显著地位刊出议员邵瑞彭的公开声明，揭露了曹锟的行贿行为，还将银行支票的影印件也登在报上。曹锟坐不住了。他拿起电话，立即把参谋长熊炳琦找来。

"润丞，你瞧瞧，越是怕鬼鬼来得越快。你知道这个邵瑞彭是什么人么？"熊炳琦接过报纸，仔细看了一遍，语气沉沉地说："这个人，不简单。""他怎么样？干什么？"

"邵瑞彭是浙江淳安人，字次公，是当代词学和历法学的名士，社会地位高得很。"

"那么说，他的号召力很强喽？"曹锟说，"假若再有人附和，岂不更糟？"

"这倒不怕。"熊炳琦说，"还有更可怕的事呢！""什么事？"

"刚刚在路上听到消息：大概就是这个邵次公，他已经依照法律手续，向北京总检察厅提起诉讼。""是真？"

熊炳琦坚定地点点头。

曹锟软瘫瘫地坐下来，吞吐着说："你，你为什么不早告诉我？"熊炳琦点着一支香烟，慢悠悠地吸着，一边答非所问地说："老帅还记得贺冠雄这个人么？"

曹锟闭着双目，狠狠地摇摇头。

"怎么，忘了？"熊炳琦说，"政界名流、文坛坛主，又是军界宿将。此人比邵瑞彭影响大了。""提他何意？"

"很有意义。"参谋长说，"当年袁项城当了大总统又想称帝，又要改元，不是也闹了一场盗国称帝案么？那张诉讼状正是贺冠雄的杰作……"

"我想起来了，想起来了。"曹锟忙把话岔开，"那个诉状说，'法如不加与窃国贼，将以头颅毁法'。我忘了，原来那事是贺冠雄干的。"

"这老帅就可以放心了。"熊炳琦说，"袁项城不是照当皇帝，照改国号吗？只要大总统到了手，检察厅能奈何老帅？若是此举失败，却不是邵瑞彭一状，而是咱们一群的生死存亡！""那你说这事怎么办？""一笑了之！""我行我素？"

"加紧把大总统抓到手！"

1923年10月5日，中国政治舞台上一场大闹剧开始了。去上海的七百名议员，都被那人皆一张的五千银元支票拉了回来。他们集结北京后，每人还给曹锟一张票。曹锟被选为中华民国大总统。曹锟选了个10月10日"双十吉利"期宣布就职！中国，又诞生了一个人王地主。

曹锟做了人王地主，迎来的并不是举国欢呼，也没有万民朝拜，而是一个震撼世界的通电——孙中山、段祺瑞、张作霖和各省代表在上海举行的联席会议宣言！

曹锟晕倒了，他像死猪一般躺在床上。还是熊炳琦向他读了通电的内容：

曹锟怀篡窃之志久矣，数月以来，阴谋日亟，迹逆日彰。最近发觉其嗾使部曲，串通议员，毁法行贿，渎乱选举，种种事实，海内闻之，莫不愤疾。东北西南各省军民长官暨本联席会议，相继通电，声明此等毁法之贿选，无论选出何人，概予否认。全国各法定机关暨各公团，亦相继奋起，为一致之主张，义正词严，昭如天日。曹若稍知众怒之难犯，典刑之尚存，犹当有所顾忌，戢其凶谋。不意彼辈形同昏瞽，怙恶不悛。吴景濂等竟悍然于十月五日举曹锟为大总统，曹锟亦悍然于十月十日就职。蔑视中华之礼仪，斫丧民国之道德，侵犯法律之尊严；污辱国民之人格，一并于此，可胜发指。谨按此次毁法行贿之选举，于法律上则绝对无效，于政治上则徒生乱阶……

"够了，够了！"曹锟睁大了眼睛，大声吼道，"他们是什么东西？他们代表谁？他们竟敢如此放肆！"

"大帅，不不，大总统，"熊炳琦说，"此刻不是动怒的时候。我们还是把问题全面了解一下，然后再磋商一个对策，怒只可发之于谋成之后，无名之火，万不可发！"

曹锟大怒不息，沉思有时才说："好吧，我听听这篇奇文还说了些什么？"

熊炳琦拿起文稿，又轻声念下去：

……本联席会议特代表东北、东南、西南各省之公共意思，郑重声明：凡举曹锟盗窃之元首名义，及其部曲所盗窃之政府名义，附逆议员所盗窃之国会名义，一切否认。除彼凶残，唯力是视。呜呼！国本飘摇，乱人鸱张，存亡之机，间不容发。凡我国民，共奋起毋馁，最后之胜利，终归正义。

熊炳琦读完，默默将文稿放下，拿出香烟，自燃自吸起来。曹锟呆若木鸡，唯双目圆睁，无法合闭。

此时正处中秋，绿野渐凋，黄叶纷飞，天高云淡，北雁南移。北京城处在一片萧疏之中。曹锟混混噩噩、迷迷糊糊、自言自语起来："我曹仲珊运气为何如此不佳？别人枪杆子强夺大位，可以天下太平，万民欢腾；我豁上身家性命，毕生积蓄，却遭此大劫，这……这……这公平么？"他挺起身，拍拍胸，仰面朝天。"我就不相信，我会倒在如此鼠辈之手！"

曹锟恼怒了，他要动杀机了。"我要同他们战场上见见高低！"曹锟是行伍出身，十分迷信枪杆子。贿选总统，实在是不得已而为之。现在，既然

孙、段、张摆出对峙局面，那就只好战场上见分晓了。一提到打仗，他自然
又想到了吴佩孚。"他，远在中州，贿选之事，便态度不明不白，如今要他
出兵，他干么？"曹锟想把吴佩孚找来商量，可是，连他大总统就职大典
都不来，商量用兵他能来么？曹锟犹豫了——直系的拳头，吴佩孚要占一大
半，他不明白进退，曹锟心里不实在。所以，他只把怒气压在心中，把身子
闷在密室。

天下已乱，躲是躲不平安的。他只好再次匆匆将熊炳琦和秘书长王毓芝
找来。

"我忍不住这口气！"曹锟愤不可耐地说，"这场大战，非开不可了！"
他见参谋长、秘书长都不言语，便放缓了语气说："我不是因怒而忘乎所以，
我有胜利的把握！"接着，他还是比较冷静地分析了当前形势——

曹锟毕竟混世有年，他对当时的军事形势还是掌握得比较客观的：皖系
段祺瑞，连公开的官场身份也没有了，北方也无他的兵力；皖系所属的两支
队伍，远在浙江、上海，无力北犯。奉系张作霖，新败退出山海关，目前无
力再返。南方的革命军，并无北上意图，且迢迢万里，鞭长莫及。云南、四
川，有吴佩孚坚守洛阳、控制长江，谁也无力超越。"军事上的主动权亦然
在我！"

王毓芝听完了曹锟的分析，连连点头。但说出的话，却使曹锟惊讶。

"总统分析形势，完全正确；战胜各方，也不是无力量。只怕祸起
萧墙！"

"你说内部有变？"曹锟问。

"变，还不至于。"王毓芝说，"仗打起来，只怕作战不力。到那时，恐
怕就骑虎难下了。"

王毓芝在曹锟面前，是以虑事周全有名的。此人多出奇计，但因性格内
向，不善表现。可是，每每所议，却是分量极重的。曹锟不得不认真思考。

"难道王孝伯有变？"曹锟首先想到他身边最近的一位：直隶总督王
承斌——

王承斌跟曹锟是有矛盾的。第一次直奉大战前夕，吴佩孚从洛阳密信曹
锟，说王承斌跟奉系张作霖有秘密来往，并说王曾派参谋长去见过张作霖。
曹锟一怒之下曾想处置他。当时，王承斌是二十三师师长，曹锟在保定召开
的高级军事会议，王去了，竟被拒之会外。一怒之下，王承斌离开了保定。

事又凑巧，不久，王的一个营因为领不到军饷而发起兵变，虽未成功，却暴露了他们的矛盾。"王孝伯的事，我都善为处理了。我们早已言归于好。"

王毓芝也说："是的，孝伯不至于。如今他在直隶总督位子上，总统是厚待他了；再说，他也不愿自毁长城。""那会是谁呢？"曹锟迷惑了。"想想，还有没有对不起的人？"

"兰亭，你总是这样，越是关键时刻，你越是阴阳不明。军人么，要有个爽快的样子，咱们相处也不是一朝一夕了，还怕我信不过你，还怕我打击你……"

"老帅，"王毓芝终于说出担心，"冯焕章这个人，您觉得如何？""冯玉祥？""对，是他。"

"冯玉祥跟吴子玉不合，这一点我知道。我待他可是不薄呀！"

"我只是这么怀疑。"王毓芝说，"与老帅有知遇之恩，不得不对老帅忠心耿耿。也许我想多了。我只是想：如今您是大总统了，树大招风。要大树稳住不倒，必须自身首先根深蒂固！"

曹锟这下才轻舒了一口气，说："兰亭，你的美意本帅领了。出兵的事，你们也想想，咱们改日再决定。"熊王二人走了，曹锟的思绪更乱了。

"大总统不易当呀！"

第十一章

八方风雨会中州

北京闹贿选的时候，洛阳却是一派升平。吴佩孚在他的巡阅使署，宴名士，请宾朋，还礼贤下士的深入底层、发表"保护劳工"的宣言。那一年，洛阳的严冬似乎也分外暖和了，落雪的季节却落了一场霏霏细雨；直到1924年快要来临了，巡阅使署内花圃里的金菊还怒放着。一天，吴佩孚把他"八大处"的头领们找到面前，商谈了一大阵子该办的事情，又一次明确了各处分工范围——别看洛阳只是中国的偏僻一隅，只是一个巡阅使署所在地，吴佩孚却当京城一般对待它，不仅设有军务的参谋、军需、军械、副官四处，还设有政务处、执法处、教育处和交际处；另外还设一个谘议厅。若把这些处的名字都改成"部"，处长改成总长，谘议厅改成国会，竟是一个再完善不过的国家首脑机关了。到吴佩孚的八处一厅健全的时候，洛阳已经有十八个省的督军、总督的代表机构，俨然以京都自居。所以，时人便称洛阳为"西宫"（叫西京也实在太露骨了，吴佩孚是懂得仁义礼智信的，他不许那样叫）。八大处长走了，吴佩孚又接见了几个省的督军代表。他感到累了，退进内宅、退进书房，想好好地静养一下。

他该休息一下了。这些天，从北京到洛阳尽是完不了的揪心事：曹锟"登极"，大事该算完了，可是来了个孙段张通电。北京拿不出对策，还是找到洛阳来，气得吴佩孚大发牢骚："我说当前头等大事是统一，你偏偏要做了总统再统一。天下都不归一，你总统能做平静么？"所以，那份通电，在他书桌上放了三天，他还是一策不拿。不过，当他又回到书房，又发现书桌上的文稿厚了的时候，他还是走过去，虽然无心，却是翻阅下去。当他发现一篇《京汉工人流血记》的文件时，他吃惊了："是什么人又在骂我？！"

——说起京汉工人流血，那自然是指的京汉铁路工人2月7日罢工的事件。当初，吴佩孚在洛阳是发表过"保护劳工"声明的，可是，京汉工人流血，却又实实在在是他吴佩孚制造的事件。一个自称有民族良心的儒将，竟会出尔反尔，制造流血事件，镇压工人，连他自己也不心安……

当初，铁路工人要在郑州成立京汉路总工会的时候，是派了史文彬等五位代表到洛阳去见他的。吴佩孚对他们说："你们工人的事，我没有不赞成的。"然而，当工人代表说明具体开会日期、组织工会纲领时，他却又说："郑州是个军事区域，军事区域怎么能开这样的大会呢？你们不开会不行吗？"

工人代表说："你既然赞成我们成立总工会，不开大会怎么成立呢？大会还是要开的。"

吴佩孚又说："你们说大会是要开的，开会没有什么，我也知道。不过……你们若是非开会不可，我也没有办法了。"

其实，在这之前，吴佩孚早接到保定、北京的电报，要他注意京汉路总工会开会有重大政治阴谋，要他采取措施。其中有一份电报的全文是这样的：

> 最近全路总工会代表借口开会，群集郑州，据报有潜谋不轨事情，市面人心惶惶，一夕数惊。郑州当南北要冲，设有疏虞，后患何堪设想。应该当机立断，严令制止。并查拿该部首要分子归案究办，以遏乱萌。

电报之外，曹锟还派专人到洛阳，并携来一月份的北京《晨报》、上海《申报》多份，报上刊登了京汉铁路总工会成立的时间、地点的通告，要吴立即沿京汉路调整防务，严加防范。吴与曹的代表密谈后确定：十四混成旅立派一个旅驻保定车站，两个营驻长辛店、一个营驻琉璃河，石家庄、安阳、许昌、信阳各设两个营、汉口一个旅，全铁路线布置了约两万重兵。

铁路代表离开洛阳之后，吴佩孚立即把郑州铁路局警察局长黄殿辰找来，对他说："此番京汉铁路成立总工会，并非工人所为。目前集中郑州、开封的代表近千人，均系来自南方的革命党人。必须立即全路戒严，多派军警，禁止工人代表进入会场。"

许多天来，吴佩孚睡不着觉：中州是他的根据地，中州虽富，但经不起连年战乱，国库已空，民无积蓄。吴佩孚的军队无限度地飞速增加，哪里负担得起？所以，每月需由京汉铁路截留八十万元以补军饷。倘若工会执掌了铁路大权，他这八十万元的月补，便会得不到满足。没有兵便没有地盘，吴佩孚"保护劳工"的假面具被撕开了，他要对工人下毒手了。

2月1日，是原定的京汉铁路总工会成立日。结果，郑州戒严，任何人不得集会。各地代表强行冲向设在普乐园戏院的大会场，并宣布总工会成立。结果，有些代表被吴佩孚逮捕，其余代表受到限制，各团体所赠匾额礼物均被毁弃在路旁。工人代表受到迫害之后，新成立的总工会即指示全路工人总同盟大罢工！

工人罢工，铁路成了死路。曹锟、吴佩孚动了杀机：2月4日起，先从北端的长辛店开刀，延续南伸，至2月7日，京汉路全线已有四十余人被杀害，百多人入狱，五百余人受伤，数千人无家可归。造成了震撼世界的"二七惨案"。林祥谦、施洋、曾玉良等一批工人惨死在吴佩孚的屠刀下。吴佩孚全身沾满了铁路工人的鲜血！事情过去了，吴佩孚并无忏悔之心。今天又提此事何意？他翻阅了一下，一堆通告中有总罢工委员会一件告，说：

……本部素知军阀怙恶，与我工界势不两立，此次郑州事变，不过初发其端。因此对于京汉工友宣言为争自由而战之旨，极表同情。盖军阀今日可施之于京汉者，他日即可施之于他处，如吾人今日饮泣吞声，不复与较，非惟全国工会，将悉受摧残，吾劳动界恐永无宁日。循至莽莽神州，尽变为军阀官僚游民出没之场，而神圣劳工永沉地狱不能自拔矣。我劳动界年来发扬蹈厉，类多明达好义之士，睹此惨状，讵能容忍？尚望本阶级斗争之精神，切实援助，是为至要！

吴佩孚看罢，一拂手，即将文告扔到地上。愤愤地说："怎么样？还要和我血拼到底？"

就在这时候，北京来电，曹大总统荣升他为直鲁豫巡阅使，把原来的"副"字去掉了。这就是说，中州这片地方全交给他吴佩孚了，洛阳"西宫"成了中国的"别都"。

吴佩孚终于舒心地抽了一口气："老帅还没有忘了我们的同舟共济！"

吴佩孚的心情仍不平静，他闷在书房中，常常一坐便是半日，他想：还像春天镇压铁路工人那样干么？倒是很痛快。可是，他衡量过，他失去的也不少，他那副正人面孔便令人怀疑！报纸上就曾指责过他，说他"拿着黑亮的枪口对准的是手无寸铁而又被他自己承认是'创造社会一切'的工人！"说他"在共和、民主的大潮中，丧失了中国人的起码良知"。人言可畏呀！他要忍着，非到万不得已，绝不那样做。吴佩孚想做的是一方之主，他有西南半壁河山，他想稳住这片阵地。怎么稳？他想起了前人教训："得人心者得天下，失人心者失天下！"人心向背，至关重要。吴佩孚要收拢人心。

镇压了铁路工人之后，吴佩孚自知人心背他，各省有头有脸的人也非议他。他要扭转这个局面。他找参谋长张方严商量办法，张方严除了让他"以威换德"再无良策。吴佩孚很生气："什么'以威换德'？岂不是劝我再动武！只知道用武！要知道人心不是枪炮可以征服的。武夫！"他骂了一阵子"武夫"之后，又去找秘书长陈廷杰。陈廷杰沉默了好久，只说了一句"积重难返"的话，就闭上了口。一气之下，吴佩孚摆着手说："去吧，去吧！让我自己清静一会。"

吴佩孚把门闭上，独自闷在屋里，踱着缓慢的步子，走来走去。最后走到门后那只大石磬傍，这才停下步来，轻轻揉揉手，而后轻轻地朝那个石磬击去。吴佩孚从在长春起，就养成了一个习惯，每决定大事之前，总要用手击石磬，在石磬的轻轻声响中，便能作出理想的决策。所以，在他内宅自己的办公室门后一定要设一只大石磬。吴佩孚击磬的节奏也有规律：起首，用掌有力，石磬便发出清亮的"嗡嗡"声，显出一派紧张、焦急之情；渐渐地那用掌力度便减轻了，磬声也由清亮变为低微。磬声消失的时候，办法已经有了。他便用大力击最后一掌，发出"哈"的一声狂呼，然后说："人都说无有办法，我偏说'吴'有办法！"

吴佩孚的击磬声今天颇为特别，总是高昂清亮，再不减弱！"嗡——"声声传出，缭绕庭院。

这磬声惊动了夫人张佩兰，她摇着更加发福的身躯，急急促促朝坐落在幽静处的办公室走来，用力推开门，便说："这是做什么？又有什么事过不去，还是谁跟你过不去？这样敲砸下去，还不如把磬打碎了好呢？"张佩兰早已是名副其实的夫人了，比起十五年前在长春做张家客店小干妹妹时腰板硬多了。那时候，什么都听干哥哥的，连"处罚"都凭干哥哥。现在，连口气都变了，变得像一个嘴上没设防的老太婆，不光指责的话多，唠叨起来还没完没了。

吴佩孚听到夫人进来了，很想发一通脾气："去去，什么事都有女人的！女人懂得什么？"可是他却没有那样说：一是他的家规没有"男人训女人"这一条，佩兰早已是一家之主；再说，别看这女人没多少能耐，早早晚晚还说过一些有用的话；就像没有姿色那样，脸上却偶尔流露出诱人。所以，吴佩孚还是把心思简略地对她说了出来。说完事情之后还说："当务之急，是借一个什么缘故，聚集更多的人，声势浩浩地闹它一场，让别人多为我说说好话。可就是想不出个由头。你说急人不急人！"

张佩兰想事简单，只知道直来直去；口也是含不住酱醋的人。她连思索也不思索便说："我说是老天塌了半边，还是海潮吞了房舍的大事呢，原来还是这样的屁事！"

"什么？屁事？！"吴佩孚不耐烦了，"你呀！什么时候见识能像头发那样长就好了？"

"什么长短，我不懂。我就知道你说的是一件小事。"

"好好好，"吴佩孚依着她说，"现在就请你拿个办法。你若有好办法，我便重重地酬谢你。"

"怎么酬谢？"张佩兰"拉紧弓"了，"你们读书人心眼多，当官的人从来没有实话，我可不上这个当。"

"哎呀！"吴佩孚焦急了，"你不打岔，我这阵子早想出办法了。你又没有本领，还瞎打岔，这不诚心添乱子么！"

"哟！我是搅家精了？你也不拍拍心口想想，我自嫁给你以后，啥时候添过乱子？不都是在你困难时拉你一把。得恩不报，反而为仇。你还大帅，屁！"张佩兰赌着气转过身去，一边往外走，一边说："你敲你的磬，我守我的锅台，从今以后，咱井水不犯河水。"吴佩孚一见张佩兰撒起娇来了，忙赔着笑脸，说："夫人别怒，夫人别怒，小生这厢有礼了！古人说得好，'其室则迩，其人甚远''福善之门莫美于和睦，患咎之首莫大于内离'。我什么时候不把你捧到头顶上呢！有困难时，总求你排解。内助么，我敬重你呢！"

张佩兰笑了。"我也不是什么金枝玉叶，难得你别丢到脑后就念弥陀佛了。"

"好了，"吴佩孚说，"那你快说说，有什么办法？"

张佩兰说："这有什么难，今年不正是你的五十大寿么，张扬张扬，发出些帖子，请他到洛阳给你做寿。我看他谁敢不来！就算当今大总统，我想他也不会不给个面子。"

"哎呀呀，好主意，好主意！这样绝妙的主意，我咋就想它不出呢！"吴佩孚满面带笑，深深一揖，又说："'陵虽孤思，汉亦报德！'子玉永不忘夫人大德。"

1923年，初夏，南中国发生的最大事情，莫过于洛阳为直鲁豫巡阅使吴佩孚做寿的事了。

古都洛阳，正是花团似锦的四月，被人称为甲天下的牡丹，满城怒放，姚黄魏紫，交相辉映；重名天下的园林，敞开一洞洞大门，迎接着各地来为巡阅使祝寿的军政要员。风云人物，一时使洛阳城锦上添花，声名更振！吴佩孚的巡阅使署，门外高搭彩棚，门楣红灯高挂，从署外到内宅，鲜花彩带装饰得仙景一般，几班乐队，轮番吹打；准备迎客的汽车、马车，扎着彩带，吊着花环，侍从人员也肩披红绸，头扎花巾，西花厅里，高搭彩台，摆着长长的两排八仙宴桌，招待一般宾客；大客厅里，排列着雕花圆桌，镶翠的太师椅。巡阅署之外，又在城中王城公园的牡丹圃畔搭起彩棚，以供宾客观赏牡丹。为了使寿宴更加欢腾，吴佩孚还把河南、湖北、山东等邻省的著名剧团请来十余个，在主要街口、著名园林，搭起戏台，轮番演唱。

巡阅使署的正堂大厅，是祝寿厅。厅门台阶五级，文石剥成，映阶以太湖石砌，植花种草，枝叶纷披。门以木为格，斜门湘妃竹，两房是木制春帖，雕刻着湖南省长送来的对联：

洛阳三月花如锦，南极一星光烛天。

大厅里，四壁挂满了寿联，五彩缤纷，墨香扑面；大厅正面高悬着康有为送来的寿帐，寿帐上是康亲笔写的长联：

牧野鹰扬，百岁功勋才半纪；洛阳虎踞，八方风雨会中州。

寿帐下的紫红色条几上，整齐地排列着陕西督军刘镇华送来的八十把万民伞；条几前并排的四张八仙桌上，摆满着金制、银制的寿桃、寿糕、寿面；对面的楼上，用两架云梯架起，挂着湖北督军萧耀南送来的足有五层楼高的百万头鞭炮；大厅两侧和阁楼两侧的八间陪厅里，放满着宾朋、官员的寿礼——金山银海、彩绸花缎、陶瓷玉器、寿篮寿服，不计其数！

寿典举行之前，吴佩孚在大客厅与来自北京和十八省的督军、总督或他们的代表开怀畅谈，大谈河洛文化。他眉飞色舞地说："《易》上说：'河出图，洛出书，圣人则之。'你们说这《洛书》是什么？"不待别人回答，他又说："《洛书》即九宫，就是外国人说的幻方或魔方，其实是组合数学的鼻祖。大禹得到《洛书》演绎之而成'洪范九畴'，这是列入《尚书》被视为三代治国大法的。"还是没有人回答他的话。他又说："洛阳居天下之中。这话是周武王说的。周武王克商之后，就有意营造洛邑；武庚之乱平定之后便正式建成东都，为周王朝建立了一个财政经济、政治军事的中心……"他见人们都笑而不语，便问身边的秘书长陈廷杰："陈公，你该知道，洛阳是几朝古都的吧？"

大约是秘书长感到吴佩孚的独角戏唱得太单调了，忙用话岔开了。

"大帅，今天是大帅的寿庆，高朋满座，宾客如云，大帅该有更浓的诗兴吧！何不与诸位唱和一番，也增热闹。"

吴佩孚是十分刚愎自用的人，谁妨碍了他的为所欲为，那他是不高兴的，所以，他还是说："诗是要作的，我的问题你还得回答。"

陈廷杰恍然大悟，更不愿令他寿日不欢，便说："洛阳为九朝古都。是中国兴衰体现最集中的地方。司马光便有诗说：'若问古今兴废事，请君只看洛阳城。'"

吴佩孚笑着，摇摇头。"我总觉得九朝古都的定论过于偏颇。""请大帅赐教！"

"唐朝与武周建都洛阳，是应该分开来对待。五代的后晋也建都洛阳，因为时间短，没有计算在内。夏商二代都城故址没有弄清楚，可以不计算在内。洛阳附近传说有商城遗址，也不能不相信。这样说，洛阳其实应该说是夏、商、周、汉、魏、晋、北魏、隋、唐、武周、后梁、后唐、后晋等十三朝古都。今后会不会再成都城，也不敢说……"人们总算听明白了，吴佩孚是想让洛阳再成为中国的都城的。于是人们一起微笑点着头，却都不开口。

"大帅博识，我们领教了。"陈廷杰说着，拿出文房四宝，要大家即兴赋诗。

军阀虽然气魄威武，许多人肚里却是没有文化的；吴佩孚谈古论今，是真是假他们多分不清。但吴佩孚能谈得出，那些行伍出身的家伙早咋舌了。现在要他们作诗、填词，他们哪里敢冒昧！所以，一个一个面面相觑，谁也不敢上前。

吴佩孚很兴奋，他克制不了。他站起身来，卷卷袖子，说："我先抛砖引玉。各位见笑了！"说着，挥毫立成七绝一首：

> 欧亚风云千万变，英雄事业古今同。
> 花开上苑春三月，人在蓬莱第一峰。

大家齐声道好。"大帅儒将风度，出手果然不凡。真可谓'蓬莱世代出名将'呀！"

人报："寿贺开始"。大家匆匆忙忙起身，一个个向吴佩孚行寿礼。厅外，锣鼓声高，鞭炮震天。缕缕烟雾，腾空而升。从前大厅一直排到署外的仪仗队和列在主要街道的官兵，此刻齐声高唱吴佩孚为他自己的军队作的军歌，一时全城歌声震天！

这是一场做寿的盛会，也是一场军事大检阅！这时的吴佩孚，光是直属部队已有五个师和一个混成旅，总兵力十余万人了，他控制着河南、湖北、直隶和陕西等省地盘，把势力渐渐南扩，企图和广东军阀陈炯明勾结反对孙中山的北伐政策，并指挥孙传芳、沈鸿英、杨森等军阀攻掠福建、广东、四川和湖南。一时间，洛阳成了中国去从的中心。吴佩孚好不得意！

正是吴佩孚飘飘欲仙的时候，人报："大总统派特使前来贺寿！"吴佩孚转回正厅，盛情接待京城来客。

代表曹锟来洛阳贺寿的，是他的秘书长王毓芝（兰亭）。

王兰亭把一对纯金的寿桃放在供桌上，对着吴佩孚恭恭敬敬地三鞠躬，说："恭祝大帅福寿安康，万事如意！"吴佩孚忙还礼。"多谢老帅和诸位的美意，也祝大家万事如意！"

王兰亭说："京中诸事冗杂，总统难以脱身。日来，已在内宅恭设寿案，为大帅祝寿，并特派兰亭前来洛阳。唯因途中交通受阻，迟到一日，还望大帅见谅。"

"宴会刚举，阁下来得正是时候，稍候佩孚再为阁下洗尘。"吴佩孚又问："老帅和夫人、姨太太们都还安好？"

"都好！"王毓芝说，"老师十分惦记大帅的健康，并问夫人健康！"吴佩孚应酬一毕，派人带领王毓芝去休息。这才仔细打量曹锟送来的金寿桃，但他的面色并不十分欢喜："是两只纯金的东西。可是，要比送给国会议长吴大头的'车马费'轻多了！"

正是吴佩孚心神波动的时候，又有人报，说"冯玉祥将军到！"吴佩孚神情一振："他？！"很出乎吴佩孚意外，他觉得冯玉祥是不会来洛阳为他贺寿的。能派一位代表，也算冯焕章对他的厚意了。既然亲自来了，他吴佩孚决定迎到署外。

冯玉祥是河南督军，着一身督军服已在吴的巡阅使署外下了车，随从们正从车上往下搬抬着"寿礼"。吴佩孚急脚快步，朝他迎去。"焕章将军，焕章将军！"说着，双手伸了过去。

冯玉祥恭恭敬敬地向吴佩孚行了个军礼，然后说："冯玉祥敬祝大帅万寿无疆！"

"多谢，多谢！焕章将军身体健康！"说罢，两人挽手向署内走去。

——吴佩孚跟冯玉祥，虽然同是直系家族中的骨干，关系却如同水火，并且越来越不协调。冯玉祥也是北洋的老人了，最初附于袁世凯，曾经是皖系军阀的骨干；因为同段祺瑞的"小扇子军师"徐树铮关系不好，徐树铮要改编他的队伍，扣发他的军饷，还要流放他到边疆。一怒之下，他离开了段祺瑞，投到曹锟名下；可是，吴佩孚对他却产生了反感。一是觉得他对主人不忠，东风东倒西风西歪，重用不得；二是知道他是一个名将，性情憨厚，勇敢善战，怕争了他的宠。所以，便想着法子排挤他。

第一次直奉大战之后，冯玉祥立了一大功，喜得曹锟屈尊下拜，连说："大战能胜，全赖将军；直有今日，将军首功！"曹锟亲手将一纸河南督军的委任状交给冯玉祥。吴佩孚心里不高兴，却又说不出口，便提拔了他的亲信宝德全为河南军务帮办。

宝德全监视冯玉祥已不是从今日开始的了，第一次直奉战大前，冯玉祥与赵偶战于河南时，宝就一面通电攻击冯，一面在郑州以北派军袭击冯的后路，弄得冯玉祥不得不退出河南。就是这样一个人，冯玉祥怎么能接受他为自己的帮办呢！结果，宝德全赴军务帮办任职时，刚到开封就被冯玉祥枪毙了。

吴佩孚严查急追此事，冯玉祥回电只说："宝帮办尚未到任，即于途中被乱军打死。"气得吴佩孚把自己视为珍宝的宜兴紫砂手壶也摔得粉碎，发誓要处置冯玉祥。冯玉祥到河南就督军职时，发现督军署所有要员的职务全被吴佩孚安排了自己人，只给他留下一个秘书长的空位子。冯玉祥气得大骂："吴子玉心太恶了，想把我软禁起来。这样安排人事，我这个督军还干什么？我怎么干？"于是，他把吴安排的人全部拒收……这更加深了吴冯之间的矛盾。

现在，冯玉祥亲临洛阳，来为吴佩孚祝寿，吴佩孚自然感到意外。客厅里坐下，冯玉祥拱手说："大帅寿日，玉祥来迟了！"

吴佩孚忙说："焕章将军大驾光临，令寒舍蓬荜生辉！今日，你我哥俩，一醉方休！"

冯玉祥点头称是，但还是说："大帅，玉祥是个穷当兵的，我的阵地也甚为荒凉，大帅寿，我本当厚礼来贺，怎奈力不从心，今日只好清水一坛，聊表心愿。"

吴佩孚还疑为冯玉祥是谦辞呢，忙说："我就很佩服冯将军的直爽！常言说得好，'君子之交淡如水'，焕章将军能以清水来赠佩孚，诚属佩孚莫逆！我要向光临的所有宾朋恭荐阁下！"

然而，当吴佩孚命人打开冯玉祥的酒坛，证明确是一坛清水时，他脸上立刻阴云密布起来……

第十二章
古北口兵马倒戈

一坛清水，使一场轰轰烈烈的祝寿欢宴大煞风景。在冯玉祥，他只是表明要向吴佩孚要军饷，要公平合理的待遇。"兵荒连连，民不聊生，你吴佩孚如此铺张做寿，我要给你泼点冷水！"在吴佩孚，他却感到大为丢人。"你冯焕章不来洛阳，我是想到的，但你万万不该来侮辱我。古今中外，哪有用清水贺寿的？"他越想越生气，发誓要报复冯玉祥。

吴佩孚势力很强，他想报复谁，那是轻而易举的事。只是采取什么办法，他不得不认真思考。他皱着眉、垂着头、缓缓地踱着步子，头脑里翻江倒海。不知什么原因，他忽然想用诗来表述心里的气愤。可是，"诗路"却不畅。思来想去，竟想到去年自己写在室中的一副对联："龙泉剑斩血汪洋，千里直趋黄河黄。"今天想起正该继而舒开自己的胸怀，"写成一首七言绝句，倒是极好的"。他略作沉思，便提笔续上两句：

大禹神功何其伟，洛阳一气贯扶桑。

"好，这是一句好诗！"他先自满起来。然而，正是这一声呼叫，使世界立刻回应出铁马金戈的杀伐之声！参谋长张方严匆匆走来。

"大帅，去汉口的汽车准备好了，是否还交代一下？"

吴佩孚收的寿礼太多了，他不敢放到洛阳，想放到北京，怕路途太远，

"路上果然冒出一批吴用之徒，像当年的生辰纲一般给劫了走，我不白费心机么？"他清楚，洛阳至北京，途中有一段路不在他的势力控制之内。他想到湖北汉口有个萧耀南，他放心。所以，他在汉口英租界租了七大间仓库，他要派兵把寿礼都运往汉口。有人计算了一下，吴佩孚做寿收的寿礼价值约四百万银元，他一定要派兵护送！

"不必再声张了。你告诉他们：'这是送给萧督军的军械，务必严加保护。'谁出了差错，严惩不贷！"

"好！"张方严说，"我一定转达大帅的命令。"说着，转身退出来。

"你等等。"吴佩孚又叫住他，"到了汉口，不必告诉萧耀南是什么东西。若他问起，只说'是军需品，暂存一下'。你去办吧。"

这一年，在中国长江三角洲上，发生了一件震惊全国的大事——齐卢大战。

三角洲上的一块肥肉——上海，不仅吸引着无数冒险家垂涎三尺，也吸引着军事家的青睐。据专家考证，军阀混战时期，上海光是鸦片的经营收入，就足足可以养活三个师！毗连上海的浙江督军、皖系军阀卢永祥注目了上海；江苏督军、直系军阀齐燮元也注目了上海。为争这块肥肉，齐燮元便不断给吴佩孚发请"占"的报告。

吴佩孚坐镇洛阳，心中只有中原，对于东南沿海的事情不十分感兴趣，何况曹锟刚刚买了个大总统，也得给他维护点和平气息。所以，吴佩孚并不同意齐燮元以武力取上海。齐燮元很扫兴，他对密友、十九师旅长马葆琛说："吴大帅不支持咱们拿上海，我这个督军不是个空衔了么！"他决定亲自出兵，来拿上海。

卢永祥知道齐燮元要同他兵争上海，便持着谨慎态度，想与齐对上海平分秋色。于是，派属将马葆珩（齐将马葆琛的弟弟）去南京做说客。但游说未能成功，齐卢大战终于开始。

雄踞东北的张作霖，有皖段和革命军的"三角同盟"，又记恨着第一次奉直大战的仇恨，更加上曹锟不理睬三家的通电，复仇之火渐旺。正在寻机行动，忽闻齐卢大战，心情十分高兴："我的机会到了！支援卢永祥，兵出山海关！"

1924年9月15日，奉军兵分朝阳和山海关两路向曹直发起进攻——于是，第二次直奉大战开始！

曹锟是无能对付这场大战的，亟电吴佩孚问计。

吴佩孚闷在自己的办公室门后，一手击磬，一边思索对策——直皖、直奉大战之后，吴佩孚对盘踞钱塘江上，控制申浦海滨的卢永祥，是怀有沉重的戒心的，卢部不垮，即等于段张在东南棋盘上留下一只大车；卢、齐常常抵触，随时可能发生战争，又是吴佩孚一个心病。他常常遥视东南，大有"庆父不死，鲁难未已"之感。但是，吴佩孚一战而胜皖，再战而胜奉，猛然产生了"牢笼浙卢，令其归直，庶免大动干戈"之念，所以，当齐燮元请他支持战卢时，他便态度暧昧。不仅如此，吴佩孚还派属将田仲韬作为他的代表去竭力疏通卢永祥。事未见效果，卢齐开战；东南烽火起，奉张派兵入关，一场殊死大搏斗展开了。吴佩孚思想准备不足呀！

吴佩孚击磬有时，决策难定：是先战卢而后战张呢，还是先战张而后战卢？二者抉择不定，最后竟下了一个糊涂的决心——"南北分头并举，期于一劳永逸"。他觉得手中的武力雄厚，可以一举双胜。吴佩孚的决定得到曹锟同意之后，他便着手制定讨奉计划。吴佩孚的自信，是谁也动摇不了的，他在临战前，除了击磬决定原则而外，便是观天象看阴阳五行，然后制订作战计划，即便是参谋长张方严，也不要想在他面前说三道四。经过思索，吴佩孚作出了这样的作战计划：

讨奉总司令，由他自己出任，王承斌任副总司令；

前敌分置三路军：第一路军总司令为彭寿莘，副司令为王维城、董政国；第二路军总司令为王怀庆，副司令为米振标，另设总指挥刘富有、副总指挥龚汉治；第三路军总司令为冯玉祥，下分二路，一路司令为张之江，二路司令为李鸣钟。

后援分置十军，由张福来任总司令。

计划决定，吴即率师北上，并要巡阅使署各处主要成员随行，又电令各军主要将领赴京待命。14日黄昏，吴佩孚披着一身晚霞，登上北上专列驶出洛阳。列车共三十余辆，蜿蜒若游龙。登上专车，吴佩孚即认为胜局已定，他把文职人员都找到自己身边，谈古论今；又命人取来文房四宝，他要画竹。

表面看来，吴佩孚十分坦然自如，但是，细察其心，仍为能否胜利在嘀咕："长江之军，调它不动了，何况上海还有一个战场，而上海战场齐燮元能否战胜卢永祥？尚无绝对把握。万一失利，北方将腹背受敌，后果不堪设想。"再说他亲督之北军，到时能否协调作战？会不会中途有变？吴佩孚都不敢抱绝对希望。就在这样心神不定之中，他手中的笔也不听指挥了。屡画屡败，竟没有一帧使他满意。干脆，他下令"列车暂停前进，何时画竹称心何时再走"。就这样，赴京"勤王"之兵，竟因为主帅作画，足足在途中的郑州停留了四个小时之久！

16日破晓，吴佩孚才到达北京。焦急的曹锟，一见到他便说："子玉，你可来到了！我急呀！"还不待吴回话，曹又说："张作霖早被政府免职了，此次他以东三省保安司令作乱，当然应予明令讨伐。讨伐令已经拟出，你就是讨逆军总司令，司令部就设在中南海内的四照堂。"

曹锟把讨伐令交给吴佩孚，吴佩孚又把在洛阳的部署报告了一遍。曹锟听着，虽然默不作声，心里却有不扎实处，认为只凭吴的这个计策，力量似乎太单薄了，曹锟身边的一些"御林军"也都不曾用上，他不放心。所以，他不无忧心地说："子玉，你的计划，当然是好的。不过，我还想：是否设置诸如海疆边御总司令部、航空总司令部、骑兵总司令部、后方筹备总司令部等机构？另外，我想最好把北洋退职老将也请出，给予军职……"

曹锟说着，吴佩孚听着。听着听着，吴佩孚心里便不安起来："什么意思？难道只是为了战胜奉张吗？"但是，他还是勉为同意了，均按曹锟意见予以增补。但就在这时，却有一事令吴佩孚大为震惊：曹锟在应战前并没有同他细商量，匆匆改组了内阁，由颜惠庆出任国务总理，阁员有外交系、直系和冯、段接近人物，简直是一盘杂拼！所以，吴佩孚只叹息着暗想："我是军人，尽我军职，听天由命吧！"

吴佩孚到京的第三日（即18日）晚，在中南海四照堂召集了讨逆总司令部军事会议。到会将领六十余人，吴佩孚军戎齐楚，脸蒙严霜，他扫视了与会的每一副面孔之后，沉思片刻，才说："保疆守土，是军人天职！张作霖作乱破坏，自应讨伐。今大总统已发布讨伐令，并委佩孚为讨逆军总司令。战火已起，刻不容缓，现在，我发布讨逆命令：命彭寿莘为第一路军总司令，沿京奉铁路之线出战；命王怀庆为第二路军总司令，出喜峰口，直趋平泉、朝阳；命冯玉祥为第三路军总司令，出古北口，趋赤峰……"

吴佩孚刚说完对冯玉祥的任命，大厅里突然灯光全熄，顿时一片漆黑。

人心乱了，会场乱了，人们在交头接耳。彭寿莘伏在王怀庆耳边，低声私语："此兆不祥！"王怀庆说："灭且灭也！不知主我还是主敌？"片时灯明。

吴佩孚是相信天象的，令刚出而灯无光，恰在任命完冯玉祥时，他那副颇带愤怒的目光立刻投向冯玉祥。

冯玉祥也不甘示弱，认为吴是故意装神弄鬼，在糊弄他，也把愤怒的目光投过去。四目相对，气息紧张。

冯玉祥是不相信吴佩孚那一套的，他觉得他是在卖弄，是耸人听闻。冯玉祥任河南督军时，就跟吴佩孚因此事大闹过一场——

那是河南大旱时。遍野干枯，稼禾萎死，冯玉祥号召军民齐心，人力抗旱。吴佩孚却说："且慢，等我起个卦看看。"说着，他连掷六七卦，而后大咧咧地说："不必忧心了，明天下午两点钟，一定有一场喜雨下降，旱象即可解除。"冯玉祥悻悻退出。

到次日午后，天空却万里无云，骄阳似火。冯玉祥气冲冲地去质问吴佩孚。"大帅的卦原来不灵。河南人民苦了！"

吴佩孚卜卦，意不在雨。他平时总觉得冯玉祥激进、赤化，是有意想戏弄他。他笑笑，坚定地说："雨已经下了，还正在下！""晴空万里，蓝天一片，何言有雨？"冯玉祥顶撞了。

吴佩孚说："莫斯科现在正在下雨，只是远水不解近渴！"冯玉祥一听，方知是嘲讽他的，一声不响，转身而去。

现在，吴佩孚自然又联想到与冯的关系了。他猜想："此战难道他要出事？"

正是会场冷寂，吴佩孚锁眉的时候，有人大声问："海军是否参战？"吴佩孚大声说："怎么不参战？大战在即，谁也不许袖手旁观！"他又说："张作霖有空军，我命令空军部队也全力参战！"吴佩孚下达作战命令的时候，冯玉祥心里十分不安。他在河南督军位子上并没有坐有多久，就是因为杀宝帮办和拒收吴佩孚的大员和吴水火不容，而被曹锟以"升迁"为名，调驻北京南苑任了陆军检阅使。此次受命，他甚为忧虑：他的队伍出征路线是走古北口。"为什么要走古北口呢？"古北口，山岭重叠，道路险崎，交通极为不便，且地区十分贫困。从这一条路到赤峰，要走多少天才可到呢？大战已开，兵贵神速，贻误军机，可是军中大忌！冯玉祥皱着眉问他身边的王承斌："阁下是筹备总司令，我就要开拔了，此去赤峰，真是山高路险，不知能为我设几个兵站？"

"冯将军，"王承斌也很坦率地说，"总统和总司令有令：此次出关作战，不设兵站，各军给养完全就地筹措。因而，只好请将军自便了。"

"怎么说，不设后站了？"冯玉祥很焦急，"我部经过地区，人烟稀少，地僻山荒，千军万马何以自筹？这岂不是……"冯玉祥虽性情爽直，心里放不下凉油，本想说"这岂不是有意将我部力量消耗在荒寒瘠苦的长城以外么？"但他此刻多了一个心眼，他认为这个意见不是王承斌决定的，说给他听不如去找吴佩孚。所以，他只冷冷一笑，便告辞了。

冯玉祥找到吴佩孚，开门见山地说："大帅，出古北口去赤峰，不仅全是险道，而且人烟稀少，荒寒瘠贫，不设兵站，没有粮秣怎么行呢？"

吴佩孚暄胖的脸膛，冷冰冰地奸笑着。说："冯将军，你该明白，仲珊总统有困难呀！执政日短，国库如洗；各方筹措，也多难能应手。难哪！我们作将者，应尽力为总统排忧。至于说出古北口这一线，将军更不必多想，此道是奉张主要选择之道，正是因地势险要，攻守不易。如此重任，非劲旅不堪承担。总统和我磋商再三，只得借重将军……"冯玉祥未听完吴佩孚"念经"，便愤然出去。

大战伊始，军行炮响，无一不是挥洒黄金！曹锟、吴佩孚虽然告诉他的各路军队首领"给养就地筹措"，然而，偌大的一场战争，没有相当的军械、金钱，那是行动不得的。战前，吴佩孚感到奇缺的，首先是子弹。他费了九牛二虎之力，汉阳、巩县两个兵工厂还是满足不了，他不得不屈驾，向山西军阀阎锡山借了六十万发。钱呢？财政部库空如洗，许多谋士绞尽脑汁，决定立即发行库券四百万元，另以崇文门税收作抵发行公债四百万元，再发行辅助币两百万元，共可筹千万元。但是，言之成理，行之维艰，哪里有如此巨款到手？最后七求八乞，连外交部存款、中日实业公司存余官款、追讨山东盐商海防经费和没收卢永祥烟台所办济通银号现金两万元都算上，还只是个微小数目。吴佩孚焦头烂额，仍无补拮据。正在这时候，前线来报：九门口军事失利，几乎失守！

吴佩孚决定立即亲赴前线督战。临走出北京之前，急忙把他的谋士谢宗陶找来，甚为冲动地说："今事已急，款无从出，奈何？"谢答："主不出力，宾有何方！""有无非常办法？"

"请财神。只此一举了！"谢说，"由大总统出面，约北洋宿将如张敬尧、陈光远、李纯、王占元等人筵宴，即席勒助军饷若干万元，事后由财政部筹款偿补……"

"不妥！"吴佩孚摇头，"尚不到此等地步，还有何办法？"

谢想想，说："召中、交两行负责人来，勒取尚未发出之中、交币钞各两百万元，加印'军'字，作军用券行使，或勒借各一百万元，事后由财政部筹偿。"

"好，此法甚好！"吴佩孚总算找到一点筹钱门路。匆匆措办，结果虽只得到四十万元，他却不得不揣着赶赴前线。吴佩孚的讨伐令下达之后，各路军先后开赴指定地点：

东路彭寿莘部，原驻滦县，立即转进至山海关前线；董政国师由洛阳至北京，转赴冷口前线；冯玉荣部驻守九门口；西路王怀庆部原为毅军，以游击三大队开赴热河。

西路军中的胡景翼师，是陕军。由通县北开，虽好勇斗狠，却不能持久，又无纪律；吴佩孚怕他们不肯出力，派亲信周愚夫随军督战。造成胡、周矛盾，军队失去战力。

中路军冯玉祥，由南苑出发向古北口开进。

此时，天高云淡，西风落叶，长城内外，一片萧疏。冯玉祥发兵之时，已是浓眉紧锁，气怒填胸。边走边想，越想越气："吴子玉竟要如此出兵，我怎么战？！"上午十点三刻，大军刚行至昌平，他便对身边的旅长张之江说："传令：就地宿营！"张之江不解地说："现在十点多……""依令速传！"

张之江随冯玉祥已有十余年，深知他治军方法。行军之中，从不见如此松松垮垮；战争急在燃眉，竟下令安营，何况，奉军进攻已逾六天。可是，张之江也知道，冯玉祥是个讲究谋略、很少打败仗的人。"他令宿营，一定有道理。"便不敢再问。

冯玉祥军到昌平便驻足不前。他的心情十分紊乱：本来，他是应该发挥自己"常胜将军"的雄威，挥戈驰骋，再立战功的；可是，作为"王师"之一，他的一切应享待遇，都低于别人三等。以致他不得不从"自我毁灭"的前景去珍惜自己的命运；何况，他和主帅吴佩孚又是同床异梦。何去何从？他要对他的部队负责。

军队住定之后，冯玉祥没有召开任何形式的会议，也不召见任何一位下级军官，只闷在室内沉思。在他身边的，只有卫队长孙飞——一个跟随他八年刚刚二十多岁的白脸蛋。这小伙跟他缘分很厚，很了解他的心情，因为冯玉祥给了他相当的学习文化条件，现在他倒是冯的"老师"了。孙飞很机灵，常常为冯玉祥提醒着他一时疏忽的问题，在冯面前有"第二参谋长"之称。这些天中，为此次出征的不公正待遇他早已心中不平，只是没有瞅到进言的机会。现在，冯玉祥闷在幽室，而幽室中只有他能出入，他觉得良机已到，便决心说出该说的话。

"总司令，"孙飞一边为冯玉祥泡茶，一边说，"今晚咱们过怀柔，明天及早便可到达古北口……"

冯玉祥瞪了他一眼，不耐烦地说："好吧，你自己先到古北口等我吧，我将有一个最大的勋章赏给你！"

小孙知道冯玉祥说的是气话，心中更有底了，忙改口说："冯将军，这次出征，我觉得咱们上当了。您瞧……"

"大胆，胡说！"冯玉祥故意发怒，"兴师之初，你怎么敢乱语蛊惑军心？"

"仗都打起来了，大白天将军命令军队住下，这也得算蛊惑军心吧！"小孙撞了一句。

冯玉祥笑了："小东西就是脑瓜灵！那样，我听听你的意见。"小孙胆子大了，说："曹老三买了个大总统，吴子玉驻洛阳，他们是想独霸天下的。天下若真是他们的了，他们还得当宣统，当袁世凯。咱不能跟着他们拼命，咱得自己干。""自己怎么干？"冯玉祥问。

"我听说段祺瑞、孙中山、张作霖三家联合了，段祺瑞在上海、浙江还有势力。咱们为什么不能参加他们的联合呢？我觉得那些人干的总比曹老三强！"

"别胡说！"冯玉祥生气地说，"你懂什么？咱们是大总统的队伍，怎么能和大总统的敌人联合呢？"

"大总统对咱又怎么样呢？"孙飞说，"就说这次出征吧，出古北口这条路是人走的么？再说……"

"好了，好了！别再说了。我想静静，你去吧。"孙飞走了。冯玉祥又陷入了沉思——

自从曹锟买了总统当之后，孙中山、段祺瑞、张作霖的反直联盟便更加公开化和激烈化，发通电声讨之外，出兵入关，支持卢永祥；在奉军入关的同时，孙中山的儿子孙科、张作霖的儿子张学良以及卢永祥的儿子卢小嘉在沈阳密会，进一步达成共同反曹吴的"三公子会议"密约。冯玉祥有心加入这个联盟，他不想再过直系家族中的后娘养的日子——他受到的待遇太不公平了。他离开河南时，吴佩孚答应每月从河南协助他军饷二十万元，却成了画在纸上的一张饼；曹锟说他的军饷由政府拨给，但是，政府已经十一个月没有给他分文了！

冯玉祥从南苑出师的时候，王承斌告诉他"各军皆不设兵站"的话，原来是假的：彭寿莘的一路军，是名副其实的"兵马未动，粮草先行"。王怀庆的二路军是不设兵站，可是，该军从喜峰经平泉到朝阳这一路，是直军的根基地，又是最富庶的地区，可以说处处是兵站。只有冯玉祥一无所有。

冯玉祥透窗北眺，群山绵绵，岭峦重重，简直是一堵无缝的屏障，"千军万马，如何攀越？"他再南望京华，却猛然想起他的"草亭"新事——

冯玉祥移军南苑之后，为了悼念死在这里的将士，他修建了一个纪念亭，叫"昭忠祠"。落成的时候，他的老友、同盟会老会员孙岳（禹行）前来致祭。这位孙岳也是曾被曹锟撤过第三镇中校参谋职的，后来一度到陕西，与国民党人胡景翼结纳甚深。曹锟任孙岳直隶督军之后曾任命孙岳为直隶省义勇军总司令。直皖战后曹、吴怀疑他与段有勾结，便只给了他一个卑小的十五混成旅旅长兼大名镇守使的职位。他跟冯玉祥关系甚密。冯玉祥对他讲了受到的歧视，流露了有他图的思想。孙说："将军若决心这样干了，我必竭全力相助。此外，还有胡笠僧（胡景翼）也定然愿和我们合作。"

胡景翼对冯玉祥印象颇深，又极崇敬他，经孙岳通达，他便到北京来与孙、冯相会，三个人思想相一致，共表合作决心，联成"草亭之盟"，并相约称之为"草亭秘议"。"草亭秘议"正好同沈阳的"三公子会议"遥相呼应，异曲同工。所以，冯玉祥在离开北京的时候，几番匆匆去见曹锟，说："十三师王怀庆部赴前方了，北京防务空虚，请把孙禹行的十五混成旅调来拱卫首都。"曹以为冯关心京城治安，即调孙部进京，委以北京警备副司令职。冯玉祥南苑开拔时，孙去为他送行，低声在他耳边说："将军，你特意把我搬到北京来，是不是要我为你们开城门？"

冯玉祥还是继续北上了，他的部队到达古北口时，已经是他受命后的第十四天，即11月1日了。然而，当大军到达时，冯便下令野外架棚，就地住宿，作好继续行军准备。但他却迟迟不发行军命令。

冯玉祥的部队共为五个旅，作战安排是：先头部队是张之江旅，次为宋哲元旅、刘郁芬旅、李鸣钟旅，鹿钟麟旅殿后。军队住定之后，冯玉祥便带着孙飞来到鹿钟麟的帐篷。"总司令，您来啦。"鹿钟麟说。

"来看看你的队伍掉队了没有？"冯玉祥说。

"奉张向朝阳进击的先头部队已冲破王怀庆的防线；山海关的战事也激烈，咱们……""你着急了？"

"战争么，瞬息万变。"

"我已通知沿途各县、区长了，要他们迅速将公路加宽。"

"'明修栈道……'总司令？"

"难得你明白。"冯玉祥说，"从今天起，你部要以向着北京方面练习行军为主。可以全副武装，也以徒手；可以支起帐篷，也可以把帐篷留在旷野仍回驻地。"

"是，总司令。"鹿钟麟会心地笑了。

冯玉祥回到自己帐篷还未坐定，便有人回报："一位陌生人要见将军。"

"什么样的人？"

"不愿报姓名。高身个、白净脸，一副商人打扮。说有要事，一定要见将军。"

"现在何处？"

"暂住古北口一家客栈。"

"派我的车，立即去请！"

第十三章
冯玉祥回师北京

南方的齐卢之战，由于败出福建的孙传芳部偷袭杭州，而卢永祥战败。南方无战事，吴佩孚原定的后援部队即可以无忧无虑地北上，加入山海关之战。10月10日晚上，吴佩孚从北京乘车出发，亲赴前沿指挥。

总司令亲赴前沿，此行十分壮观：司令部各部全体随行，中外记者数十人随往，并调请能操英、法、日等语言的翻译数人，另有一批趋炎附势之政客、游士和退职旧军阀多人。显然，他们是想同去分享胜利的喜悦的。吴佩孚着上将军服，身佩指挥刀，挺胸昂首，满面春风，以胜利者姿态，频频与同行者交谈。

从古北口镇上接回的人，是一个高身个，白净面皮，头戴八方帽，身穿长衫，地道的生意人模样。他一跳下车，便大呼小叫："焕章兄，久违了！"

冯玉祥站在帐门外，仔细打量一阵，匆匆走过去，拉着那人的手，说："哎呀呀，是什么风把你给吹到古北口来了？快请帐里坐！"

来人叫贾德耀，当初在七师和冯同僚，同任旅长。贾德耀拉着冯玉祥的手，笑了。"老兄兵出长城，我怎么能不来助你一臂之力呢！"

两人坐定之后，冯玉祥捧上香茶，说："阁下不是在合肥身边有要务么，怎么一下子来到古北口来了？"贾德耀笑了。"奉命呗！合肥许久不见老兄，甚为思念。特遣小弟前来问候。""我却不信！"

"现有书信在身！"说着，贾德耀拿出段祺瑞的亲笔信。

——直皖大战后，段祺瑞一直蛰居天津，可是，他却没有一日心安。一个野心勃勃的人，怎会甘心寂寞呢？他时刻关注着局势风云，伺机东山再起。当他知道北京和山海关的情况之后，便匆匆派贾德耀寻踪而来。

冯玉祥拆信一看，果然是段祺瑞亲笔。大意是说，他段某人绝不赞成再打内战，但希望冯不要相信贿选政府，曹吴是不得人心的。并有"阁下有否他图？若能以实相告，芝泉定能相助"等语。

冯玉祥踌躇之际，一见段祺瑞的信，便喜不胜喜，当即和贾德耀密谈起来。

"焕章的心情，你该是了解的，内战——我素来深恶痛绝。可是，令人痛心的是，按下葫芦起来瓢，内战因素灭它不尽！"

"将军若能顶起大梁，合肥定可鼎力相助。到那时，大局自然会归老兄掌握。"

"请转告合肥，果然大局属我，我一定请合肥等有德望的人出来维持大局。"

"我一定将老兄美意转告，日内定有喜讯传来。"

冯玉祥思索片时，又说："这样吧，此地不可久留，我的得力助手田雄飞兄陪你回天津，与合肥面商，愿合肥能够早定大计。""荣幸之极！"

贾德耀走后，冯玉祥感到精神特别轻松。他命人把参谋长和张之江、宋哲元两位旅长都找来。被请的人都来了，却又没有什么军机大事，简简单单填饱肚子他便下逐客令："诸位，吃饱了吧！好，各回岗位，等待命令！"

如此来去，不仅弄得各位将军晕头转向，连他的"第二参谋长"孙飞也摸不着头脑："总司令这是干什么？此次出征尽出奇事：南苑开拔时，一边喊'兵力不足'，一边却又将孙良诚、张维玺、蒋鸿遇三个旅留北京'训练'；司令部都离开北京了，还留下一个步兵营住旃檀寺；留下蒋鸿遇为留守司令，却又叫他兼任兵站总监……这究竟算什么？"

正是孙飞心神不定时，冯玉祥又要他"立即通知张树声，请他和马炳南将军一起来见我。"他只得马不停蹄去办。

张树声是冯玉祥属下一个营长，由于"身体欠佳"留在北京"休养"；马炳南是张作霖驻北京办事处的负责人。张马二人关系甚密，接到冯玉祥的通知，他们当晚便乘一辆汽车秘密来到古北口。

马炳南，一个典型的粗犷、纯朴的东北人，四十出头，宽面大眉，朗朗地说笑。张树声一去约他到古北口，他就明白二三。见到冯玉祥的时候，开门见山地表明自己的态度："冯将军，你我都是军人，容不得斯文，恕我冒昧地代表张大帅表明一点心意：我们兴师入关，唯一的目的，是推翻曹吴。目的实现，决不再向关内进兵。"

冯玉祥也是个直爽人，他喜欢马炳南的直来直去。于是，也坦诚地说："我已经和北京方面的几位将领谈过了，只要你们不进关，我们是会合作得称心如意的。其实，你们的目的和我的目的是一致的，所以，行动会一致。"

"不知冯将军今后大计作何安排？"

"尚不成熟。"冯玉祥说，"拟请孙中山先生主持大局，不知你们意见如何？"

"正和张大帅不谋而合！"

"这样更好。"冯玉祥说，"此两事烦请阁下速告张大帅，我这里已经布置妥当，不久便有'主和息争'的通电发出。"

"将军的安排极好。"马炳南说，"当前，急事之一，是请冯将军从缓热河方面的的军事行动，以便我们抽出兵力加强山海关的主攻。"冯玉祥答应之后，马炳南便连夜离开了古北口。

在直奉大战激烈地进行中，北京城里有两个女人也在进行着"亲密"的交往——

一天，一辆装饰豪华的最新式骡马轿车从新上任的北京警备副司令孙岳的衙门出来，直奔总统府后门走去。马车里坐着一位中年妇女，穿一身黑缎子秋装，罩一头并不华贵的翡翠，发髻滚圆，脸蛋皙白，新涂的两道浓眉使那双显然小了点的眼睛竟神秘得出奇。她双手交织在胸前，手握天蓝手帕，碧绿的玉镯随着马车的轻微颠簸而滚动；中指上那只闪着金光的戒指，不时地在手帕的叠缝中隐隐现现——这一切都表明这女人的尊贵。

她叫崔雪琴，是孙岳的夫人，与曹锟的三姨太陈寒蕊是结拜姐妹。今天，她去总统府拜见她的干姐姐。

马车进了总统府后院，停在一个幽静的房前。崔雪琴被人搀扶下来，正要移步，陈寒蕊早已快步走上去，风风火火地说："雪妹子，我念着你几天了，总算把你盼来了。你这一来，就证明咱们姐妹情分不浅。"

陈寒蕊领着崔雪琴来到小客厅，侍人送上茶，二人便聊起家常。

崔雪琴说："你兄弟调进京来，我本来不想随任，他却说：'这是三哥的意思，是你大姐的意思'，要我务必来北京。谁知一到北京，竟不适气候……"

崔雪琴完全以自家人口气，把丈夫孙岳说成是陈寒蕊的"你兄弟"；大总统不称大总统，却称"三哥"。把个陈寒蕊说得周身撒满了桃毛似的，说不清哪里痒了。她耐不住，张开口说："你咋能不来？说真话，调'俺兄弟'任北京警备副司令，就是我的主意。除了觉得亲之外，多半是想把你搬进来，朝朝夕夕和我谈天说地，免得我坐在深宫大院里寂寞。要不，吴大帅麾下人多得很，谁不能当这个副司令，偏偏就选上了他孙岳？！你说是不是？"

对于陈寒蕊的卖弄，崔雪琴早领教过了，往天只是淡淡一笑。今天不同，她有任务，是留守司令蒋鸿遇托她来打听消息的，她生怕陈寒蕊"哑口"呢！所以，她便扭着性子笑着说："大姐，咱们是谁跟谁？俗话说得好，是亲三分向！三哥当了大总统，大姐你还不是名副其实、管着半拉天的正宫！往先东奔西走也就罢了，今天得了天下，大姐若是把我也忘了，我就不再认你这个大姐！"

陈寒蕊仰起脸，"嘻嘻嘿嘿"地笑一阵子，才说："瞧你这妮子，往天还说你是没有嘴的葫芦，如今这不是，我也成了你斗败的鹌鹑了！幸亏我想得仔细，把你们搬进北京来了，要不，我不成了不忘恩负义的陈世美了么！"

崔雪琴是个有文化的，心里早想冷嘲她几句，口里还是说："既然大姐没有忘了我，我也绝不会忘大姐，往后，一天三遍为大姐福寿烧香。只是……"

"什么事？只管说。别闷在心里。"

"只是，你兄弟今后若是碰上什么事，还得大姐多担待，得多照顾。"

"这你就放心吧，"陈寒蕊大大方方地说，"我虽然不愿垂帘听政、当老佛爷，可是，我的话老头子还不敢不听。莫说别的，就是军机大事，有一件得对我说一件；瞒我一件，我就不饶他。"

"大姐你可算得女中豪杰！"崔雪琴说，"你这一生过得真值！瞧我，我算啥？俺那口子莫说军机大事，连交朋友、穿衣吃饭也得他说了算，我是白活一世！"崔雪琴是受人之托，来打探军情的，所以什么好话都能说。

陈寒蕊喜欢别人说她"能"，高帽一戴，嘴巴就更勤奋了。她解开脖领上的纽扣，清清嗓门，"叮叮当当"把战争的事说得两唇是沫：

"冯玉祥走古北口，胜败老头子都不在意；冯将军会打仗，败不了。彭寿莘就不行，早被张作霖打得屁滚尿流，10月7日就丢了九门口，就怕连山海关也保不住；王怀庆的二路军更草包，节节不顺利。还是老曹的巡防营老人呢，一窝子孬种，吃了那么多空名字。要不是胡景翼帮他一把，早把长城都丢了……"陈寒蕊把从曹锟那里听到的军情，丝毫不留地都说出来。最后还说："我说的话，全是真的，咱姐妹，我不会瞒你。你知道吧，连吴子玉昨儿都到前线去了，不去不行呀！前方吃紧，还能让人家打到北京来么？"

崔雪琴如愿以偿，又吃了干姐姐一顿饭，这才转了回去。北京城里一举一动，都通过"陈寒蕊—崔雪琴—孙岳—蒋鸿遇"这条热线及时传到古北口冯玉祥那里。冯玉祥以古北口为老营，每天前进三四十里，再后退二三十里，直到吴佩孚从北京出发亲征时，冯玉祥才到达滦平。可是，再也不向前了。

冯玉祥到滦平，没有作军事上的或攻或守部署，只是作些休整的安排，好像这支部队是从遥远的地方新来接防一般——无需作部署了，冯玉祥已经同张作霖达成协议，赤峰的奉军也大部分调往山海关战场。要攻要守，由他彭寿莘和王怀庆安排吧。冯玉祥只有一个心事，那就是对付王承斌了。

讨逆军的副司令王承斌，又担负着全军筹备粮秣的任务，正业不务，他却跟随冯玉祥这支部队到古北口来了。"是监视还是督战？"冯玉祥和王承斌都明白。所以，冯玉祥从古北口前进时便决定赶走他。

冯玉祥急匆匆赶到王承斌的住处，怀着歉意说："副总司令随军指挥，玉祥十分感激。两军对峙，战争一触即发，我这里的情况还请副总司令及时向玉帅申明：不是我贻误军机，实在是前进太困难了。你是亲眼所见。"

"我知道，我知道。"王承斌说，"小弟徒有副总司令虚名，一切行止，悉听玉帅安排。至于冯将军的情况么，我一定如实上报。"

"副总司令，"冯玉祥说，"此番出征，旗开不利呀！长途行军，急于应战，已属兵家所不干的事；兵行险道，固为妙计，但险道漫长，供给无着，却又是兵家忌事；还有……"冯玉祥叹息一声才说："咳——，我总觉得目前处境就跟阁下离开二十三师前夕相差不多。副总司令说是呀不是？"

冯玉祥一提二十三师，王承斌立即面呈赧色——二十三师是陆军中的佼佼者，王承斌这个师长大有腾达的希望。可是，吴佩孚却不容人，怕别人高升了，他节制不了。便匆匆地发一纸令，把王承斌的师长给免了。王承斌坐了冷板凳，一坐便是六七年，直到第一次直奉大战，吴佩孚才重新用他。王承斌对这件事一直耿耿于怀。今天冯玉祥又朝这道伤疤上戳一下，王承斌立刻心烦意乱起来。"不瞒焕章兄说，吴子玉是个不可共事的人，我心里早已明白。良禽尚且择栖，何况……"冯玉祥觉得王承斌还是够坦诚的，便说："副总司令，我冯玉祥历来坚持以诚待人，心里光明磊落，我直言对你说吧，我要对他们采取行动了！"

王承斌马上心领神会，极表赞成。"焕章兄，夜长梦多，事不宜迟！"

冯玉祥十分激动，走上前去，紧紧握住王承斌手，说："多谢老弟盛情，还望大力携手。"王承斌眨了眨疲惫的双眼，冷冷一笑。"焕章兄，我所以寄人篱下，是因为手无寸铁。我对你的决意，甚表同情，然而却无力相助。既然老兄如此对我信赖，我也以诚相报：此事我决不漏透分毫，但愿老兄顺利、成功！"说罢，便动身到承德去了。

冯玉祥千恩万谢送别了王承斌，心情刚刚平静，忽然有人报，"胡景翼派人求见！"

冯玉祥把来人接进密室，来人呈上书信，冯一边安排人盛情款待，一边看信。胡在信上对冯说，吴子玉又密令他监视冯部，胡让冯"务必提高警惕！"冯见信大喜，决心更坚，立刻把参谋长刘骥找来，对他说："请你速去通县，和胡、孙二将军代表会晤，告诉他们我即日班师回京，请他们早作准备。"冯又及时给山海关前线的吴佩孚发电，说："我先头部队已抵承德，沿途筹措给养十分困难，急盼援助。"吴佩孚立即回了这样一个电报：

> 此间形势急紧，不有意外胜利，恐难挽回颓势，请即迅速前进。否则，大局将难以设想。

此时，留守司令蒋鸿遇从北京发来急电，告诉冯一个大好的消息：前方战事紧急，吴已将长辛店、丰台所驻之第二军悉数调往前方增援，良机莫失！

冯玉祥感到时机已经成熟，这才把张之江、鹿钟麟、李鸣钟、刘郁芬、刘骥等人找来，对他们说："大家跟我这么多年，历尽了艰难困苦，国家闹到这个样子，我真不知道会把你们带到什么地方去？"说这话的时候，他的心情十分忧伤。

在这之前，冯玉祥并没有把自己的打算全部告诉大家。但是，大家都猜透了他的心情，并且都支持他。所以，他的话音刚落，大家虽惊讶，却喜形于色。鹿钟麟说："大家患难相从，甘苦与共，原不是为了个人私利。总司令是为了救国救民，我们一定紧紧跟随，任何危险，在所不辞！"

大家纷纷表示："一定跟着总司令，永不变心！"

冯玉祥十分感动。"我感谢大家的信任。既然大家愿意同甘共苦，现在，我宣布举事决定：鹿钟麟部兼程返京，会同孙良诚、张维玺两旅进驻北苑，再与蒋鸿遇旅会同入城；李鸣钟率一旅趋长辛店，以截断京汉、京奉的联络线；已抵承德的张之江、宋哲元两旅立即出动，限期回京；胡景翼率部从喜峰口迅速撤回通县，以防阻吴佩孚回击；通知孙岳秘密监视曹锟的卫队及吴佩孚的留守部队，以防发生意外……"

10月21日，冯玉祥部沿着进军的原路，迅速返回北京。

吴佩孚的专车刚到秦皇岛，突然有警士向列车连开三枪。吴佩孚只淡淡一笑，挥了一下手，列车又继续前进。抵山海关，即闻炮声隆隆；举目所及，亡尸枕藉。吴佩孚偕同彭寿莘巡视前线，还是信心十足地指手画脚，充满着必胜的信心。傍晚，他们匆匆返回专车，尚未坐定，车前车后，即落下许多敌方的炮弹。吴佩孚惊讶了："奉军怎么知道我的专车停在这里呢？"无可奈何，只好退回秦皇岛，大本营设在车上。山海关战事十分激烈，石门以内，奉军节节进逼；守军是陕西军队，只知拼命夺抢，不知固守阵地，不久，石门被奉军占领。吴佩孚更惊心了，敌人距他只有十里之遥，一个攻击，便可抵达。

吴佩孚在参谋长张方严陪同下，登上"海圻"战舰出海巡视，方知海上亦遭敌击。他想调兵支援，却无一兵可以调出，只得悻悻返回。

吴佩孚巡海归来，方知驻山海关的日本防备部队已与奉张暗通消息，所以，奉军会连连炮击吴的列车。他不敢固定大本营，不得不以火车、战车作为指挥部，随时转移。

吴佩孚早已陷入了困惑之中，山海关守敌是郭松龄。以彭寿莘之兵力战胜他们，是绝对有把握的，为什么竟逐渐失利？他哪里知道，西线战事已在冯张的谅解中停下来了，张作霖早把西线主力东移，山海关兵力渐增，越战越勇。九门口失去之后，奉军进逼柳江，吴佩孚眼看立不住足了。他虽然以二十万元巨赏调动王维成、张治公、靳云鹗三师及张旅，拼死收复失地，但总不奏效，还是节节败退。到吴佩孚来前沿两周，战事却节节失利，他的眉头却日比一日锁得更紧！

参谋长张方严天真地想了一个挽救战局的办法，致电冯玉祥，请他火速进军，以资牵制。不想此电正暴露了东线实情，增强了冯回京反戈的信心！

10月23日，北京城里和往常一样静谧，艳阳洒遍了古老的建筑，枯叶从枝头飘落，大街小巷浮动着行人，成群的鸽子腾空飞起。

曹锟自从当上大总统似乎就心神不定，宣誓的那一天，报纸上就揭露了他行贿的内幕；直奉再战，他总觉得凶多吉少。昨晚他做了一个噩梦，梦见他被自己的卫队杀了。

就在这天晚上，鹿钟麟在京郊北苑和蒋鸿遇开了一个紧急会议，决定立即派一个团以接运给养为名，押大车数百辆进入北京市区。车中全是武器，武器集中到旃檀寺留守所。午夜十二点，将电报局、电话局、火车站全部占领；鹿钟麟率部抵安定门，孙岳已令守门军把门打开，队伍一进城，便步步设防，直至天安门。鹿把司令部设在太庙，由孙岳派一个营的兵力守护着总统府。

第二天黎明，北京城醒了，曹锟醒了，然而，遍城通衢要道和曹锟的总统府，到处都布满着大兵，他们人人臂上都系着"不扰民、真爱民、誓死救国"的布章，人们这才明白北京城发生了什么事。曹锟被囚进了延庆楼！

曹锟用了千万大洋买的总统，却没有抵得住张作霖用一百二十万大洋替冯玉祥发军饷的力量大！

大总统梦覆灭了。当冯玉祥派人到天津去见老四曹锐时，这个守财奴一切都明白了，他偷偷地跑到北京藏了起来。

冯玉祥在北京与黄郛会商，决定由黄郛组织代理内阁，请段祺瑞临时执政，并立即电请孙中山先生北上主政。不日，收到孙中山复电，电文是：

> 义旗隼举，大憝肃清。诸兄功在国家，同深庆幸，建设大计，即欲决定，拟即日北上，与诸兄晤商。

冯玉祥接电后，又发一电给孙中山。电文是：

辛亥革命，未竟全功，以致先生政策无由施展。今幸偕同友军戡定首都，此役即平，一切建国方略，尚赖指挥，望速命驾北来，俾亲教诲。

1924 年 11 月 13 日，孙中山先生由南国名城广州起程北上……

第十四章

吴大帅兵败浮海

山海关的战事，渐渐激烈。至 23 日晚，吴佩孚的电务处长田怀广报告：京津电报、电话完全不通，拍发之无线电亦无人接收。吴佩孚吃惊了，他离开了餐桌，独自一人沉思起来："什么原因使通讯全部中断呢？北京会有'宫廷政变'？这个为首的人能是谁？"他盘算着曹锟身边留下的人，一个一个都排遍了，觉得既不可能也无兵力。"难道有人实行兵谏？这又是谁？"他把京外各部兵力仔细排队，觉得除了随他出征的三路人马之外，再没有人有能力兵变了。最后，他想到冯玉祥："难道是他？"

想到冯玉祥，吴佩孚的心立刻扑腾腾地跳起来。"他，太不可靠了！老帅不该对他如此相信，更不该处处宠着他。"因为没有确实消息，他又朝好处想了："也许通讯部门互相争斗，使工作一时中断。我查明了，一定好好处分肇事者！"

至午夜，电讯复通。电务处收到的，却是冯玉祥的通电。全文是：

　　国家建军，原为御侮；自相残杀，中外同羞。不幸吾国自民九以还，无名之师屡起，抗争愈烈，元气愈伤，执政者苟稍有天良，宜如何促进和平，与民休息；乃至东南蚌起，延及东北动全国之兵，枯万民之骨，究之因何而战？为谁而战？主其事者恐亦无从作答。本年水旱各灾，饥荒遍地，正救死之不暇，竟耀武于域中。吾民何辜，罹此荼毒，天灾人祸，并作一时。玉祥等午夜彷徨，欲哭无泪，受良心之驱使，作弭战之主张。爰于十月二十三日决议回兵，并联合所属各军另组中华民军，誓将为国为民效用。如有弄兵好战，残吾国而祸我民者，本军为缩短战期起见，亦不惮执戈以相周旋。现在全军已悉数抵京，首都之区，各友邦使节所在，地方秩序最关重要，自当负责维持。至一切政治善后问题，应请全国贤达急起直追，会商补救之方，并开更新之局，所谓多难兴邦，或即在是。临电翘企，停候教言。冯玉祥、胡景翼、孙岳、米振标、岳维峻、李纪才、邓宝珊、李虎臣、李鸣钟、张之江、鹿钟麟、刘郁芬、宋哲元、孙连仲、孙良诚、蒋鸿遇叩。漾。

吴佩孚拿着通电，忐忑不安，眉锁半天，才说："立即电诘冯玉祥，问问是否有人捏造？再，即电各省，速派援军。"

布置之后，他又告诉电务处长："此事至关重大，应绝对保守秘密。稍透消息，军心将乱，后果不堪设想！"

天明，吴佩孚怕风声传播，引起军心动摇，仍故作镇定，照常亲率随从赴各线巡视……然而，冯玉祥政变情况及大总统遭际，京奉新局长周梦贤终于向他作了最详细的报告。

吴佩孚即返大本营，召集将领会议。他在会上依然气势汹汹地发布战令说："东线各路皆取守势，所有作战部队，一律不许后退，以免牵动全线；前方交由彭寿莘、张福来、靳云鹏共同负责；总司令部开驻天津。"

此事部署一毕，已是25日8时。吴佩孚正要启程赴天津，忽接大总统电令，宣告停止战事，前方迅速收束军队，热河由王承斌办理事宜，榆关由彭寿莘办理事宜；免去吴佩孚巡阅使本兼各职，并派往青海任垦牧督办等事。吴佩孚看了电报，不加思索便疾笔批了"伪令"两个字，并告身边人"立即通电全国辟谣"，并以王怀庆名义通电，数冯历次反复罪状……

吴佩孚到在达天津，尚不觉大势已去，仍在他的列车办公室和参议处的要员措撰"大总统命令"数道，并对属员说："彼伪此真，迥不相同。"不久，即有如下命令从天津发出：

一、宣布冯玉祥罪状，褫夺其官职勋章；二、责成吴佩孚率各省军队讨冯；三、任命李景林为东三省巡阅使；四、任命胡景翼为察热绥巡阅使；五、任命刘镇华为陕甘新巡阅使；六、任命吴新田为陕甘新巡阅副使；七、命王怀庆星夜率兵入卫；八、任命王怀庆为陆军检阅使并为西北边防督办。

命令发出之后，吴佩孚觉得心情稍平静了些，这才坐下来，端起茶杯，缓缓地饮起茶来。

这几天，他太紧张了。他不曾想到，这场战争会使他如此狼狈……"如果不是天欲灭我，何至有如此大劫！"他摸摸腮，瘦了；摸摸眉，似乎只有一层皮；摸摸下巴，尖了；再摸一下唇，短胡须已经刺手；看看身上的将军服，也早已狼藉得失去了威严。只有十五天呀！他仿佛经历了一个漫长的年代，又仿佛做了一场噩梦！不过，吴佩孚是欣赏自己代总统发布的八项命令的。他认为这是远见，是谋略，是一般人，包括大总统也不一定想得出的策略：这些命令，意在拆散冯（玉祥）张（作霖）之后，巩固边区，所用皆非直系人员，又表示了他大公。其实，目的是驱冯。胜，则锦上添花；败，则雪中送炭。吴佩孚完全可以落得一个大公无私的美名！他笑了——

入夜，吴佩孚沐浴、修饰一毕，便躺下来，想好好休息片刻。他有好几天没有得到充足的休息时间了。但是，他一躺倒，连眼皮都无法合拢，他又居身坐了起来："天津不平安呀！"

——此时的天津，直隶总督王承斌业已附会冯玉祥去了；挂着省长名称的曹锐，业已到西方极乐世界去了，谁来维持治安呢？若天津大乱，他吴佩孚又将何去？深夜他把警察厅厅长杨以德找来，说了许许多多软硬兼有的话，才算临时安排了维持治安责任。

第二天，一大早吴佩孚便得到一剂"兴奋剂"——电务处为他送来一厚叠各地军阀的复电，表示响应他的号召，出兵"勤王"：四川的刘纯厚要亲率两师北上增援；湖南赵恒惕复电整师出援；甘肃陆督要派十营兵力，浙江孙传芳要亲率两个旅北讨，福建周荫人、安徽马联甲均要亲率主力北上；江苏齐燮元、湖北萧耀南、直隶李悼章、陕西刘镇华、察哈尔张锡元更是态度激烈，要倾力来助……一时声势甚盛，吴佩孚面前春光明媚，脸上愁容顿消。

吴佩孚高兴得太早了，莫说遥在天边的川、甘、闽援军，即便近在咫尺的苏、豫之军，也被晋阎（锡山）、鲁郑（士琦）拒之于石家庄、济南以远，可望而不可即。山海关形势更是日非：东路董师大溃，奉军张宗昌、李景林部长驱直入；山海关彭师亦不能守，郭松龄早占据秦皇岛；张福来、靳云鹏皆只身跑回天津，吴佩孚前线十数万大军，只在一瞬间，竟付诸东流！

就在这时，段祺瑞以师长身份派人告诉吴佩孚说："速离去，否则被擒耳！"外国人也以"津地二十里内不得驻兵"之约相逼。吴佩孚又发愁了。参谋长走到他面前。"大帅，事态已经十分紧迫，为了保证安全，是否进入租界暂避一下？"

吴佩孚狠狠地摇摇头，还是颇为气壮地说："这像什么话！堂堂军官，托庇外人，有丧国体，岂可为者。"

就在这时候，吴佩孚的政务处长白坚武奉命把原国务总理张绍曾请来了。这是一个很滑稽的会见，吴一见总理，便声色俱厉地拍案说："你老说冯玉祥好，现在他反了，我二十万大军都毁在他手里。怎么办？"

张绍曾对此事早已明白，心中暗笑："你吴佩孚已成了袋中之鼠，死到临头还耍威风。"于是，他表面平和、内心反感地说："子玉，这都是你督率无方，御下无术，又好与部下争功，用人每多疑忌，不能推心置腹，才有此变。冯玉祥练兵好，打仗肯卖死力，在河南打赵倜，给你出力不小。你如果对他稍有恩义，何致倒戈！"

吴佩孚听了，勃然变色。在座的参谋长蒋雁行、张方严、白坚武等人恐怕他们闹僵，同声劝说："过去的事情，总理和总司令都揭过去吧，不必再说了。现在既然成了这个局势，不能让冯玉祥再闹下去吧。总理说话冯玉祥向来是听从的，总理出面把这件事揽起来，居间给调停一下吧。"

张绍曾也就此收科说："我还能说不管么？试着看吧。"

吴佩孚也转脸换成微笑，说："好，你既肯去，我希望你今晚就去北京找冯。我有一个字条交你带去给他看看，表示我对他全始全终，决不难为他。"说着，取过笺纸笔墨，似行似草信手一挥，每个字都有核桃那么大，淋漓满纸，墨迹未干便交给了张绍曾。张尚未看完，他又要回去，盖了一个名章。

张绍曾这才细看。但见纸上写道：

速行下野，以免殃及池鱼。贵部善后事宜，由兄负责。此致焕章弟，兄吴佩孚。

张绍曾暗暗笑了。"吴子玉呀吴子玉，贵显考的棺材都抬出来了，你还没有泪？！莫说我根本就不想去见冯焕章，即使我去了，你的这张废纸依然是废纸！"不过，他还是认真接过来，不等墨迹干便折叠起揣在衣袋里。后来，他把它掷给了自己的私人秘书马德庄，当作破烂收藏起来了。

其实，冯玉祥起事之前，早有书信给国务总理，请其代为决策，是否可行。张绍曾给了他这样简短的一封信：

死中求活，只有如此。事成之日，善后须图。究是故人，毋为已甚。

吴佩孚要派车送张进京，说："总理什么时候动身？我为你准备汽车、护照。此时火车只能通到廊坊，路上军队稽查很严的。"张说："我明天坐自己的汽车走，用不着什么护照。"

张绍曾还是到北京来了。他虽然是早被贿选总统赶下台的人，但总理的余威还是有的，一路上凭着名片，倒也通行无阻，且处处都很客气。前敌司令胡景翼陪他去见冯玉祥。

冯一见张，便大笑嚷着说："你来我热烈欢迎，我正想着要托贾德耀到天津去，敦请你和段合肥出来共商大计。另外我又派人南下去欢迎孙中山北来，做我们的导师，主持和平统一会议，组织政府，实行孙中山先生的《建国大纲》，在中国彻底革命，建成一个新国家。你看好不好？"

张绍曾只笑笑，没有回答。

冯又说："我想请你还当国务总理，叫老段主军，你主政，孙中山先生做总统。我们这些都听从指挥，把中国治理成为世界上最大的强国！"

张绍曾用缓缓地口气说："焕章，你的志愿颇远大。你我以前常谈到，除了孙中山做领导，中国前途不会好的。今天你有力量能请出孙先生来治理国家，真是最可庆幸的事情。但是，你这一盘棋千万不要走错了步骤。一着走错，满局皆输。"

"你这话怎么讲？"冯玉祥说，"我哪一着棋走错了？咱们这样交情，不妨说明。"

张说："你请段祺瑞出来，他可是一个大野心家，向来反对革命，而且狂妄自大，唯我独尊，他能和你一样服从孙先生的领导，甘为之下么？你打倒曹吴，欢迎段出来，再加一个张作霖，我恐怕他们得手之后，比曹吴更厉害。你这是后门打狼，前门迎虎！我这样说，你现在未必能领会，到时候有你后悔的那一天。你叫我和他们共事，我只有敬谢不敏。还有一件事我要和你说，就是你对吴子玉，消灭了他的势力是可以的。我希你不可过为已甚。子玉为人虽然刚愎骄横，但还直爽，国内拥护他的人也还不少，他在长江一带的势力依然存在，你未必能全部肃清。有他存在，好办得多，你万不可伤害他的性命。倘若那样做，无形中便树立了好多强敌，对你是极其不利的。"

冯玉祥连声说："是，是，我一定听你的话，绝不对他为难。消灭了他的武力就完了，你放心，绝没有别的。至于老段，他在北洋深孚众望，军政两界中他有很大的潜藏势力。我请他出来共商国是，纯粹为公，没有私图。你对他未免有些过虑了吧。"张绍曾只微笑，不再说话。

张绍曾没有回天津，也没有消息传到天津，吴佩孚知道情况不妙，便闷在车厢，只顾喘粗气。

援军无望，京城无消息，内部人心亦多解体；冯玉祥军已逼近武清，张作霖军至滦县。固守已无意义，且供给已感困难。吴身边的人多劝其他适，吴总是默不决定。就在这时，天津商会以支援名义送吴十万元，京兆尹刘梦庚也送来十万元，由承德转来天津的王承斌也送来十万元。此三项款真可谓雪里送炭。王承斌还给吴写了封信，说："这十万元是从多方凑集而得，因形势已非，力仅及此，恳望收下，以济万急之需。"吴佩孚把信看了几遍，最后说："这笔钱和商会的钱，我不收，退回他们吧。刘梦庚的情我领了，收下。"人们既感到奇怪，又觉困惑：刘梦庚与吴并无深交，据说这笔钱还是卖房产所得，吴不该收的而收了；王承斌是他的属下一将，昔日虽有隔阂，今日今时，是不该计前嫌的，该收的钱吴却又不收。依然表示他的孤傲、清高。

吴佩孚已经变得沉默寡语了，不知他是在思索如何转危为安还是接受什么教训。

张方严安排人退款之后回到车厢，同样沉思了许久，这才推心置腹地对他说："玉帅，咱们在天津，得有个打算呀！"吴佩孚没作声，仿佛参谋长的话他没有听见。

"等待援军？"张方严自问自答地说，"援军是没有希望了。"吴佩孚还是不语。张又说："再不，就是以死相拼，来报答总统？如果那样做，那就完全错了。"

吴佩孚缓缓地叹声气，迷惑不解地说："郑士琦、熊炳琦能都变了么？他们都是咱保荐的督军、省长呀！"

"这些人无实力，不必求全责备他们了。"张参谋长说，"事实已摆在眼前，如果再多想，那就是幻想了。我认为，第一不能再等援军，援军是无希望的；第二不能拼死，做无畏牺牲。如果想解救总统之危，玉帅就应保全实力，另谋对策。因为，有玉帅在，总统生命就有保障。如果玉帅要拼，那就等于送总统的命……"

吴佩孚听着，闭目沉思着，却没有说话，更没有发脾气——在昔日，有谁敢在他面前如此高谈阔论，那是他绝对不允许的。现在，他没有这么大火气了。沉思了好长时间，才说："你的美意我会好好想的。你给我一点时间，容我再想想吧！"

张走后，日本在天津的驻屯军司令来了，他劝吴："你是有为的人，可去之处很多，另谋新策、挽回大局是不难的。"吴佩孚点点头。

美国驻屯军司令也来了，他劝吴："天津华洋共处，非英雄用武之地，况将军素抱爱国卫民之志，目睹地方糜烂，心中必定不忍。借此出外小游，换换空气，将来贵国需要将军之处甚多，莫以小小波折，致令英雄气短！"

吴佩孚仍然点点头。

但是，津地终不可居，吴佩孚终于无可奈何地决定舍陆浮海南下。至此，吴佩孚精心培育十余载的近二十万军队，几乎全军覆没，身边的侍卫部队，他南下前也都给资遣散了。

内阁改组之后，冯玉祥决定采取断然措施，将清废帝溥仪逐出故宫。冯与代理内阁总理黄郛共同商定，筹组清室善后委员会，将清室优待条件修改成如下文字：

今大清皇帝欲贯彻五族共和之精神，不愿违反民国之各种规章制度仍存于今日，特将清室优待条件修正如左：

一、大清宣统皇帝即日起永远废除皇帝称号，与中华民国国民在法律上享有同等一切权利。

二、自本条件修改后，民国政府每年补助清室家用五十万元，并特支出二百万元开办北京贫民工厂，尽先收容旗籍贫民。

三、清室按照原优待条件，即日移出禁宫，以后得自由选择居住，但民国政府仍负保护责任。

四、清室之宗庙陵寝永远奉祀，由民国酌设卫兵妥为保护。

五、其一切私产归清室完全享有，民国政府当为特别保护；其一切公产，应归民国政府所有。

条件修订之后，决定由北京警备总司令鹿钟麟、警察总监张璧会同社会知名人士李煜瀛前往故宫执行。

11月5日，鹿、张、李三人来到溥仪住所，当由原内务府大臣绍英出迎。鹿说明来意，并出示国务院通过的修改优待条件，请其即转溥仪迁出宫外。

绍英觉得形势不妙，便入内告诉溥仪。往返数次，仍希有所转圜。鹿钟麟生气了，他大声告诉随从人员："快去告诉外边，时间虽然到了，事情还可商量，先不要开炮放火，再延长二十分钟。"溥仪感到事态严重，便走出来答应迁出宫外。

鹿来到溥仪面前，问他："从此以后，你是愿意当平民呢，还是愿意做皇帝？在我们中华民国不允许皇帝存在，我们有对待皇帝的办法。"

溥仪说："我既然答应接受修改优待条件，当然不能再做皇帝，我愿做一个平民。"

鹿说："我们对平民当然要保护。"

溥仪离开故宫之后，宫女、太监等均任其自由迁出。

自此，那雄伟壮观的北京故宫，再没有皇帝的足迹，整个中国，再没有一片专为皇帝作福作威的场所。不过，皇权在中国人的心灵上，仍然显得太严肃、太神圣不可侵犯了！在皇帝搬出故宫之后，就连段祺瑞也从天津匆匆给冯玉祥发来电报，说："顷闻皇室锁闭，迫移万寿山等情。要知清室逊政，非征服比。优待条件，全球共闻。虽有移驻万寿山之条，缓商未为不可。迫之，于优待不无刺谬，何以昭大信于天下乎？望即从长计议。"

冯玉祥捧着电报，思索再三，最后还是下了决心，回复了这样一个电报给段祺瑞：

此次班师回京，自愧尚未做一事，只有驱逐溥仪，乃真可告天下后世而无愧。

不过，在段祺瑞任临时执政之后，便下令解除了对溥仪的监视。不久，溥仪即偕同郑孝胥、陈宝琛等人逃往东交民巷日本使馆。从此又惹出了许许多多事故。这是以后的事了，这里放过不提。

吴佩孚是乘"海圻"舰至塘沽，然后改乘"华甲"轮船出海的。由于他离开天津时仓促，许多随员没有跟过来，所以，他在大沽口外三十华里处海面上停泊三日，然后由温树德遣兵舰一艘护送南行。

大海茫茫，天水相连。吴佩孚看看身边随行的寥寥数员，又想想今日之处境及未来之渺茫，心中十分忧伤，他总是闭目无语，思索着这个无法理解的现状。"昨日，我还是堂堂的讨逆军总司令，有十数万可惊天动地的大军！而今天，我却遑遑如丧家之犬，只可借助海道而逃之夭夭！"这是一场梦，但是，又不是梦，而是活生生的现实，极其残酷的现实！他感到自己败得太意外了，败得太惨、太无意义了。"旗鼓相当地厮杀一场，纵然覆没，也还壮烈！倒在自己的属下手里，只能落得臭名。"吴佩孚越想越觉得费解，越想越觉太丢脸！

船抵烟台时，当地镇守使及商会人士登轮慰问，并赠犒劳金十万元、大米若干包，以壮行色。后因海风，在烟台海面停留四日。由于鲁督郑士琦的不合作，吴佩孚亦不肯上岸。吴的轮船至青岛时，青岛已被郑士琦戒严，他只得直航上海。青岛续航之后，他再也忍不住心头的忧伤了，望着沧茫海面，他不由自主地吟道：

> 戎马生涯付东流，却将恩义反为仇。
>
> 与君钓雪黄州岸，不管人间可自由。

长江三角洲，浙苏卢齐之战平息，一切业经平静，吴的轮船遂由吴淞口直驶南京。齐燮元、孙传芳登轮与他会晤，各赠钱米，互致安慰。齐燮元劝慰道："胜败兵家常事，大帅不必放在心上，我们还有长江，还有中原，还有广阔的直隶、陕西、湖北，绝不会一败涂地！"

吴佩孚叹息着，说："想来大家都不会忘记，第一次与奉张战后，我们曾经提议召开第一届国会。现在，我觉得这件未竟事宜，倒可以重新提起了，你们看如何？"

"是的。"齐说，"战争不能总是不完不了，哪有只靠打打杀杀治国安民的呢？我看应该重提召开国会。"

　　"这样的话，你就可以领衔发出一个护宪通电，促其成功。"齐燮元把通电发出了，吴佩孚原以为可以为自己改换一下门庭，兼可对南方各省表示亲近，以与冯张段对抗。谁知大势早已不是第一次直奉战后的情况，孙中山已经北上，南北各省意在"革命"，故而响应齐通电者殊鲜；即使两湖川陕，也多默不作声。吴佩孚在南京过了几天，不见积极响应，心中大为失望。他不敢在南京久停，匆匆西行。九江小停，直抵汉口，而后由京汉路经郑州转陇海路西行，十八日回到洛阳。一别洛阳仅仅五十日，吴佩孚却经历了翻天覆地的变化，他梦想着重整旗鼓，再创一个"八方风雨会中州"的新局面！哪里知道，他早已处在众叛亲离的悲惨景况之中，连当初为送来八十把"万民伞"的陕督刘镇华，也极尽一切手段派出主力憨玉琨师东出潼关，直逼洛阳……

　　——自此，吴大将军再没有八方风雨可以唤动了。

第十五章
北京城风云变幻

　　曹锟被囚在北京延庆楼，心情万分忧伤，他做梦也不曾想到他会成了阶下囚。最初几天，他不吃东西、不睡觉，跟谁都不说一句话。他对冯玉祥十分痛恨："我没有亏待你冯玉祥，吴子玉在河南排挤你，你几乎没有立足之地，是我把你调到北京来的；你的队伍没有薪饷，是我答应给你解决的；你对吴子玉有意见我知道，可你怎么能这样搞我呢？"越想越恼，越想越恨："有一天我还有再起，我非同你冯玉祥算这笔账不可！"

　　看管曹锟的，是冯玉祥的第十师二十二旅四十四团一营。营长张俊声，是个头脑十分机灵的人，三十四五岁，有一副军人的气质，但也不乏文人的谦谨。政变初举，他的队伍除了负责拔除永定门外北京电报局的总机关，使北京电报全部发不出去之外，紧接着就是包围总统府。那天夜里，他把总统府守得严严实实，只有在凌晨一时左右见一个人骑着自行车出来，张俊声拦住了他。"你是干什么的？"张问。

　　"电话全不通，"那骑自行车的人说，"总统叫我出来查一下。""你跟我来吧。"张俊声把那人交给几个弟兄带到旃檀寺看管起来。

　　次日黎明，鹿钟麟和孙岳带领队伍入总统府……张俊声在延庆楼接受看管曹锟任务时，鹿钟麟对他交代说："要好好看管，别让他跑了。"他又说："可是有一层，看管是看管，要好好招待，不要有失礼的地方。"

　　张俊声把守护任务安排好之后，就去见曹锟，一是想了解一下他的情绪，以便向上司回报；一是想同他接近些，以便显示不失礼。

曹锟明白了来人的身份，勃然大怒，他立起身来，大喊大叫地说："告诉你们检阅使，他这样对待我是不讲道德、不讲人情的。他对不起我！他冯玉祥与吴子玉不和，怎么能迁怒于我，他为什么要那样做呢？"

张俊声态度谦和地说："总统不要生气，检阅使对总统还是十分关心的。"

"那好，我叫他来见我。"曹锟还是气呼呼地说，"要么，我就去见他！"

张说："请总统暂时委屈一下，检阅使太忙，他要我好好伺候总统，劝说总统不必着急，改日他一定来看望您。"曹锟把身背过去，再不同他说话。

曹锟在延庆楼被囚不久，他的太太们便知道了，一个一个赶来要见他。张俊声不敢作主，便往上报。旅长鹿钟麟思索着，说："见是应该让她们见的，只是曹锟的太太太多，我们又不全认识，设或有人混进来闹事怎么办？"于是，鹿又请示冯玉祥，冯说："让她们见吧，可以在一起吃饭、谈谈心，也可以打打牌。只要汽车不开进中南海，你们就多加强点防护，不会出大事。"

曹锟的太太们便朝朝出出进进。后来，老四曹锐也还偷偷地搬了进来，住在里边。

冯玉祥囚禁曹锟，除了政治目的和军事目的之外，还有经济目的——想从总统府里或曹家弄一笔钱，把军队的薪饷先发上。可是，财政部却空空如洗；有点油水的银行，也大多让吴佩孚给榨空了。现在，唯一的希望，是寄托在曹锟的私产上了，他们认为"曹锟能拿出几百万买总统，肯定说还得有上千万作后盾！"于是，便把目光放在老四曹锐身上。

一天，鹿钟麟派陈继淹、李向寅两个助手在张俊声引导下来到延庆楼。曹锟正坐在椅子打盹，一见人来，却故意把眼闭得死死的。"大总统，"张俊声说，"旅长奉检阅使的命，特来见见您。""见我干什么？我不见！"曹锟赌气了。

此时，陈李二位已来到面前，便说："我们是来看望总统的。""看什么？"曹锟还是赌气。"是不是看我死没有死？告诉你们检阅使，他反我的目的就是要处死我，干脆他派人把我杀了就完了，杀了我他就放心了。"

"检阅使没有这个意思，"陈李二人说，"他只想请四爷去谈谈。""请他干什么？"曹锟一听说冯玉祥要见曹锐，气上加怒。说："有事对我谈吧！

他有病,去不了。"

张俊声一旁也说:"各方面对四爷的风声不好,请四爷和冯检阅使当面说说,只会有好处的,绝对没有别的意思。"

曹锟陡然站起,把眼一瞪说:"我兄弟陪我住在这里,是尽手足之情,有罪我一个人担当,完全与他无干!"

大家见曹锟态度坚决,又一起劝道:"总统不要误会了,谈谈就回来啦!"

曹锟不再说话。

陈继续说:"四爷不去,叫我们回去怎么交代呢?"

这时,曹锐由里屋走出来,说:"我是曹锐,各位的来意,我在屋里全听清楚了。我拿点东西,咱们就走。"曹锐转回屋里,穿上大衣,一同外出上车。车到鹿的旅部,又转至旃檀寺,等待冯玉祥接见他。

由于军情紧急,只好先把曹锐安排在一间只有一副床板的空屋子里。张俊声令人找来桌椅痰盂,就和其他人一起暂去了。等有人再到这个屋子里时,发现曹锐已经服毒,便急急送往协和医院抢救。

抢救无效,死了——一个曾经因为搜刮民财不知逼死多少人命的曹锐,落了一个应得的下场。

军阀混战时期,形势瞬息万变,到了1925年春天,冯玉祥宣布下野了,鹿钟麟部撤出北京的时候,曹锟获得了自由。

就在这一天,张作霖派他的儿子张学良,在张宗昌、李景林、王坦等陪下来到延庆楼。

张学良见了曹锟,便一头跪倒,说:"三大爷,我给您老赔不是来了。我爸爸说对不起您。我们一定拥护您复大位,大总统还是您的。"

曹锟冷笑着,摇摇头。"我老了,不能干了,德薄能鲜,以后国家大事要靠你们年轻人了。"

张学良跪地不起,说:"我爸爸说了,您老尽管复位,做您的大总统,有他老在旁边站着,看谁敢说什么。"

李景林也说:"我们一致拥护您,您尽管放心,谁不听话也不行。"

曹锟依然狠狠地摇头,说:"一年多,我什么事也没办。你们看,我还能当总统?"

张学良跪着朝他面前移一步,说:"三大爷,您老别说了,再说别的,就是不原谅我们了。"

王坦算是曹锟的心腹之一，当年收买国会议员就是他的功劳，他对曹锟说："别这样想了，亲戚朋友会吵嘴，兄弟手足会吵嘴，父子有时也会吵嘴，夫妻吵嘴的时候更多。这都算不了什么，过去的事就都不要提了。"会见的场合冷清了，谁也不再说话。

张学良告辞出了延庆楼之后，对王坦说："养怡（王坦字养怡），你明天再来跟三爷说说，咱们一定就这么办了。"

王坦点点头，心里想，这事好办。当初拿出白花花的银元买总统还怕买不到，今天有人给了，还能不收。于是，便说："好吧，一切包在我身上。"

第二天，王坦一大早就来到延庆楼。曹锟果然不是昨天的态度，一见王坦，就说："张学良这小子，说的话靠得住么？"

王坦说："靠得住，没问题。这是张作霖叫他来的，这我都知道。"在这之前，王坦曾经去过东北两趟，张作霖向他表明过态度，所以他敢于说肯定的话。

曹锟叹息一声，默默地点点头。

曹锟是不甘心就此下台的，张作霖给了他个梯子，他便决定再上！于是，他一方面派王坦到武汉去见吴佩孚，想争取他一如既往，还来支持他；一方面要公府秘书张迁谔偷偷地发出通电，告诉各省说："冯部已经撤离京师，北京安静如常"，用意是希望各省拥护他恢复总统职位。曹锟还存有信心，觉得自己的总统还没当够瘾，还得再当一段。

通电发出之后，一连几天，没有丝毫反应。曹锟有点纳闷："邮电早已通畅无阻了，难道各省均收不到我的通电？"他哪里知道，经过这场动乱，各省头头们都在观望，一时还看不清鹿死谁手。再说，大家也都想看看吴佩孚的态度。因为，谁都知道，这些年直系的实力其实是握在吴佩孚手里的。

那么，吴佩孚对曹锟态度如何呢？这就得说说王坦的汉口之行了——

战乱频仍，交通也破坏得不堪一提了。王坦北京动身，坐一段火车，骑一段毛驴，再坐一段火车，有时还要坐一段大板车，费尽千辛万苦，走了七天七夜，总算到了武汉。

吴佩孚一见王坦到了，心里就明白七八分。笑着说："炮手来了。这一段，没把你这土蛋砸碎呀？"

王坦笑了。"砸不碎。不但没有砸碎，还磨成铁的了。"

吴佩孚望望他，说："你来一趟也不容易，想干点什么事，只管直说。"

"干什么都可以。"王坦说，"不过，这倒不忙，我想，还是先把总统的事办停当了，再说说我个人的事。"王坦把拥曹复位以及张作霖已经答应拥曹的话说了一遍，问吴佩孚："玉帅，您看如何？"还不待他说话，王坦又说："各方面问题都不大，现在只看玉帅的态度如何了？所以，大总统让我……"

吴佩孚冷冷地"嘿"了一声，半天才说："你这种想法和做法，都是应当的。不过，恐怕难以实现。""为什么？"王坦急问。

吴佩孚说："我自山海关下来，一到汉口，就打出通电护宪，人家都不理，怎么能再提呢？三爷这个人你不是不清楚：在前台，他是唱不好的。我看还是请他在后台待待吧。等我把大局奠定之后，咱们再商量。"

王坦还想再争取，忙说："今非昔比了，现在同玉帅在山海关下来的时候不一样了，盱衡大局，还是得咱们说了算。大家还是唯玉帅马首是瞻。"

吴佩孚狠狠地摇头，说："咳，莫要再提了，俗话说得好：'好马不吃回头草''兵不再役'！我看，还是放下这件事吧！"

王坦看到吴佩孚态度很坚决，便不再坚持。但是，他是受曹锟所托，曹锟能否东山再起，他们这一伙失散的猢狲有没有大树再靠？全看吴子玉的可否了。所以，他不能死心，他还想找人共同努力。王坦去找吴景濂。这个前国会大头议长晃着脑袋说："不要提这件事了。我曾和吴子玉谈过，他对恢复总统的事不是一般地冷淡，而是直截了当地不答应。听说他也和一些人议论过，绝对不再拥曹！"

"吴子玉究竟为什么这样反常？"王坦问吴景濂，"这太出人意料了。"

"没有什么反常。"吴大头说，"只不过他头上不愿再戴一顶帽子罢了。"

王坦又去找熊炳琦，这个曹锟麾下的老师长也说："前途暗淡呀！"他那唉声叹气的悲观劲儿，比吴景濂还厉害。

王坦泄气了。他急急忙忙返回北京，又急急忙忙去见曹锟。"此行如何？"曹锟迫不及待地问。王坦说："凶多吉少！"

"怎么说？"曹锟心里一沉。

"冯玉祥没有反了你，吴佩孚可真反了你了！"曹锟愕然了。忙问："他说了些什么？"

王坦将在武汉见吴佩孚的情形说了个详详细细，最后，只深深地叹了一声气。

曹锟听了之后，愣了片刻，像是替自己解嘲又像是安慰王坦似的，说："子玉不会不相信你，也不会不相信我。我早就想到，他会怀疑张作霖对我这样卑躬下气，是不是不怀好意？这也不用怪他。先不用说了，你好好休息休息吧。"

事情就这样该结束的都结束了，曹锟也偷偷地离开北京回到保定。其间有谣传，说曹锟又委托清末状元刘春霖去过汉口，还是同吴佩孚商量他复位的事，也没有得到吴的同意。曹锟再无希望了，不得不于1926年5月向全国通电下野。

曹锟下野之后，曾去开封投奔吴佩孚。但是，他只能作为吴佩孚的食客，每天到大相国寺转转。1927年2月，北伐军攻击河南时，他又逃回天津闲居。此时的曹锟，总算大彻大悟了，他开始相信佛家的"空"字，不仅加入了居士林，还几乎倾了残家重金买了一尊金佛放在天津大悲院中，又请高手画一幅《圣迹图》，天天朝拜。在他身边的四姨太刘凤威，也相信佛学，常常陪着丈夫去朝佛拜庙。她生病时，还派其二姐到浙江普陀山、山西五台山去替她朝拜，求佛保佑她和丈夫平安无事。

1938年5月17日，曹锟病死在天津。后来，国民政府追授他为陆军一级上将。

在北半个中国兴风作风浪几十年的直系军阀，就这样自生自灭了！然而，作为军阀混战时期的一个显赫的人物——吴佩孚，他却没有因为直系消灭而自灭了。以后许多年，他像游魂般地在中国的西南、西北地区游动，还有能力卷起腥风浊浪。

冯玉祥很想展一展他救国救民的宏图，他看透了中国落后的根源在于封建统治，在官僚的腐败。他认为，只要"军不成阀，阀不代阀"，中国就可以"永绝将来隐患之祸胎，确定健全民治之基础"。曹吴被推翻了，他舒了一口闷气，心想："这样，便可使国人知武力之不足恃，开根本改造之新机，为全国统一之先导，定邦国永久之大计，期以此次政治改革，完成历年来改革未竟之事业，解决历年纠纷之根本。"他曾经十分认真地思索过，他主张"速开和平统一会议，将一切未解决的问题悉数提出，共同讨论，期得最良结果，实力奉行，以免内争，以安邦本"。他的这些见解和设想，都在他班师回京的通电中作了最明确的表述。

冯玉祥的这些思想，与孙中山的学说十分相近。所以，他也十分明智地看到，实现这个愿望，决非那些腐败的军阀、官僚、政客所能做到。只有把孙中山先生请来主持一切，才能打开这个局面。然而，冯玉祥毕竟还是有动摇性的，为了一时的权宜之计，他错误地决定请段祺瑞出来主政。人所共知：段祺瑞的思想和孙中山的思想是不一致的，这便给中国动荡中的局势增加了新的动荡因素——埋下了一条深深的冯段决裂的暗沟！

冯玉祥进北京碰到的另一个头痛的事，是张作霖变脸。张作霖本来答应这场战争结束后，奉军决不进入关内的。那时候，直奉胜负未卜，张作霖勉为应付局面；一旦打败了吴佩孚，张作霖眼看着数省地盘唾手可得，往日的诺言自然也就成了空话。这样，冯张之间又产生产了矛盾。两大矛盾合而为一，便成了冯与段、张之间的矛盾。这就使得冯玉祥日益陷于孤立！他兴奋的情绪，也就立即冷却下来。

——曹锟被囚之后，黄郛组阁，处理过渡时期一切事宜。冯玉祥为了表示自己的"大公无私"，他和胡景翼、孙岳均不参加内阁。连连发出通电，慷慨陈词，一片苦心。然而，由于诸多矛盾，他那美好的设想，怎么能实现呢？

黄郛内阁成立后，冯玉祥也想极尽其力，做了一些实际工作。比如取消清朝旧制官署的步兵统领衙门，设北京警备司令部；修改清室优待条件；驱逐小皇帝出宫；向新内阁提出五条施政建议；等等。他哪里知道，就在他积极推行新政时，段祺瑞早开展了私下活动，并且段在天津先后收到苏、皖、赣、浙、闽、湘、鄂、川、陕、豫等省督军拥戴他出山的电报。段祺瑞便在孙中山未到北京之前就在天津召集会议，研究收拾大局问题。就在那样的会议上，皖系早已败北的骨干卢永祥、吴光新，还有奉系骨干杨宇霆联合起来排挤冯玉祥。冯玉祥陷入了忧郁之中。

孙岳到天津见到他，心事沉沉地说："检阅使，形势不对头呀！你看到了么？"冯玉祥点点头。

"他们已经决定了，要组织临时执政府，由段合肥任执政。执政府设置国务总理，连国务会议也由执政府主持……""别说了，我全知道。""为什么不抵制？"

冯玉祥摇摇头——他心里有苦衷呀！段祺瑞是他请出来的，他信任他才请他。现在，无论他在做什么，他都无法反对，怎么办？否则，人家不说他冯玉祥出尔反尔么？冯玉祥无可奈何地说："相信合肥会公正处事的。咱们不能让别人说咱们也热衷于个人利害之争。"

有一天，段祺瑞请冯玉祥对内阁人选问题提出意见。冯说："大家看着办吧。只要大家觉得合适，我就没有意见。"冯玉祥对于组阁，已经表现得心灰意冷了。

最令冯玉祥心烦的是，张作霖不仅背信弃义占据关内地盘不放，并且在天津首先收编了直系主力之一——二十三师，师长王承斌这个政变的重要人物竟然落荒逃到租界。冯玉祥去质问段祺瑞，段祺瑞是当初从中作保奉军入关的，现在，段祺瑞却推卸责任，不愿再说话。冯玉祥生气了："这么说，我就退出去，什么也不问了！"

这样，正中了段、张的合谋。不久，一方面奉军继续进军津浦，京津两路沿线，企图乘胜席卷关内，一方面我通过会议，作出了如下决议：

一、奉军在津浦线进至德州为止；

二、对东南不用兵；

三、对吴佩孚准许其和平下野，不下通缉令；

四、召开全国政治会议，讨论组织政府和一切善后问题。

这几项决议虽属段执政独断决定，张作霖对一二两项还是极为不满意的。他借口要为卢永祥出一口气，必须取得江苏，同时保荐段祺瑞的内弟吴光新为安徽督理。在段祺瑞的默许下，惨败的浙江督军卢永祥率领张宗昌、吴光新两部长驱南下，进攻江苏。

在各种形势对冯玉祥都极不利的情况下，冯于1924年11月25日向段祺瑞提出辞呈，发出下野通电。

段祺瑞老奸巨猾，为了分化冯玉祥与孙中山的关系，他决心把冯拉到自己身边。于是，亲自上门，一再挽留，并把察哈尔、绥远和京兆作为冯玉祥国民一军的地盘，并准其将所部扩编为六师、三旅。冯玉祥几经考虑，出于"要有自己地盘"的念头，接受了段祺瑞的安排，乃于1925年1月悄然去了张家口，开始了履行他西北边防督办开发西北的计划。

孙中山北上之后，尚未就理大事，即在北京病逝。因而，冯孙当初对政局所有相同的见解、措施，不得不付诸东流！这里，有一个至关重要的插曲要提一下：

在冯玉祥通电下野由天津回到北京的时候，他的部下岳维俊、邓宝珊去见他。时正值冯部胡景翼和奉张的李济臣在彰德打得激烈。冯对岳邓说："你们赶快派兵增援彰德，否则，恐胡部有闪失。"岳邓都说："那方面的事情小，我们对此还有更大的责任。""何事？"冯问。

"趁着张作霖父子住在北京，今天晚上我们就预备动手，把他们捉住枪决！"

"这万万使不得。"冯玉祥坚决地摆手，"只顾一时的快意，势必引起极大的混乱。你们切不可那样做！"

岳邓坚持要干，冯再三劝阻，终于未发生意外。

冯玉祥下野隐居到西北荒漠去了，一方面他是鉴于形势复杂，颇有难于应付之苦，不如暂避一时，从旁看一看局势的发展变化；另一方面，也是主要的方面，在权力地位问题上，冯既不愿直接提出自己的要求，故不得不有此消极的表示。到了1926年，冯玉祥在五原誓师时对于北京改变这段历史作了这样的回顾：

> ……因为我对革命只有笼统的观念，没有明确的主张；革命的意义，革命的方法，在从前我都没有考虑，所以只有一二点改革式的革命，而没有彻底的作法。我也赤裸裸地说出来，好让国人知道我作的忽而是革命，忽而又不像革命，其缘故到底是怎么回来。就革命的观点来说，若说是中国革命者，是一个中山主义者，我都不配；至于马克思主义、列宁主义与世界革命的话，更是说不上了。不意当时有人说我赤化了，现在看起来真是惭愧。

第十六章

败逃四川

　　吴佩孚回到洛阳，神魂未定，便忙着去查阅自己的队伍。他失望了，他的总部及败残卫队总计不足千人，所有的随员都叹息了……

　　吴佩孚在他的直鲁豫巡阅使署故作乐观地对随员说："大家都要振作起来，我还是巡阅使么，我还没有一败涂地！河南还是我的，我坚信湖北的萧耀南、湖南的赵恒惕、陕西的刘镇华，还有甘肃的陆洪涛，他们是会拥护我的，我会东山再起！"

　　吴佩孚把形势估计得太乐观了。其实，他在洛阳尚未站稳足跟，胡景翼便率国民二军回师豫北，准备渡过黄河，扫荡吴佩孚的残余势力，进而统一河南。国民三军的一个旅也由河北进开封，以配合二军行动。尤为严峻的是，陕西省督军兼省长刘镇华，却派他的三十五师师长憨玉琨率部出潼关，进击豫西，企图抢据中原，统一豫陕于自己掌握之中。吴佩孚得知这些情况，破口大骂："当初你刘镇嵩（刘镇华的军队叫镇嵩军）凭什么镇嵩？我不拉扯你，你哪里来的队伍？"他只管大怒，他哪里知道，当他在山海关败北的时候，段祺瑞已经做了刘镇华的工作，冯玉祥一进北京，刘镇华就发出了"拥护政变"的通电。不光刘镇华发了通电，湖北的萧耀南也同时倒向了北京，只是游荡中的吴佩孚没有得到消息罢了。

　　恼怒了半天，他命人"立即给刘镇华发电报，问他为什么要把军队开到我的院子里来了？要他速速退回去！"电报发得快，回得也快，只在几个小时之后，刘镇华给他复了九个字的电报，说："为了帮大帅安定河南。"吴佩孚觉得事态严重了，他拿着陕西来的电报，只管坐在那里喘粗气。

多年来，吴佩孚一直处在角逐的激流中，见惯了翻云覆雨的伎俩，他自己也是这方面的高手，当然很快便识透了刘镇华的阴谋。识透归识透，怎奈新败之余，势塞力穷，阻卡既无实力，空喊也不济事。这时，吴佩孚才真的感到山穷水尽了。"我不能在此坐以待毙，刘镇华会把我捉住送给冯玉祥作见面礼的。"吴佩孚这么想，便收拾收拾残兵败将，仓卒登上火车，离开洛阳。

憨玉琨尾随进了洛阳，接着又追至郑州。刘镇华认为逐吴的任务已经完成，中州随手可得，便命憨不再追赶。

吴佩孚急急忙忙来到郑州，本来想小住一下，同他的爱将张福来会会。如今，张福来已是河南督军，还能不厚待"恩师"？可是，张福来奉命随他进兵山海关，至今尚不知兵在何方，郑州只有省长李济臣任着留守司令。吴佩孚知道这位李留守司令不是憨玉琨的对手，自己在郑州停留，会给他们带来麻烦；再说，李济臣并非自己亲信，怕他在患难之中捣自己的蛋。于是，他只跟河南督署的参谋长、留守副司李炳之作了短暂的接触，并拉着李炳之一起下汉口。此时的吴佩孚不仅是丧家之犬，更是惊弓之鸟！此去汉口，萧耀南是冷是热？他说不清楚。他想让李炳之做说客去游说萧。因为在清皇室未灭前，李曾任过军谘府的科长，而萧却是科员，彼此情感素睦，说不定有作用。

吴佩孚郑州南下时，正是隆冬，旷野萧疏，树木枯萎，无际的茫茫黄土地，连一枝绿叶也看不见了；几只乌鸦在空旷的蓝天下飞翔，也显得有气无力！列车奔腾着，吴佩孚的思绪翻腾着，他固执地想："难道我吴子玉也到了隆冬季节？我成了一株枯树、一只寒鸦、一片连绿叶也生不出的荒漠？"他不服气，他摇头，摇得很振奋。"不，我有潜力，我会东山再起！当春风再度吹绿大地的时候，我依然会'排比花枝满杏园''百般红紫斗芳菲'！"想到这里，吴佩孚似乎有精神了，他展了展业经锁了许多天的眉，挺挺胸脯，站起身来，透窗外眺，仿佛刚刚那飞驰后去的凄凉统统都不见了，映入眼帘的，尽是"城下烟波春拍岸""杨柳千条尽向西"！他呼着李炳之的字说："彪臣，来，咱们鏖战一局！"

李炳之见吴佩孚一扫面上的阴霾，为之一振："难道他有锦囊妙计？"

李炳之是了解吴佩孚的，在任何困难情况下，他都会很自信地说："别人都说无有办法，我偏说'吴'有办法！"李想："难道吴子玉真会有绝处逢生、柳暗花明的办法么？"他微微一笑，说："好，鏖战一番。也算苦中求乐吧。"

"这是什么话？"吴佩孚有点扫兴地说，"怎么叫'苦中求乐'呢？冬天毕竟不是永恒的，噩梦醒来是早晨么！一局失利怎么能说成一败涂地呢？来，厮杀！"

李炳之笑了，"好，看我怎么样吃掉大帅的大'帅'！"

"此话说得过早了，鹿死谁手，还得出水见分晓。"说着，二人摆下棋盘，揭开了战幕。

不过，吴佩孚毕竟不是"八方风雨会中州"的时候，一边仓促地对阵，竟一边想到萧耀南："这个萧耀南……"

萧耀南，应该说是吴佩孚一手提拔起来的。五年前，吴佩孚以援助湖北督军王占元抗击湘军为名派萧进入湖北，萧依靠镇压湖北自治军，并把湘军赶回湖南，从王占元手里夺回湖北督军这把交椅。吴佩孚则是两湖巡阅使，萧既是他的直属下级，又得恩于他，在吴困难时，萧总不至于趁火打劫。吴佩孚和他的残将都这么想。但是，眼下的吴佩孚，业以不是当年头顶两湖巡阅使纱帽的时候，萧会一如既往么？吴佩孚的棋路乱了套，连连失车丢炮，眼睁睁地大势去了。他叹了一声气，改换了语调说："彪臣，前方要到信阳了吧？"李炳之点点头。"是到信阳了。""不走了！""不走了？"

"对。我在这里休息两日，我想请你自己先去汉口走一趟。我在这里等你。"

"去汉口？"李炳之知道吴是想让他去探听一下消息，看看萧是不是"前情不忘"，否则，也请他疏通一下。便马上又改口说："好好，我去见见萧耀南。"

车停信阳，吴佩孚住进了鸡公山。

李炳之匆匆赶到汉口。汉口形势混乱，尚未去见萧耀南，便获得一个惊人信息：萧耀南早已通电拥护段祺瑞出来执政，不仅不欢迎吴到武汉，连一条道也不愿意借给他。李炳之惊讶了："地盘、兵权，也会把人的良心吞没。残酷呀！"

汉口路塞，吴佩孚又不敢在鸡公山久住，便急匆匆绕着小道携随员来到黄州，躲进一艘轮船——他想观望一下形势，看看追兵紧不紧，等等萧耀南还有没有"秋波"再送给他？

黄州地处鄂东北低山丘陵，为秦岭向东的余脉，居长江北岸，三面环水，是一片"好竹连山觉笋香"的地方。吴佩孚没有雅兴游山玩水，也没有观竹的雅兴，他闷在舱中，无聊地翻阅起那部他昔日不愿意看的《红楼梦》——在他印象中，那是一部只谈风花雪月、多是卿卿我我的小说，"那种书，不能安邦治国，不能理军理政，不能上得官场雅堂"。不知从什么时候，贾家的败衰倒是给了他启迪。荣宁两府不也是在京中煊赫一时的么，到头来竟是一片废墟！他觉得这又不是小说，而是最生动、形象的一个家族的兴衰史。他把它带在身边了，无事时翻翻。殊不知一发则不可收，哲理之外，曹雪芹那文采，使吴佩孚佩服得五体投地。茶余饭后，他也轻吟起"花谢花飞飞满天""桃花帘外东风软"之类的妙词。

正是吴佩孚闷读《红楼梦》时，李炳之从汉口回来了。他一见到吴佩孚，便深怀愧疚地喊了声："玉帅……"

吴佩孚放下手中的书，欠身对他表示欢迎，说："不用说了，那里的情况，我全了解。只是辛苦了你了。""我没有想到萧……"

"别再说了，"吴佩孚摇摇手，"没有想到的事还会有，这只能怪咱们自己缺乏远见，缺乏对人的了解，造成用人不当。"停了一下，他又说："今日是元宵节，有人送来一样特别鲜美的食品，咱们一起观灯赏月吧！"

李炳之这才想起来，他从汉口回来时，买回了一千枚元宵，为游荡的大帅助兴。"玉帅不说我倒忘了，我带来了元宵佳品。"说着，命人取来了元宵。

吴佩孚一见白乎乎的元宵，心情豁然开朗。"彪臣，苏胡子曾有赏秋月名句，说：'定知玉兔十分圆，已作霜风九月寒。寄语重门休上钥，夜潮留向月中看。'咱们是赏春月，倒是应该有盎然春意之作。你说呢？"

"大帅骚人，当然会有好诗！"

"好诗都让胡子写尽了。"吴佩孚又扫兴地摇摇头，"不知为什么，今天偏偏我亦到了黄州！"

李炳之顿觉一愣——苏胡子是指的宋代大文学家苏轼。元丰二年（1079年）三月，苏轼被监察御史里行何正臣弹劾"愚弄朝廷，妄自尊大"，八月入御史台狱，十二月释放，贬黄州任副团练使。那是苏轼最狼狈的岁月。今日吴子玉触景生情,自有一番悲感。所以,李炳之马上改换了话题,以解吴佩孚之忧。"玉帅,苏轼当年虽冤贬黄州,但黄州对他十分有情,以致别黄州之后,闻鼓角之声,他还对黄州深恩铭怀,说'他年一叶溯江来,还吹此曲相迎饯'么!""好好,诗兴不足,以酒来补。来人,把美酒端来!"

此时新月冉冉升起,亮如银盘,光洒江面,波起粼粼;水拍着舱壁,发出轻轻的叮咚声。在临窗的客舱里,明烛高照,宾主对饮,数日来的阴霾被扫得一干二净。

吴佩孚举杯欢饮,然后指着桌上新摆的鱼盘说:"各位,你们猜猜,这是一种什么鱼?若是连它的特色也说得出,我便认输,饮一大杯。"

众人看看面前的鱼,自然不乏识家。但是,为了在这一个难得的平静时刻让吴佩孚更欢欣一些,都不愿自作聪明,说:"其形奇特,素为鲜见,还请大帅见教!"

吴佩孚笑了。"这种鱼叫'鳊鱼',只产在黄州。顺水而下不能活,逆水而上也不能活。你们说奇不奇!""奇!太奇了!"

"还有奇处,此鱼通身无刺,多脂肪,其味甚美。是长江美味之一。"大家这才点头称是。"我们有口福了,得谢谢大帅。"

酒过三巡,月已高升,李炳之觉得还有要紧话不能不告诉吴佩孚。于是,附在他耳边说:"玉帅,听说您此番来黄州,道路艰难呀!""闯关斩将哟!"吴说。

"汉口传言,段祺瑞已令杜锡珪跟踪过来,要逮捕玉帅呢。"李炳之说,"风声甚紧,是否早作转移?"

吴佩孚酒兴方起,兴致渐浓,便满不在乎地说:"我自有打算,暂时不必管他。"

"合肥歹毒,不可不防!"

"我了解杜锡珪,想他不至于。"

李炳之恍然明白,吴同杜私谊甚厚,这才淡淡一笑,但他又说:"玉帅,有一个叫兴津良郎的日本人,您可认识他?"

"不就是汉口日本领事馆的那个小个子书记官么?""是他。"

"他做什么?"

"他说日本有一位要人很仰慕吴玉帅,给汉口领事馆来电,嘱其探询玉帅有无东游日本之意。如能赴日,这位要人准备欢迎。"

吴佩孚狠狠地摇摇头，说："去日本？奇谈！我连租界都不入，哪能去日本！"

黄州不是久停之地，吴佩孚偷偷地在萧耀南的沿江戒备中，乘船越过汉口，急急抵达岳州，住在旧部葛豪家中。

直奉二次大战之后，冯玉祥觉察到上了张作霖的当，便派一位叫段其树的顾问到汉口来，想同萧耀南联合，以打开一条重新和吴佩孚和好的路。这位段其树是李炳之的同学，故而先见李，李又邀请萧耀南的卸任参谋长张联棻共商。李、张认为"长江中下游自湘至苏，吴佩孚的潜势力犹在，不如直接联吴。"此时，直系将领张福来、李济臣、靳云鹗、彭寿莘、杨清臣等也都先后来到汉口，但一个个消极颓废，形如散沙，正盼着有个转机。一听冯有意与吴重归和好，自然欢迎。于是，他们频频接触，段其树也频频向冯汇报。最后，冯答应派张之江为自己的代表，直系各将也共商促吴派靳云鹗为代表，相互接触，并以汉口为联络点。萧耀南一见吴佩孚出山有日，便立即对直系各将表示亲近，在汉口大摆宴席，请直系失意将领。他知道李炳之是被吴器重的人物，还特派小轮将李请来，委为顾问。在盛宴上，萧耀南对李炳之说："彪臣兄，你该最了解我，我随曹三爷任参谋长多年，与子玉相知亦深，如真心拒其入鄂，可谓不知羞耻！但是，子玉并未体谅我在汉口维护各位同仁的苦衷。当我正对北京变戏法时，子玉来鄂，无异于揭开我的宝盒。"说着，为了表示诚意，亲自起来给李添了茶，又说："我想拜托老兄去岳州一趟，为我在子玉面前作作解释，并请他一定出山扭转大局。"

李炳之匆匆赶到岳州，把萧耀南的苦心学说一遍，然后说："玉帅，萧也许有他的苦衷，我看可以答应他，先去汉口。"

吴佩孚正由于萧拒他入鄂而恼火，听了李炳之意见，先是摇头。"汉口我是必去的，但不是应他的邀请去作客，我要把他赶出去！"李炳之笑了。"兄弟阋墙，外御其侮！萧耀南毕竟是咱们的人。为了大业，能与冯联合，为什么就容不得一个萧呢？我看，以后对他动动家法也就算了。"

吴佩孚这才又微笑点点头。

军阀们都有个共性，即只认势力不认人。吴佩孚有望东山再起，许多摇摆不定的人都靠了上来，远在浙江的孙传芳也派代表来汉口，安徽的马联甲、四川的刘湘、湖南的赵恒惕以及云南、贵州都先后派代表来到汉口。这些人磋商之后，先联名给冯玉祥发电报，希望冯能发一拥护吴佩孚的通电。

冯的拥吴电报到汉口之后，他们又以萧耀南领衔商就讨贼通电，电文将张作霖、段祺瑞均称为贼。几经研究，结果将段祺瑞头上的"贼"字删去，改成"合肥耄矣"，只集中攻击张作霖。

万事俱备，萧耀南派舰到岳州迎接吴佩孚来汉口，在刘家花园筹组讨贼联军总司令部，除人事安排之外，作出了如下进军计划：

先由浙江孙传芳进攻苏、皖，驱逐杨宇霆和姜登选，待山东张宗昌南援时，由岳维峻指挥河南各军进击豫东鲁南，以抚其背，断张归路，彻底歼灭奉系部队。华北方面，则以冯玉祥之国民一军与由京汉路北上之部队合力解决李景林和张学良等关内部队。

1925 年 10 月，孙传芳首先起兵，吴佩孚立即通电就任讨贼联军总司令之职。

中国土地上，一场大规模的战火又燃起了！孙传芳兵出浙江，连克上海、南京；渡江北上，又克蚌埠。奉系江苏督军杨宇霆、安徽督军姜登选相继溃逃；山东督军张宗昌所派的南援部队，被孙传芳军击溃于任桥、固镇，而后，孙军进驻徐州。

吴佩孚坐镇汉口，心情十分兴奋，他感到一个多姿的春色又呈现在面前，连天空也显得晴朗碧蓝："我吴子玉依然是吴子玉！"

不过，吴佩孚也隐隐感到有些事不顺心。比如，当他掌握了张宗昌率队南下，支援江苏杨宇霆时，曾电令河南督军岳维峻"速向兖州，曹州分道进军，策应孙军"，但岳维峻却按兵不动。吴很生气，立派李炳之去豫督促。

河南督军岳维峻也是一只狡兔，通电拥护吴佩孚讨贼之后，却暗暗地收下段祺瑞八十万银元和子弹两百万发，更加上靳云鹗有三个师屯于汉口附近，他怕他们夺取河南地盘，故而决心扮演两面派的角色。所以，当李炳之来到开封之后，岳只答应派李纪才师向曹州进攻，并提出请吴速派靳云鹗部陈文钊、王为蔚、田维勤三师东下兖（州）徐（州），另请吴速拨薪饷及子弹带千条。

吴佩孚没有办法，只得答应岳的请求。由于他们各怀鬼胎，靳部陈、王、田三师奉命后却趑趄不前，反而要求岳军所派之李纪才师为前锋，他们后援。岳维峻暗吃一惊："靳云鹗是司马昭之心，让我部前锋，他们殿后，岂不仍是想夺我豫地！"于是，他便调蒋世杰师进驻豫南信阳，以防靳云鹗军入豫。

吴佩孚一见岳军不东进而南下，旧恨新仇，油然而生，愤然派寇英杰师进取信阳。怎奈寇英杰不是蒋世杰的对手，厮战半月，不能前进。吴又派刘玉春、宋大霈两旅增援。结果，这两旅反遭袭击，败退鄂境广水。吴佩孚恼羞成怒，另派兵经襄樊、出南阳，击信阳背部。

击奉之战日趋紧张，鄂豫内讧渐渐升级，本来同是友军的靳部三个师忽然调转枪头，猛击岳维峻之李纪才师及蒋世杰师，李师被歼，蒋师投吴，河南最后统归吴佩孚。

平定河南之首功当属靳云鹗，豫督一职，当然非靳莫属。可是，吴佩孚却发布寇英杰为河南督军，只给靳云鹗河南省长一个附属职。

吴佩孚早把山海关之惨败教训丢到脑后去了，他又在忘乎所以、独断专行了。在击奉的节节胜利中，他又记起了冯玉祥对他的发难，他记恨他，恨得切齿。这几天，他曾秘密地和左膀右臂张其锽、齐燮元、张志潭等人商谈组阁的事，其中的一个主要动向，是联奉。"当今中国，北方以奉为主，南方是我的天下，奉张和我挽臂，则天下定矣！"

靳云鹗是视奉张为大敌的。他认为冯玉祥是对的，"如能联冯拥段，使吴段化怨为友，前途大有可为！"吴靳意见有歧，吴遂不用靳。就在此时，早已通电下野的冯玉祥，远去苏联考察了，其部由察哈尔都统张之江负责。张作霖早已撕毁与冯的合约，正在得寸进尺紧逼国民军。张之江感到独树一军困难了，便与住南口的鹿钟麟商量，觉得与其以国民军投奉张，倒不如重归直附吴。遂派员与吴联系归属事宜。此时，吴佩孚却记起山海关之败，望着张之江、鹿钟麟的来函许久默不作声。最后，还是愤然挥笔，在来函上批写"缴械"两字，把张部拒之门外。

1926 年 6 月 28 日，吴佩孚在北京中南海与张作霖进行会晤，并结为金兰之好，双方虽在"拥宪""护法"问题上各怀鬼胎，但对冯用兵之主张则完全一致。于是，本来的一场联冯讨奉大战，一变而为联奉讨冯。次日，吴佩孚即发布对国民军的总攻击令。

靳云鹗以讨贼联军副总司令兼第一军总司令之势陈兵豫冀要冲，控制由彰德到长辛店之间京汉铁路北段。此正是奉张欲得之地，吴的诸多部将也垂涎欲滴。因而，多在吴耳边煽盎，吴终于免了靳云鹗本兼各职，以刘玉春、齐燮元等北上接管。此时，孙传芳在南方态度也变，他本来是持联冯讨奉的决心，见吴佩孚改弦易辙，认敌为友，大为不满；又听得吴对靳处置如此刻薄寡情，遂与吴分裂。

吴佩孚此次北行大事既定，又闻国民革命军行将出师北伐，即任命李济臣为湘鄂边防督办，令其率部入鄂。不久，他自己也离开长辛店南下。

1927年7月，国民革命军再次出师北伐。

义师初兴，湘鄂工农热烈支援，长驱直入，势如破竹，相继攻克衡阳、长沙、岳州，乘胜前进，不久又占领汀泗桥、咸宁。另一支北伐军在城陵矶下游渡过长江，直驱汉阳。

吴佩孚看到革命军来势凶猛，遂将设在武昌的指挥部退到汉口刘家花园，派鄂督陈嘉谋守武昌，令刘玉春师入城增援。

吴佩孚太累了，今天去征别人，明天又被别人征；昨天联段攻张，今天又联张攻段。这么多的事，他怎么能不累呢？吴佩孚不怕累，最怕清闲，山海关一败，他清闲了好几个月，几乎把他闷死了。"我孚威大将军要驰骋疆场，做寓公算什么？"他联张反段意夺天下，他不同意曹老三再当总统，他想自己当。梦，很美很美的梦！革命军北上，势如破竹，吴佩孚的美梦破灭了，追念往昔，四顾苍茫。他忽然想起了孙传芳："只有他，才能势镇东南！"可是，由于前几日的联张反冯，孙传芳早已表示不与他合作了。所以，吴佩孚只好顺着滚滚长江，眺望东南，发出声声叹息！后来，他想到了刚刚从汉口离去的孙传芳的代表蒋方震，他精神震了一下："何不请他来汉口一趟，商讨再与孙重修旧好。"想到这个人，立即发出一封急电，说了许多"有情"的话。

蒋的回电也很迅速。电文大意是：吾乃讨贼联军总司令部之参谋长，现在你既与贼合作，要我何用？

吴佩孚接电，深受刺激，一连数日，郁郁不乐。后来，大约是穷途末路了，又经张其锽派代表周予觉去南京，促孙出师援鄂。孙传芳衡量再三，觉得吴佩孚阴晴不定，出尔反尔，是个不可交的人，且再无力兴旺了，决定不再为之助臂；又见周予觉趾高气扬，大有训示之态，心甚不悦，便说："你们吴大帅不是联合张作霖了么，为什么不请奉军援鄂呢？"

"玉帅高瞻远瞩，他想这样做，那一定是有英明处的。""这么说，你是来执行一项英明决策的了？""可以这么说吧！"

孙传芳见他如此傲慢，一股怒火油生。他欠身站起，用一种外柔内刚的口气说："我很敬佩你们玉帅的远见，要到阴曹地府去了，还雄风不倒。

你也是一位好汉，棺材都放到面前了，还大谈其刚勇。佩服！""你什么意思？"周予觉不解地问。

"意思很明白，给你这位勇士一个立功的机会，派你去为你们的大帅探探死路该怎么走。"他转身喊："来人！"两个武装整齐的士兵进来。

孙传芳一挥手，说："把他拉出去毙了！"

"孙传芳……孙传芳……"周予觉喊叫着被拖了出去。一声枪响，他倒在庭院之中。

吴佩孚不知他的代表已被孙传芳枪杀了，由于盼救兵心急，又派翟殿林去南京。

翟和孙传芳是同学，又为贫贱之交，觉得此行必有佳音。可是，他忘了孙传芳是个见奶才认娘的人。孙一见翟便开门见山地问："你来找我有什么事？"

翟说："吴大帅叫我来，请你想个办法。"孙说："是安排一下你的职务？""不是。"

"那是为什么？"

"自然是解救两湖之困。"

"我管不着。你爱怎么汇报都可以。""馨远，你犯不着对我发脾气啊！""你哪天走？"

"哪天都可以。"

……

南京之望成了泡影，武昌很快被困。

吴佩孚饥不择食，派师长刘佐龙率部抗击，并任命刘为湖北省省长。刘见局势危殆，辞不受命。同时，刘在背后说："吴帅如能重用靳云鹗，我们还能合作干一场。我自己，是不能再干了。"吴佩孚不仅不答应复靳云鹗职，还将靳在河南的嫡系部队阎曰仁、高汝桐两师南调，去抗击革命军。只是这两个师东开新店，即不再行进，一致要求"请靳下山！"迫不得已，吴佩孚才下令恢复靳云鹗副总令兼前敌总指挥职。隔日，吴又发表靳云鹗兼任汉口警备司令，阎曰仁任汉阳警备司令，高汝桐任武昌警备司令的命令。

吴佩孚毕竟不是四年前"八方风雨会中州"的时候；他能指挥的军队，也不是能打善战、一往直前的部队了。9月7日，汉阳近郊展开激战，深夜，一个参谋匆匆告吴，"靳云鹗变了，正与他的部队刘佐龙一起反戈。"语未了，炮弹击进总司令部。

9月8日，北伐军占领汉阳。汉口市街遍贴安民告示，北伐军委派刘佐龙为汉口公安总司令，汉口警察局长亦为直系中人物张慕楷。武汉，吴佩孚再无立足之地，他只好匆匆北撤，9月10日抵信阳，9月17日抵郑州。

此时，冯玉祥已从苏联回国，在五原誓师，自任国民联军总司令，兴师首举，便是兵出潼关，取洛阳，迫吴垮台；而张宗昌亦派直鲁联军南下，意在援助孙传芳进攻北伐军；靳云鹗在豫南自任河南保卫军总司令，即派师长高汝桐反攻郑州。吴佩孚只好逃出郑州潜往巩县，住进兵工厂。

此时，吴佩孚意境萧索，孤立无援，又值他五十三岁寿辰，而天不作美，细雨霏霏，冷风落叶，吴佩孚面对着这三两随员为他准备的寿宴，如泣如诉地写下了如下诗句：

> 民国军人皆紫袍，为何不与民分劳？
> 玉杯饮尽千家血，红烛烧残万姓膏。
> 天落泪时人落泪，歌声高处哭声高。
> 逢人都道民生苦，苦害生灵是尔曹。

吴在浩气丧尽，兵马无几的情况下，决定离开巩县经南阳去四川，去投靠他以为对他还情厚的于学忠、徐寿椿等人。此时，冯玉祥派方振武部及新委之三十八军张联升部追击，不许吴渡汉水。张亦派旅长王宗荃截击吴。吴佩孚眼睁睁就无路可走！幸好，张联升、王宗荃对吴怀有好感，故意为他闪开一条去路，吴才得携其眷属及卫兵冲出封锁线，直奔四川。

第十七章

西南匆匆

　　汉水险渡，惊魂未定。吴佩孚率领他的残兵败将，匆匆西南行，及至南漳，已是暮色苍茫，鸟雀归巢，千家万户冒出缕缕炊烟之时。在这个鄂西北的小县城住下，吴佩孚望望长空，深深地叹了一声气："我吴子玉此番迫渡汉水，却似当年曹孟德险渡华容道一般，若非张王二将施恩，只怕连性命也不保了！"他对张联升、王宗荃产生了莫大的感激之情。

　　晚上，他只草草进了点食，便闭起门来，躺倒床上，想好好睡一觉。他太累了，累得脑晕，累得背酸，累得两腿像抽去了骨骼。早晨过襄阳城时，他几乎连马也上不去了，真想躺在地上睡一会。可是，现在，当他惊魂稍定之际，他的困倦却完全消失了。好像他刚刚做了一场噩梦，回忆着梦中的险情，还在激烈的心跳中。然而，那梦却又是那么渺茫，那么遥远！唯其历历在目的，是他的心爱将领、力主联奉讨冯的激进助手张其锃在强渡汉水的混战中死了，他连他的遗体也不曾看一眼，便把他丢在荒郊。他觉得太对不起张，他跟随他许多年，对他很有帮助，他想重重地赏赐他，尚未来得及，他就去了，而且是在他最艰难的时刻去的。抚今思昔，吴佩孚猛然产生了怀念和忏悔之情。"哎呀！多少好人，竟不能相依到终。战争太无情了！"他忽然又想起了国民二军的蒋世杰，想起了河南督军岳维峻。"当初，那蒋世杰守信阳，虽给我增加重大困难，但我敬服他是一个智勇双全的将领——我手下若有一个蒋世杰，也不至于败得如此惨！"

岳维峻，该算吴佩孚劲敌。当初吴佩孚重返洛阳时，有意招降他，他却决心拒吴于豫外。吴离开洛阳逃匿时，有人说岳被红枪会杀了，他反而惋惜起来。现在，他依然觉得这个人不该死，这个人是一个难得的将领！

吴佩孚就地踱着缓缓的脚步，垂首叹息。

夜幕降临了，有人点上蜡烛。问："大帅，你的晚餐怎么用？""不用了。"他摆摆手。"已经准备好了。""不用了。"

"是否和夫人共餐？"

"不用了，不用了！难道你没有听清楚？""是，不用了。"

侍人走后，他又陷入了沉思："明天，明天我将何往？"思索许久，他终于作出了入川的决定："河南，无家可归；两湖不是久居之地，唯有入川，或可东山再起——"深夜，吴佩孚把他身边仅有的亲信找来，磋商起入川大计……

四川，吴佩孚对它是怀有较厚感情的；患难之中，他对它同样抱有期望和寄托。时间虽遥远，却清晰不忘：早在1916年，袁世凯帝制自为，妄图征服四川，吴佩孚曾随曹锟率兵入川，与护国军战于川东南。对川，他也算得老马识途了。吴佩孚雄踞洛阳时，又连续对川用兵，支持了四川一大批土匪、流氓、军阀、地头蛇扩张势力，占领地盘。因之与一批人结下了良好的情谊。吴佩孚暗自盘算："现在在四川掌握军政大权的，哪一个不得到过我的恩惠，他们的官职大多是我委任的呢！"他屈起指头，一个一个地算下去：四川善后督办刘湘，如今还兼着川康边防督办；川军第二军军长杨森，不仅督理着四川军务，还是大权在握的四川省长；四川督军刘存厚，还是川陕边防督办；另一个省长邓锡侯，是四川清乡督办；军务会办田颂尧、清乡会办刘文辉……"他们哪一个不是受恩于我！"他又想起了经他协请授勋的将军，除上述各位之外，还有赖心辉、潘文华、唐式遵、王陵基、王缵绪、周道刚、尹昌衡、陈国栋等等。"他们谁能忘了我！"是的，吴佩孚有势时，他一个示意，便会使受他赏识的人顷刻腾达起来，谁敢不对他奉命唯谨！他特别对杨森寄予厚望："四川的朋友都翻了脸，只要还有一个杨森，他也会怜而王我！"想到四川的这些人物，几天来笼罩在吴佩孚心头的愁绪竟一扫而光。连南漳小城，突然间也阴霾尽散，一片明媚起来。他急忙命人备佳肴，要在这里同同僚们痛饮一场。

"明天咱们就要动身赴川了，今晚好好欢宴一场。"他走进内室对夫人张佩兰说："我已着人去请各位将领。你今晚也别回避了，咱们共饮。"

夫人慢闪了一下略微下陷的双眸，颇为呆痴地点点头。许多天来，她也累了。已经年近五十的张佩兰，本来发胖的体型，开始了浮肿式的膨胀，尤为突出的，是那便便大腹，她成了"圆"人，成了行动十分不方便的女人。张佩兰的心态变形更甚，二十几年，她风光过，风光得使许多女人垂涎三尺，都要仰起面来看她。她不能平静的是"太动荡了！为什么不能在一个地方平静住下去，永远不动迁？"她不习惯洛阳的气候，她觉得热天的时间太长了，热得叫人透不过气来，不如她出生的长春好。后来，她在洛阳住了许多年，却又恋上了洛阳。深宅大院，几乎与风雨间隔起来：热天有人打扇子，冷天——她最怕洛阳的冷天。洛阳的冷天虽然没有长春那么长，也冷得没有那么厉害，可她就是怕。什么原因呢？洛阳人没有用炕的习惯，室内室外几乎同样冷；像长春，天冷了烧起炕，不出屋暖乎乎的。就为这，巡阅府专为她的卧室加了火炕，她满意了。张佩兰后来对洛阳有情、情深了，还有一个原因，那就是地方官宦夫人、名流中的女性每每结伴来拜见她，都把她说成是"名门闺秀""女中豪杰"或"女才子"。崇敬她，羡慕地，向她"请教"一切，她俨然成了这片天地里女人中最高大的女人。所以，张佩兰眷恋洛阳，她不想离开洛阳。不想归不想，张佩兰这样的女人是拴在男人腰带上的，男人要走了，她得跟着走。

能来的人都到齐了，一个个疲惫不堪，没精打采。当他们看到张佩兰也在场时，又都神情为之一振：有的振，是因为想到吴佩孚是用家宴在款待患难朋友和下级，有个"亲"的表示；有的振，是因为想到张佩兰此时出现，大有不祥之兆，怕后日凶多吉少；还有人精神之振，是因为猜不透此宴的用心，怕是喝的"送行酒"，告别酒——老天爷，山穷水尽了，往哪里去逃生呢？

7月的南漳，白天虽然暑气很足，每到太阳从汉水西边钻入茫茫的山岭那边去的时候，风还是清凉宜人的；只是，这个闭塞的小小县城，由于增添了上千不知来自何处的大军，显得陡然慌张起来，慌张得连店门也早早地闭上，几乎成了一座死城。

吴佩孚今天情绪反常地平静，他对每一位到场的人都微笑、点头，有时还起身，示意请坐。

宴会没有热烈气氛，人人面上很少笑意，却多冰霜。过去的悲剧，已经是心心相通了，谁也不愿再触这个伤疤。可是，未来怎么办？昔日未曾预料过，仓促逃出又没有商谈的条件，所以，人人心里都是个谜。

酒席开始了，没有人致辞，吴佩孚只向各位抬了抬手，便各自饮尽了第一杯。第二杯酒倒满之后，首先起立说话的，却是夫人张佩兰——这是昔日从来不曾有过的事，她从不问军政事，不表示态度，连应酬场也不到。"一个女人家，本分是理好内。打打闹闹，争争夺夺，用不着女人。"大家也总把她当成"内务总理"看待。许多贴近吴佩孚的人，甚至也说不清这位胖夫人的城府深浅。她站起来了，这本身就有点奇。大家精神颇为震惊了一下，一双双目光都投了过去。

张佩兰端起酒，没有喝又放在面前，操着浓重的东北口音，慢条斯理地说："我本来不该在这个场合说话。有什么话用得着我说呢？不懂打仗，也不会治国。今天在场的各位，多数人我也叫不清名字。我就是这样一个没长没短的女人。现在，咱们的日月困难了，困难到离家出逃。难呀！大伙要觉得我这个女人不多余，还想听我说几句话，我就先请大家喝了这杯酒。喝完了，我说话。要觉得我不该说话，就不喝这杯酒，我马上就退出去！"

这个平时从不见笑脸的女人，几句开场白，使大家惊讶万分，都还以为她是"开展女人外交"，是代表吴大帅说话呢。所以，一齐站起，纷纷说："愿听夫人吩咐！"并且一个个干了面前杯。

吴佩孚的表情变化很大，最初，他有点气怒，几次用责怪的目光望夫人；渐渐地叹气了，渐渐地把眼睛闭上了。他，心情复杂呀！"夫人是不该问政的，兵争权斗，哪里用得着女人？"吴佩孚历来反对夫人外交，反对女人执政，即使老佛爷慈禧，他从来不说她一句好话。现在是特定环境，夫人总还是跟随自己二十多年，共患难过，耳濡目染，近墨者还黑呢，何况她总是旁观者。旁观者常常是最清醒、最理智的。"好吧，听听她怎么说？"

张佩兰见大家还很尊敬她，心里很高兴。待各人饮尽了酒，她也喝了面前杯，然后说了话。

"我不是替老头子说话，我是说我的心里话。照着一家人过日月的话说，咱这个家过散了，碰到天灾人祸，家倾了，荡了产。大家跟着受累了，我心里难过。如今不是出了河南，来到湖北了么，湖北也不是咱的家。老头子说咱去四川。四川是咱的家么？我心里不定。这几年，子玉幸亏有大家帮助，我也跟着沾光。到了今日今时，咱们患难一家，我也不说假话了，我身边还有一点私房，跟大家透个底，我想拿出来，别管是往日的官还是兵，每人赠送一份。想回家种田的，除了路费之外，到家还可买几亩薄田；想经商的，也够开个小铺子；还想再当官从军的呢，寻个高枝也行。你们走了，我就和子玉一起回蓬莱……"

张佩兰的话还没有说完，大家一起站立，齐说："夫人，你这是说的哪里话？难道要我们和大帅分手？"

"不分手怎么办？"张佩兰说，"难道要大家和我一家都走到绝境？"

"即使前方是刀山火海，我们也和大帅、夫人一起去闯！"说着，大家举杯，各自饮尽，又都把酒杯摔得粉碎。"今后若有半点异心，即如此杯！"

吴佩孚听了夫人的言语，怒火冲天，真想拔出枪来杀了她。"在如此困难的情况下，你怎么能赶我的弟兄，拆我的台呢？散不散板是我的事，你做什么主？"后来，他慢慢地想，觉得"夫人如此做，似乎也有道理。前途未卜，与其将来树倒猢狲散，倒不如今日把话揭开，何去何从，一决而定"。这么想，他又觉得夫人"有远见"！于是，面上的浮云消失了，他挺了挺胸，站起来，一边举杯，一边说："夫人见识短浅，说了些不该说的话。其实，我心里最明白：我吴子玉手下的官兵，第一是我的朋友、兄弟，第二才是我的部下。我相信我的兄弟、部下都和我一条心，在平坦的大道上如此，在坎坷的小道上还是如此。我也绝不会亏待任何一位！现在，咱们被逼进险道上来了，这只是险道，绝不是绝道！你们知道我为什么一定要下四川么？"说到这里，他停住了话头，把目光朝着酒桌旁一副副面孔瞧去。

没有人回答。酒席显得严肃而又悲怆——怎么回答呢？是的，人人心里都应该明白"我们为什么要到四川去？"可是，人人又都答不出来"我们为什么非去四川不可？"头脑冷静一点的，大多感到是"被人赶往四川的。"然而，谁又可以这么说呢？故而，吴佩孚出的题只有吴佩孚肚里有答案。

"我实话对各位说吧，咱们到四川去干什么呢？去干大事！去干咱们从来都不曾干过的大事！

"中国乱了，乱得很惨！谁能收拾好这个烂摊子？不行的都不行了，连咱们的老帅也不行。所以，我不赞成他再出来担当大任。告诉大家当前的形势：中国的北方，张作霖要成王了，他的军队改叫安国军，他自封为大元帅。他要以北方为根据地，进而安国有天下。中国的南方，蒋介石也不是孙中山活着时的蒋介石了，他也想当中国的总统，来个天下定于一。我看他不容易！这是中国的南北两大势力，势不两立。

"张蒋两家并无能力一统天下，就是现在他们的地盘，也不是整个中国的版图。请大家想一想：四川不是姓张的，也不是姓蒋的；云南呢，贵州呢，湘南呢，陕西呢？都既不姓张也不姓蒋！我们得叫它们姓'吴'！"说到这里，吴佩孚把酒杯端起来了。"我不是酒后狂言，这是誓言，是宣言！我要以四川为根据地，来它个西南、西北大联合，搞一个川滇黔湘陕五省讨贼联军总司令部。讨谁呢？冯玉祥、蒋介石都在我讨伐之列！"

大家兴奋极了，一起热烈鼓掌。

吴佩孚冷静一下，缓了缓口气，又说："我想，兴师那一天，咱们不仅宣告联军总司令部成立，我还宣布咱们的军队叫'保国军'，我就是保国军大元帅！咱们还要成立西南的政府。在目前情况下，在中国搞它个三足鼎立，有什么不可？搞起来了，谁能奈何我？"

吴佩孚的话终于全说了出来，他的部下虽觉他言之可怕，言过其实，但还是掌声雷动，热烈支持。

吴佩孚从不认为自己是盲目乐观；一败涂地，也不悲观绝望，有时虽然多为空想，他是一定会朝前想几步，免得车到山前真的无路可走。下四川，虽属迫不得已，但他自觉退路很大，他敢于设想成立第三政府，就建立在他的感觉上。从败走的第一天起，他觉得自己统领的队伍几乎覆没了，北洋派却没有覆没，张作霖入了关，扩张了势力，革命军就无法统一中国；只要南北对峙，他吴佩孚就有卷土重来的余地。目前最好的办法，即西入夔门，找一片宁静之所，得一喘息机会，重整旗鼓。也是天作之美，川东夔门、万县一带正是杨森的第二十军。"当初，杨森由川败逃鄂西，是我给他械弹，他才不曾覆没而振旗返川。我不相信今天我败北了，他会前情尽忘？"想到杨森，吴佩孚劲头更足，仿佛他一到川东，杨森便会率部来归，再一号召，八方响应，"我便可以借巴蜀上游高屋建瓴，便可再东出夔巫，重返洛阳，继而北图。"

其实，吴佩孚又想到了与刘存厚、邓锡侯、田颂尧的关系，他觉得他和这些人是袍泽之交，他们都有重兵，都有地区，川东北、川西北是他们的，那里靠近陕甘，"万一中原有鹿可逐，便可以借助他们，进叩秦关，据有西半天下。"说实在话，吴佩孚酒后吐的真言，要在西南建立第三政府，也只是他不得已之后想出的第三步锦囊妙计，是上中下三策中的下策！

南漳未敢久留，稍事整编，吴佩孚便率领残部取道保康、兴山、秭归，奔巴东而去。这鄂西山地，是由武当山、荆山、大巴山、巫山等一系列山脉组成，是中国著名的第二级阶梯的东部边缘，比起江汉平原，那就显得相当高峻了。吴兵所经之道，山涧沟谷深切，峡谷盆地相间，大巴山东段主峰神农架，最高点海拔三千余米，是华中第一高峰，为原始森林区；巫山绵延，长江切巫山而成三峡，溪谷深而峰巅险，许多地方连动物也很少留迹，何况人乎！也算天不灭吴，当他的残兵败将在艰难的险道上正在行进时，却得到一支地头蛇的相助——川鄂毗连的崇山峻岭之中，有一股土匪队伍，领头的叫廖开孝，曾经属川军范绍增统领过，后来流落深山老林，又纠合一伙亡命徒，以拦江行劫为业，横行霸道，无恶不作。闻得吴佩孚败到川境来了，那个廖开孝竟然产生了济困扶危之心，带领部下去迎接吴佩孚。

那廖开孝是个膀大腰粗、满腮胡子的黑脸汉，腰插一真一假两把二十响短枪，军装外衣上束了一条草绳，光着脑袋，敞露着毛茸茸的胸脯，是一个形象、装束都地地道道的江洋大盗。他在一条山谷中堵住了吴佩孚。吴的残兵摆开阵势，要与他决战一场。这廖开孝却把手枪丢给身后的弟兄，独自一人迈着八字步走过来。见此情状，吴佩孚命令"不许开枪"，派一个代表把他接过来。

廖开孝在吴面前站稳，拱起双手，大大咧咧地开了腔："请问哪一位是吴大帅吴子玉？"

吴佩孚一见他这模样，心里就十分厌恶，连眼角也不看，便说："什么事？我已经是一支穷途潦倒的败兵，要钱财，没有；要枪，也只有破的；只有几条命，是完整的。你要怎么办？任你。"

"你觉得我不敢么？"廖开孝说，"打，我不一定打得过你；可是，我有一群比猴子还猴的人马，又熟悉这里的沟沟壑壑，凭你多少人，进来了，就莫想出去。现在，我独自一人过来了，你看是想抢劫你吗？"素闻吴大帅是一个堂堂的儒将，很有些民族气节；今日有难入川，我想济扶他一把。果然他以貌取人，把我廖开孝当成土匪、大盗，那算我看错了人，估错事。告辞！"

吴佩孚一听，觉得此人颇有些侠义。忙走上前去，拱起双手。"我便是吴佩孚，仓促相逢，互不了解，不可不怀预防之心；何况我正在吉凶未卜之中。误解了英雄，吴某赠礼！"

廖开孝也拱起双手，说："这么说，我也怪错你了。请大帅不必与小人计较，我愿率全体弟兄归属大帅麾下。"

吴佩孚十分欣喜，忙拉住廖的手，问个明白，并立即加封："现在，我就委任你为保国军旅长，随我入川。"廖开孝说："大帅入川是何意图？"吴说："先往依杨森，再从长计议。"

"杨森也不是个有心胸的人，四川没有一大度量的人物，都只知争权夺利，依他们依不得。我看，大帅得决心吃掉他们！""朋友相交，互为帮助，子玉入川，不敢妄想。""那好吧，先靠靠他再说。"

在廖开孝的保护下，吴佩孚带着败兵残将，沿江而上，到达白帝城方才住下。

吴佩孚驻兵白帝城，一是想休息整顿，等待散失在豫、鄂的残部归来，一是想试探川军的态度和观望一下东北和南方形势。他不敢再轻举妄动了，万一川不能入，生路将绝！他十分谨慎，连廖开孝他也认真交代要严加防范，他怕廖是某种势力派来的刺探、内奸。

驻戍川东万县的杨森，得到吴佩孚抵川的消息，先是连忙派员携来物资以为接济，并派员为之修缮住所，布置行馆。随后，杨森便亲到白帝城，深致宽慰。这是一次并不称心的宽慰，杨除了宽慰之外，他事一律不谈，便匆匆离去，吴明显地感到了他的回避，甚至冷落；而杨也只想尽尽友谊，还还旧恩，确实还不曾摸清他入川的全部心理。所以，各怀鬼胎，匆匆见匆匆别。在杨之后，川中与吴有旧的军政界各方，先后也送来馈赠，以尽东道主之谊。此时，吴的残兵败将尾随来川的，已有两千余人，部将彭寿莘、王维城两位师长也以商人打扮来到；另获悉，于学忠正在鄂北及汉水流域收拾余部，靳云鹏所有精兵三万已率领往依张宗昌，等待吴以后命令。

吴佩孚感到天下事又有了可为之机，他仍想以北洋为大树，重树旌旗。因而，他派孙武、许震为自己的代表携亲笔信及对时局的意见书分别去见张作霖和张宗昌，说明自己到川以后，旧部拥护，川中袍泽倾诚相助，靳云鹏部也将休息整顿，会同奉鲁夹攻冯玉祥；并告唐生智亦恨冯，愿竭力助靳。等等。不久，他接到张作相、张景惠代表东北各方的信函，愿本合作精神和吴携手战斗。信说：

　　自公到川，颇为系念。接来信，知公在川颇为旧部拥戴，至为
　　欣慰。现在我辈大敌为冯玉祥一人，不速图之，终为后患。幸荐青

（即靳云鹗）攻之于内，湘唐攻之于外，我辈上下会攻，其覆亡可
立而待。公能督率川军，早日出征，则得之也。

吴佩孚捧着东北来信，竟陷入了困惑——东北如此坚定，愿共同首先灭
冯，但为什么又说"靳攻之于内，唐攻之于外"？那么，奉将作何？尤其
使他不安的是，要他早日"督率川军出征"，可川军所来将领，只略表敬意
而已，又率谁的军出征呢？西南实力，还仅仅是一个虚无飘渺的梦！胜
利——只在幻觉之中。他又想到了南方、北方，想到了中国土地上的诸
多"政府"、诸多"元帅"，他感到前途依然充满着荆棘。

第十八章

竹阳缴械

吴佩孚入川，最为震惊的，是任了国民革命军总司令不久的蒋介石。在刚刚结束的国民党第二次全国代表大会上，四十岁的蒋介石当选为中央执行委员会常务委员会主席，独霸中国的野心更大、更坚定。当然对吴佩孚更加戒备，他不能让他成为添翼之虎，他要动用一切手段消灭他。

1927 年 8 月 20 日，从上海发出了一纸以中国国民党四川旅沪同志会名义的讨吴通电。这显然是蒋介石指示的，是由四川内部点起的反吴第一把火。电文说：

> 吴逆佩孚，穷兵黩武，罪恶滔天，罄竹难书，不惟乱国，亦且祸川。查川中军队同隶青天白日旗帜之下，应立即予以拿办，治以乱国之罪，以谢国人……

电文还对窝留吴佩孚的杨森不指名地骂其为"乃竟认贼作父，私与勾结，应予分别查办"等。不久，又在成都少城公园召开了"四川各界民众讨吴大会"，宣布了吴佩孚勾结英帝国主义祸国殃民罪恶三十条，还发了宣言。宣言称：

> ……吴虽借口游蜀，眺览山川风景，暗地则广派代表四出调兵

备饷，鸡公山之故技，其将谁欺？盼大张挞伐，共讨吴逆，系头献馘，以谢国人。

讨归讨，吴佩孚毕竟是进入了四川，杨森毕竟是支持了他。蒋介石心放不下，吃睡不安。最后，他决定调杨森入鄂讨伐唐生智，以剪去吴的羽翼，并给杨森一个"西路讨唐军委会主席"的头衔。蒋以为得计，孰料大为失策——

吴佩孚、杨森、唐生智原来是生死之盟，杨根本不想灭唐，而是想周旋与唐吴的联合。杨森奉调东歼之前，匆匆来到白帝城见吴。"玉帅，蒋介石要我离川了，项庄舞剑，意在沛公呀！""子惠，"吴佩孚呼着杨森说，"你的意思是……""不好违令。"

"我不是这个意思。"吴佩孚说，"东出夔门，并非坏事。对唐自然不能真动干戈，我可以派人去周旋，他不会亏待你。这是其一。其二，果真你出川顺利，孟潇（唐生智字孟潇）乐于合作，我即不再留川，咱们正好一路同行，岂不是好事！"

"玉帅果然高瞻远瞩，杨森记下了。"杨森说，"此番去鄂，也算天遂人愿了吧！"

两人计议已定，杨森这才打起"讨唐"大旗，兵出夔门。

杨森毕业于四川陆军速成学堂，参加过中国同盟会；后来参加了护国战争和护法运动。1920年任川军第九师师长兼川南道尹，又任第二军军长，四川军务督办兼省长；1926年任国民革命军第二十军军长。不过，杨森与吴佩孚，却有特殊关系：当年吴佩孚任两湖巡阅使的时候，任命萧耀南为湖北督军，孙传芳为长江上游总司令，是他们利用形势，明挤暗排，逼得刘湘辞去川军总司令兼省长之职，这个本兼各职一股脑儿都给了杨森，并且还附加了一个第二军军长，使他杨森才有可能成了四川的草头王。不久，杨森又被一军任懋辛打得落花流水，他仓皇逃到江边，夺得一只木筏渡江乘小货轮又逃到武昌。后来他到洛阳求助于吴佩孚，吴委他为陆军十六师师长，杨森才能在宜昌成立川军二军，这才有了今天。所以，杨森对吴佩孚怀着深深的恩德。

杨森率部进入湖北，军刚住定，便派一个亲信到汉口去见唐生智。随后，他也秘密到了武汉。

唐生智是去年任湖南省代省长、国民革命军第八军长兼北伐军前敌总指挥，还任着第四集团军总司令，是个显赫的人物。唯其与蒋介石政见不合，发展到反对蒋介石，蒋介石才发兵消灭他。杨森与唐生智，情投意合，又加上还有吴佩孚的暗唆，唐生智立即对杨森说："子惠将军，你来得正是时候，这里有许多大事要办而又没有人办。你是天降的良将！"

"说吧，"杨森说，"既然拴在一条绳上了，福祸都共担，就别客套了。"

"先说两件事，"唐生智说，"湖北省长还是空职，你去挑这个担子；挑定了，集团军也由你统领，武汉这片地方，你我平分秋色。""这还是后一步的事，"杨森说，"当前该做什么？这是头等事。"唐生智眯上眼，沉思片刻，说："当务之急，是咱们分兵齐进，你以大部兵力扼守武穴黄石港，先击破蒋在鄂西脆弱之军，然后合力再与下游蒋军主力决战，以取全胜。"

"好，这也正是玉帅的意图。"杨森大喜过望，以致把尚不宜说出的话也说出来了，"此计若能实现，则可速请玉帅返豫鄂打开通道。"

"到那时，"唐生智伸出大手，紧紧握住杨森的手，说，"咱们便合两军为一军，可展宏愿了！"

默契已成，杨森便即向孙传芳发了一封急电，说明形势和意见："拟合力恢复武汉，夹攻长岳，为我帅一臂之助！"哪里想到，杨森的这个密电却没有密得住，竟被蒋介石收到了。蒋第一个措施，是严令杨森立即退出宜沙，回到夔万；紧接着于1927年12月26日罗列吴佩孚祸国事实，报由南京国民政府对吴发出通缉令。

杨森返回川东，即匆匆来到白帝城见吴佩孚。

"玉帅，是我办事不慎，没想到会使事态出现这种状况。下一步棋还不知如何走？"

吴佩孚比杨森冷静，因为他的处境不同，他不得不时刻想着困难和危险。现在，危险出现了，在他预料之中，他反而冷静了。"子惠，你也不必惊慌，采取一些应急的办法也许会平稳的。""兵已不得已要撤了，还采取什么办法？"

"蒋介石是个地盘欲很强的人，视权如命，又心胸狭窄。我估计他不能只让你退兵了之。""还会如何？"

"只能朝坏处想。"吴佩孚说，"蒋某人歹毒呀！"

"只好以退为守了。"杨森说，"如其等待蒋介石下手打，倒不如自己先声明'愿意挨打'好了。我想这样，马上给蒋发出电报，请求解除我西路讨唐军名义，将宜沙民财各政归还，但求保全部队。"

吴佩孚沉默了，他为杨森失去兵权沉默，沉默得有点痛苦。他垂着头，微闭着双眼，呼吸似乎也悠长了。

"好在湖北不是我的地盘，只要有川，无妨大局。"杨森是自慰，也是安慰吴佩孚。

吴佩孚冷冷地摇摇头。"只怕蒋介石不会就此罢手！"杨森没有说话。

吴佩孚站起来，态度坚定地说："南京政府既已通缉我了，他会从宜沙出兵逼我。看来，奉节已不是久居之地，你我都须立即西行。""好吧，我安排船只，大帅先到万县。"

当日，杨森派"终彝陵""长安""福川"三只轮船将吴佩孚的余部全部运抵万县。吴及眷属住进杨森的万县花园私宅，算是暂时稳定了下来。

果然能稳定下来，倒也是好事，但是不可能。权力和地盘，都是最诱人的东西。为了得到它们，任何手段都是会采取的，包括父对子、兄对弟。

杨森既已被蒋介石发觉不是自己的心腹而是自己劲敌的心腹，当然要采取与对待敌人相同的手段：1928年1月1日，蒋介石命令杨部全部退出鄂西，返回原防地；1月7日对杨下了免职令，取消本兼各职，所部交刘湘、刘文辉接收。这样还不放心，还怕杨森在二十军的影响不死，会死灰复燃，于是，又委派一个蒋介石信得过的人郭汝栋充任二十军军长。

杨森失落了，他住进他万县的私宅，和吴佩孚相伴起来。此时谣言四起，沸沸扬扬，尽是些对吴杨关系的传言，甚至说"吴佩孚已和杨森结盟，以四川为根据地，招兵买马，卷土重来，意在夺取天下"。杨森心里有数，他知道吴佩孚是有这种野心的，但现在绝无这种条件。无条件的野心是冒险的，也是秘密的。现在既然已保密不住，危险自然越大，当务之急，是控制这种危险的蔓延，是融化这种危险。于是杨森急急忙忙给蒋在上海代表刘介藩发了一封声明电报，请他在内地为其辟谣。其电文是：

> 外间所传拥吴空气，纯系其失意僚属借为个人活动之资。在吴本人，早经觉悟，自知已成为政治上过去的人物，再无号召能力，迫于穷蹙，来川相依。森以私谊招待，并严密监视其行动。为免去各方误会，更将其所有少数卫队武装解除，仅留彼本人及其眷属移

居万县，庶公谊私情，两不相悖。

电报发出之后，杨森也知道只是暂时遮人耳目，万县依然是危险之地，不可久留。于是便去见吴，商量最后去从。

入川以来，吴佩孚的心情起落不定，喜怒无常，常常忽而独自走出，去访慕名士；忽而房门紧闭，读思古籍。生活规律也乱了，乱得连夫人也说不清楚。他从白帝城到了万县，杨森那个花园私宅他本是很满意的，不久，他即要搬家，杨森只好在郊外的天自城为他修葺一片住处，他满意地住进去了。他还是闭门苦读。

一日，一个叫蒲伯英的名士来访他。三天前，吴佩孚在万县城曾去拜访过他，和他谈诗论句谈得十分投机；他邀请到他家来坐。蒲伯英到天自城，人报进去，吴佩孚竟像贵宾似的简装出迎。弄得这位失意文人一时不知所措。

"大帅如此盛情，在下实在不敢当！"

"有什么不敢当？"吴佩孚握着他的手，一边往院中走，一边说，"我和你，是以文会友，以情相交。你是我的客人，是贵宾。贵宾至，不出迎，岂不慢待了？再说，我吴佩孚目下是流落贵地，如果还能向阁下献上一杯清水，也是借花献佛，诚恐诚惶！"

"久闻大帅是位儒将，相识之后，更知大帅的人品学问。将来之中国，定是大帅之中国，我辈只有跟着安乐福寿呀！"

两人对坐，侍卫献茶。吴佩孚又说："时也，运也！空留下一腔忧国忧民之热血了！"

"大帅之心，何人不知！"蒲伯英说，"那一曲'天落泪时人落泪，歌声高处哭声高'，若无黎民百姓在胸，谁能唱得出？我已将该诗恭录数纸，分送敝地乡贤。目下万县城中，已经家喻户晓，无人不知了。""多谢阁下厚爱。""大帅乃当今圣人，对世态所见，无不入木三分。早在三四年前，大帅与萧督隔膜而乘'决川'舰东下时，那首'人生切莫逞英雄'诗，已道尽了人情冷暖、世态炎凉，在下过目能诵，至今不忘。"

吴佩孚冷笑了。"有朝一日，我真想能够草履布衣，深入简出此荒山之中与先生诗酒相随，朝朝大醉！"

"万万不可！万万不可！天下还待大帅去治理呢！"

两人正谈之中，人报"杨森将军到"！蒲伯英匆匆告辞，吴佩孚出迎杨森。

杨森向吴佩孚问了寒暖之后，便开门见山地说："事态正如大帅预料，蒋介石不肯善罢甘休。万县危了！你我不得不商量他图。"吴佩孚沉默不语，激烈地思索着去路——

四川，大部分地方都已打出了青天白日旗号，靠谁谁能收留呢？思来想去，只有北上绥定，投靠刘存厚了。"那里，尚打着北洋政府的旗号，刘存厚的川陕边防督办还是北洋政府委派的。"

"是否先派人联络一下？"杨森有些忧心地说，"只是时间太紧迫了。"

"不必了吧。"吴佩孚颇有信心地说，"我想刘督办不会拒绝我的。"吴佩孚急匆匆收拾行装，编排人马离开了万县。

那是一个隆冬的季节，川东的山山岭岭，早已白雪皑皑，昏昏沉睡。山涧消失了流溪，行道为大雪所埋；无定向的山风，忽上忽下，只有奔腾的长江，还在气势汹汹地朝着夔门扑去，它将扎进高峰壁立的峡谷，从瞿塘、巫峡、西陵越三峡钻出，再奔向江汉平原。

吴佩孚的队伍越峻岭、冒寒风，未及绥定，便吃了闭门羹——

绥定地区也有了讨吴组织，刘存厚不敢迎吴前往。在路途中，吴即遭到刘的挡驾。路过广安、渠县，也不准吴入境。吴佩孚真的山穷水尽了！退已无路，进又不能，夺路又无力。徘徊在途中的吴佩孚，仰望长空，不由叹道："难道皇天真要灭吴么？"

"皇天无意灭吴"，杨森的范绍增、吴行光两师闻知吴佩孚被困途中，自动赶来救护，这才回头南去，逃遁到大竹城郊三十里外的云雾山笠竹寺，找到一片栖身之地。

大竹已是四川腹地，地形险要，物产颇丰，距南方的威胁亦远，吴佩孚的紧张心情总算平静下来了。

云雾山以云雾飘渺而得名，山峦起伏，峰巅辉映，郁郁葱葱的树木，绵绵延延的竹林，使这片地方充满着神秘感。而今是隆冬，草尽树枯，不仅人烟少见，连鸟影、山泉也销声匿迹了。笠竹寺坐落在山腰的竹林中，竹林茂密，绿叶摇曳，唯独这里，还呈现出生机，只是那冷落人迹依然令人生畏。吴佩孚心定之后，每每携几位贴身到竹林游游，到山寺转转。笠竹寺是佛家寺院，供奉观音。殿堂虽然冷落，倒也十分气魄；一位古稀的主持方丈，领着十多位徒子徒孙，晨钟暮鼓，一日三香，倒也清静安乐。只是这位主持每见吴佩孚等，无论你如何询问开导，总是一言不发，连眼皮也不稍翻，仿佛寺神一般，意在不言中。吴佩孚惊魂方定，余悸未消，也懒得与人说长道短，索性互不干系，各行各素，唯操起画笔，朝朝画起竹子来消磨时间。

每得佳作，他便兴致勃勃地题上"高风亮节"四字。后来却很少画竹了，但又从不提及不画竹的原因。原来吴佩孚性自高大，目空一切，常为同僚所反感。一次，他在京城作竹，文章泰斗章太炎在座，一时兴起，也是有意以"虚心"戒吴，即在竹上题诗道：大块成天籁，因风尽鸣于。于宵何足羡，所贵在心虚。

吴佩孚也是当代名儒，自然明白其用意，虽不舒服，却也不敢在泰斗面前如何，只是暗自发恨："再不画竹"。如今穷困潦倒，又朝朝与竹为伍，哪里顾及昔日的事情，索性乐得想怎么做便怎么做。

云雾之中，深山古寺，吴佩孚的生活倒也平静。想想过去，想想未来，他却感到"应该研究一种学问以治理国家，不可再厮杀无度了"。他是坚信儒家思想的，他要研究一种礼教方面的学问。他闭起门来，静坐在山寺的一个禅堂中，铺开纸，思索立意，思索书名，思索启承，他决定书名为《循分》，并为之撰定了宗旨：

> 礼教救国，为亘古不易之论，故虞契敷陈五教，姬公制作周礼，汉唐宋明因之世绵国祚。秦政五季废之，以速灭亡。佩孚有鉴于此，治军洛水时，曾著短篇，以教军士，惜未扩而充之。迨到蜀后，日事闲暇，乃总览圣经贤传，选其与礼教有关者，汇集成书，名曰《循分》，籍救国危。

他想改弦更张，放下屠刀了。

此时四川之军人，虽多已打出"国民革命军"旗帜，但对国民革命能否成功，仍怀有疑虑。所以，他们大多心怀两端，走走看看。国民政府对吴佩孚的通缉令，在四川也就渐渐成了废纸。因而，刘湘等人表面上都在讨吴，暗地里仍然与吴过从甚密，素无人迹的深山老林，顿时变为热闹之所——军人政客，文人雅士，往往来来，不绝于途。

春节过去，元宵又到，大竹习俗，观赏花灯为每年盛事。于是，范绍增、吴行光两位师长以东道主之情，迎吴到大竹欢度灯宵。吴也正想出出头面，故而欣然前往。大竹本来是偏僻小县，天高皇帝远。县城巴掌大，平时连个上品的官也见不到，如今，忽然来了个大元帅，孚威上将军，自然成为小城大事。县城风光无限，吴佩孚风光无限。一场灯节，总也补填了吴佩孚近期的空落。

就在此后不久，一位曾经任过四川巡按使的共和党分子，巴县举人陈廷杰携同曾经被杨森派往吴佩孚处做代表的南川国家主义分子刘泗英，一起来到笠竹寺，向吴深深地表示一个"由是感激，许以驰驱"的忠心。陈刘二人都是川中名士，刘泗英曾与吴有交往，彼此相知，陈廷杰堪称得"之乎者也"名家，又值吴佩孚流落荒山之际，三人一见，自然情投意合，相见恨晚。吴佩孚把陈刘比之为"卧龙凤雏"，倚为左膀右臂，任命陈廷杰为大帅部秘书长，任命刘泗英为大帅部政务处长。吴佩孚本来就与国家主义派情投意合，刘泗英的投附，便将四川同党多引至云雾山中。吴佩孚兴奋了，大有把云雾山比作昔时的鸡公山，再度成为风云际会，他决心把蜀陇作为根据地区，东山再起。

吴佩孚狂热了，他再次豪言"国事非不可为"！他要有作为，他要在云雾山腾云驾雾！

大竹对吴佩孚有情，云雾山虽幽静，却不是辉煌之所，笠竹寺虽有朋来，那只是头面人物，吴佩孚头上顶着光闪闪的大元帅光环，还有一顶不真不假的讨贼联军总司令的纱帽，偏僻山区，自然无法展示其光芒。元宵过去不久，在吴行光、范绍增两部的保护下，吴佩孚威威武武地进了大竹县城，住进芝兰堂，并且正儿八经地设置了大帅行辕和讨贼联军总司令部。

吴佩孚进大竹城，因为有范吴二部保护，才使他风光得起。这本来演了一出狐假虎威的讽刺剧，吴佩孚却当成真事了。住定之后，他就盘算以该两部为基本，广招拥戴力量，企图张起旗帜，东下江陵，北出秦川，重创他的"八方风雨"的盛世。

吴佩孚有点利令智昏了，他不知竹阳镇外早已四面楚歌！

国民政府严令继任的二十军军长郭汝栋联合范绍增、吴行光、廖海涛、刘公笃各师长，召开梁山会议，联军东下，攻袭万县；又令第六路军总指挥兼二十一军军长刘湘同时发起攻击。两部目标，一致对准杨森，以彻底去杨而最后倒吴。郭部出征前发出如下通电：

……杨森扬言讨唐，而阴以联唐，名为讨吴，而实拥吴联奉。于月前密遣心腹部队对涪（涪陵）用兵，且探得大竹会议，并将拥吴乱川，（爰）为大义之声讨，未敢徇私而忘公义。

刘湘对杨森的通电是：

近查杨森勾结吴逆佩孚，希图响应奉逆，似此居心反动，不能百事姑容。

不久，国民政府亦发出堂皇电令：

川乱靡治，蜀民尤苦，迭令讨杨除吴，冀除死灰，免贻川祸。杨森早经免职，讵容私自拥兵，附逆祸川。

呜呼，四川由于吴佩孚的"光临"而爆发了一场巨大战祸。

吴佩孚在大竹，也非避风之所。川境的讨杨大战伊始，邓锡侯部罗泽洲师即派旅长熊玉璋率部乘虚入驻大竹，始说"为吴护卫"，继则觊觎吴的卫队武器，终于在1928年6月4日包围了吴佩孚的芝兰堂大帅部。

吴佩孚正在幽室作画，忽闻大兵包围，方感惊惶失措。焦急问道："怎么回事？什么兵敢如此妄为？"

新任参谋长陈廷杰匆匆出去，以新旧影响来见熊玉璋。"贵部不是奉命来护卫吴帅的么？如此行动是何用意？"

熊玉璋说："始为奉命，今亦为奉命。川境战火已起，为安全计，请吴大帅把武器交出来。""交给谁？"

"自然由我部来接收！"

陈廷杰不敢做主，匆匆来报吴佩孚。

吴佩孚闻知邓锡侯的部队要缴他的械，立即火冒三丈。"他邓晋康（邓锡侯字晋康）算个什么东西？问问他的省长和清乡督办是谁给他的？他头上那顶'骠威将军'的帽子是谁给他的？如今他手里有兵、脚下有地了，要缴我的械！放肆！要他自己来见我！"想是这样想的，要是在"八方风雨会中州"之际，吴佩孚是必然会这样发作的，说不定一怒之下，他会把邓锡侯的本兼各职都免了，甚至连将军称号也会给废了。现在不能，他是流亡到川的，过着寄人篱下的生活，"强龙不压地头蛇！"吴佩孚得忍耐，得为免祸着想。他收敛着性子，说："陈公，你是川中名人，去跟他交涉一下，我们虽有武器，绝不害川，一旦转机，我们是会离开的。还是请他们高抬贵手，我们感激就是了。"

陈廷杰去了，但很快便转了回来，说："玉帅，熊玉璋态度很坚决，他说：'让了步不好向上司交代。'非要我们的武器不可。"

吴佩孚忍不住了，他拍着桌子骂道："邓锡侯混蛋！我饶不了他！告诉熊玉璋，我的武器谁也别想要。"

怒归怒，骂归骂，熊兵还是团团围住；陈廷杰等人也只虚为应酬，并不再去与熊交涉。

兵困芝兰堂，形势十分紧张。双方之势，剑拔弩张，人人脸上蒙上了惊恐。有人告知夫人张佩兰，张佩兰匆匆来到吴佩孚面前，揉着泪水滚滚的双眼，说："子玉，当初我就说让部下都走吧，咱们也回蓬莱。你不听劝，一定要到四川，说'四川朋友多，会帮忙的'。原来四川就是这样的朋友，落井下石，要缴你的械。说不定咱的命都要丢在四川了！怎么办呀？"

"怕什么？"吴佩孚依然气壮如牛，"我看他们谁敢来收缴我的械？！"

"往天你说过，不能怀璧招祸，不能坐困危城。今天，你看清楚点吧，人在屋檐下，怎能不低头！把枪给他们吧，保命当紧！"

"不给！绝对不能给！"吴佩孚又命陈廷杰，"立即作好迎战准备，不行就把他们打回去！"

怎么打回去呢？残兵败将，残喘无力，这个仗怎么打？人人都惊慌起来。

熊部仅仅是为了要枪，并不想吃掉他们。所以，围而不打。小小的竹阳镇，吴佩孚的千余残兵，已经是人满为患了，更加上一旅之师团团包围，不要说厮杀拼斗了，就是吃喝拉撒，已经紧张得怕人，军人慌张，百姓掩门，连天日都昏沉起来。及至傍晚，忽有一声枪响，子弹正射进帅部，院中军队突然大乱。

张佩兰一见此状，又匆匆找吴。"你不要命了，我还得要命！快把枪拿出去吧，保命要紧！"说着，扑通跪倒在丈夫面前，再也不愿起来。

此时，吴佩孚也感到形势紧迫，别无良策了，果真战火打起，孤军一支，又在他乡，怎么应付得了？与其战死，倒不如先留下一条命，容后再图。

"参谋长，"吴佩孚垂着头，对陈廷杰说，"这件事你和交际副官长方茂山去协调吧。只要他们退兵，怎么办都行。"

经过交涉，吴同意交出武器，熊亦同意给吴留下部分手枪供自卫之用。最后，计交出的武器有：汉阳步枪一千三百零一支，手提机关枪两挺，百克门枪八十支，手枪八十支，三十年式马枪三十支，各种子弹十万发。

一场惊险，吴佩孚软瘫在床上，再无力爬起。

第十九章
喜怒无常绥定城

军阀混战期间，常常出现稀奇古怪的现象：今天是跪在一炉香前的金兰兄弟，信誓旦旦，生死与共；明天又是剑拔弩张，誓不两立的敌人，各霸一方，各自为政。中国历史上的春秋战国、南北朝、五代十国，似乎任何时候也比不上北洋军阀这段混战之乱！

吴佩孚在大竹被罗泽州缴了械，他恨罗泽洲恨得要死，决心要报复他。"我咽不下了这口气！缴了我的械，欺人太甚了。"

战场上的失败，并不一定是将军的耻辱。而一弹不发，束手待缴，那是军事上最大的不光彩。吴佩孚经历了这场噩梦，这噩梦像一块巨大的乌云罩在他头顶，压得他喘不过气！中国人好义好德，士可杀而不可辱！失败的将军，不一定为人鄙视，而投降的将军为人所不齿；一枪不发被人缴了械的将军，有什么面目去见人？吴佩孚无地自容。

现在，就是这支缴了他械的部队，仍在打着"护卫"他的旗号，驻扎在他身边。吴佩孚不仅恨他们，而且警惕他们。他把陈廷杰找到密室，忧心忡忡地说："熊玉璋不是个好东西，我们得另有打算。"陈廷杰叹了一声气，说："情况很复杂，是得有个另外的打算。"其实，这个地道的四川人，这些天获得的消息还多，还可怕！只是他还不想向吴佩孚和盘托出罢了。罗泽洲哪里是奉命缴吴的械，只不过是充实自己的武装而已。武器到了手，他却另有所用了：他向南京方面报了功，而蒋介石又重奖赏了一下，并且密令他

"务必将吴消灭于川内"！吴佩孚只知道罗泽洲没有好心，他还不知道蒋介石有赏又令。陈廷杰老奸巨猾，索性也含而不露。

"我想这样，"吴佩孚说，"你到绥定去一趟，和刘督军说明，我很敬重他，我想到那里去住。"

陈廷杰心里一沉。想："刘存厚又是个好人么？虽然他握着川陕边防大权，那也是个认奶为娘的人！这样赤手空拳去投他，又是南京方面通缉在案的人，他会收留？"不过，陈廷杰还是欣然答应，"好好，我想刘存厚会不忘前情的"。

驻守川陕之边的四川军阀刘存厚，算是一个小小的实力派。只是，他手下的势力也不统一：一部分是国家主义派，代表人物是廖雨辰；一部分是亲近南京派，代表人物是刘肇乾。廖雨辰和刘存厚近乎些，但刘肇乾也是刘存厚不可轻待的人物。陈廷杰到绥定，贴近刘存厚身边，深沉而又乞求地说："刘将军，玉帅一直最崇敬你，四川大多'青天白日'化了，唯独阁下的绥定、宣汉、城口、万源尚悬挂五色国旗。如此坚贞之士为数不多了，玉帅今日去从不定，思来想去，还是决定到你的绥定来，希望与你携手共事。"

刘存厚是受过吴佩孚恩惠的，又怀念着北洋政府，所以，毫不迟疑地说："我欢迎玉帅来绥定。他是一位难得的安邦栋梁，文武俱全，心阔智广。有一天，中国还得靠这种人，我辈还得以他马首是瞻！请你转告玉帅，绥定的大门随时为他敞开！"

吴佩孚得到刘存厚的应诺，即速整队前往，熊玉璋也假惺惺地赶来护送。于是，一支残军从大竹出发，匆匆北行。

天有不测风云，人有旦夕祸福。吴佩孚抱着莫大的希望，把绥定当成曙光去投奔时，绥定却又由晴转阴，顿时乌云滚滚了：刘肇乾的亲南京派得知吴佩孚将到，马上找到刘存厚，说："督办若收留吴子玉，需立即向南京报告，说'吴已被俘，请求处置'。否则绝不许吴入境。"

刘存厚为难了，他去找廖雨辰商量，廖虽满心欢迎吴的到来，但也怕烧香引鬼，造成处境困难。正是犹豫不决之际，又得知吴佩孚是由罗泽洲的熊旅相伴而来的，这更引起他们的不安。刘肇乾又发难于刘存厚说："罗泽洲是个反复无常的家伙，派熊旅护送吴佩孚，只怕不单是护送，必须拒他于境外！"

刘存厚也是个地域欲很强的人，生怕别人占了他的小天地，何况对罗部历来存有戒心。所以，他也翻脸不认旧账，先是发出急电，阻吴入境，后来，干脆派三个团的兵力，阻吴于境外。

熊玉璋一见刘存厚拒客，又怕吴佩孚随他再回大竹，竟一声不响地丢下吴佩孚的残兵败将自己率部返原防去了。落得吴佩孚上不接天，下不能触地，悬在空中。

此时，吴佩孚正处在开江县中部，酷暑7月，阴雨绵绵，这群失意军人如无头苍蝇，团团打转。吴佩孚坐在自己的菊花马上，想观观天象。满天乌云，漫空暗雨，混浊一片，哪里还有吉凶可辨。他失望了，他只紧紧提着缰绳，那马也就地打着转转。此处，山林漫野，绿茵遮天，多为名贵的檀木，轻风摇曳，发出阵阵异香，但荒凉感却令人心跳。

正是吴佩孚心慌意乱之际，一股旋风，吹落一截树干；树干倒地，发出一阵怪叫。马听怪声，忽然咆哮不已；咆哮打转，前蹄腾起，一忽儿便突然卧倒在地。吴佩孚思绪杂乱，头脑昏昏，哪里有准备，马一卧倒，他便从马背上一个栽葱，倒了下来，头脸衣服，都沾满了泥巴。这一气，几乎枪杀了那个心爱的坐骑。"我杀了你，我杀了你！"他拿出手枪，对准马头——幸好被人拦住。坐骑栽倒，吴佩孚认定是不吉之兆。立即下令，就地住下——不住也不行了，哪里去呢？只好住下再作打算。

这片地方叫檀木场，三面环山，山林郁郁，伐下的檀木，多汇集于此，成堆成垛，高下参差，几间护山看场的小房子，多是木制，极为简陋。木场东去一望地方，在一片山林之间，有一幢翘檐瓦房，据说是四川军阀颜德基的别墅。吴佩孚饥不择食，便带领他的眷属，暂住颜宅，总算有了安身之所。

吴佩孚在深山密林住定之后，便闭起门来推演周易，他要精心的卜测一下自己的前途吉凶，他把据地自雄的四川军阀一个一个列入卜象，比作战国七雄，要测出对他们究竟是合纵还是连横？

一支规模颇庞大的队伍突然被逼进深山，生存立即成了头等大事，对外联系中断，本地又无接济，吴佩孚真的到了弹尽粮绝之际；身边的几个将领，也无解急之术，人人只好仰天长叹。

此时，唯知其着落的，只有罗泽洲一人。大约是出于怜悯，或念起当初加逼之苦，竟把恶脸变成笑脸，派人送来大洋两万，总算扶吴暂渡了难关。

刘存厚的拒吴是迫不得已，他还想着将来有一日北方会再振，还要为自己留一条退路。时隔不久，他便派独立旅旅长申介屏做他的代表，到檀木场欢迎吴佩孚。

申介屏二十岁出头，是个能言善辩的武人。在檀木场听完了吴佩孚的牢骚话之后，笑了。

"大帅，您这是万事聪明一时糊涂，刘督办若是真心灭您，您身边的人马经不起一战。您在这里守也守不住。你想，罗泽洲缴了您的械，逼您出大竹，还会再给您送接济？""难道是刘存厚的意思？"吴佩孚问。

"丢下这个且不谈，大帅来四川也有些日月了，请看，偌大的四川，还有几片地方挂着五彩旗？患难见真情，什么都不提，光是旗号不倒，刘督办也是大帅的真朋友。对于北府这样坚贞不变的人有几位？大帅，四川很乱呀！谁想生存，都得设着法儿变变色。督办有点关照不周处，望体谅。""这么说，刘督办是真心欢迎我了？"

"真心、假心，都不是嘴说的。"申介屏知道吴佩孚动心了——其实，吴佩孚目前正像一个溺水的儿童，有根稻草，他也会抓住不放。住在檀木场这几日，能够跟踪来的各方人士，哪怕只是一句温暖的言语，他也感激万分，何况刘存厚这个一方之霸——便说："大帅，现在就动身，督办已为大帅安排好营处，距绥定县城只有三十里路，那里是一个繁华小镇，叫河市坝。大帅到那里之后，自有长远安排。"

吴佩孚从檀木场迁往河市坝了。住下之后，刘存厚即携随员，带厚赠赶来看望他。有了日前申介屏的融通，两人相见，气氛十分和谐。

刘存厚告别的时候，语重心长地说："玉帅，来日方长，千万保重。只要青山还在，还怕无处觅薪！河市坝就是玉帅的根据地，这里有个大兴寺，我已将僧人通通赶走。明天玉帅就把行辕设在那里，把杏黄色帅旗打起来，我不信咱们不会东山再起！"

吴佩孚兴奋了，他握着刘存厚的手，说："有你的绥定、宣汉、万源，我就不愁山穷水尽了！"

吴佩孚像一个瘟神，他在哪里降临，哪里必然有一场瘟疫流行——

杨森不甘于自己的败北，吴佩孚在四川，四川还有一批势力很强的同党，他们能够东山再起。

1928年12月，杨森纠合刘存厚、李家钰、陈鼎勋、黄隐、罗泽洲、郭汝栋、赖心辉等，组成同盟军，自任主席兼前敌总司令，其余人分任总指挥，于当月19日发动了声势浩大的讨刘湘、刘文辉的川东大战。谁都知道，这场大战的幕后指挥便是吴佩孚。于是，四川各报纷纷揭露，举国上下，舆论哗然。

吴佩孚感到不利了，连忙发出声明辩护：佩孚息影蜀中久矣，理乱不闻。迩来见各处报纸登载，佩孚有何政治活动，并谓对于川事有联甲倒乙之举，实属捏造谣言。佩孚老矣，空山习静，礼佛诵经，以终余年。国事唯望诸公领导，国民好自为之，佩孚得为太平之民足矣。特此声明，诸维昭察。

杨刘之战既开，同盟军先攻重庆刘湘，继而东下。于是，四川境内之第二场大战从此爆发！

不过，杨森用兵屡屡失策，攻势溃败，渐渐不支。南京国民政府在川战胜负已定之际，于1929年1月15日对杨森发出了查办令。

杨森败退绥定，与吴佩孚偏处一隅，过起"同为沦落人"的生活。

河市坝虽偏僻，由于吴佩孚的驻足，并不寂寞：军人政客，诗人文士，络绎不绝，其中还有一些无聊者，来听吴佩孚传授"精一道"。每逢这些人光临时，吴就净手焚香，默坐合十，背诵《大悲咒》，以超度阵亡者及亲朋好友。道徒中，有一个叫汪海如的人，是一个失意文人，常常陪吴彻夜畅谈，情投意合，视为莫逆。

川北之春，旷野复生；战事平息，风日也都和丽起来。

吴佩孚在小镇河市坝不再演周易了，他要把他的诗作汇集成册，以广为流传。每天除了晨起到镇外郊野散散步，差不多整日闷在房中，编目次，寻草稿，修饰润色。这样度过了近两个月，总算编辑成功，自己给诗集命了个籍贯名字，叫《蓬莱诗草》。送印之前，又请陈廷杰、汪海如等人斧正一番。

渐渐地，吴佩孚的小镇热闹起来，北方的段、曹、张、阎灵犀暗通，常有代表纷至；南方的蒋、汪也多送秋波，在川的国家主义分子陈启天、杨叔明等在刘泗英的引介下，接踵而来。范绍增还从重庆请来菊仙京剧团演了三天祝寿戏。吴佩孚俨然又成了国中有影响的人物。吴正想借此机会，重整旗鼓，打出川去。于是趁着五十五岁生日，吴佩孚在河市坝又大庆了一番。段祺瑞、曹锟、蒋介石、阎锡山、李宗仁、唐生智等南北方人物均派来贺寿代表，四川军政各头面人物，更是厚礼以贺。那个被北洋政府封为尚威将军的王陵基，更是别出心裁，在大红锦缎上，用金丝绣了寿联，联文是：

鹏抟万里，鹤算千秋。
龙睇大野，虎啸六合。

一时间，把吴佩孚被吹上了九天。吴佩孚也忘乎所以，将《蓬莱诗草》每客赠送一册。做寿那一天，吴佩孚道冠道袍，手捻佛珠，又俨然一副仙人脸膛，在鼓乐和鞭炮声中，高坐中庭，接受各方拜贺。那副仙人打扮，总是呈现出微笑，频频向宾客点首。

吴佩孚此番做寿，实际上是在验证自己的影响，是在向国人宣示，他将要打出川的信号。寿过不久，他便接到山东督军、省长张宗昌的电报。电报说：

> 浙桂战争既开，实我辈千载一时之机，我兄坐拥大军在川，为何迟迟不动？望速出师武汉，勿失良机。

张宗昌的电报，似一剂兴奋剂，使吴佩孚欣喜之极，他立即分别致函邓锡侯、田颂尧、刘文辉、杨森、罗泽州等人，大谈"四川非坐守之地，宜团结全力，向外发展，统一中原"。于是，杨森便电邓锡侯、田颂尧、刘文辉，提出"拥吴倡仪"，而刘存厚更积极，组织召开拥吴援鄂大会；吴佩孚还告诉四川诸人，可以用他的"讨贼联军总司令部"名义，并且作出了"川西各军宜出陕南，川东南各军应趋武汉，而后会师洛下，直捣金陵"的决定。四川同盟军总部通过秘书长黄圣群之口，在河市坝发出如下号召：

> 蓬莱公忠体国，实为中国唯一人物。国民党既无补时艰，非一致拥护蓬莱，不足以救中国之危亡，出斯民于水火。凡我同盟各军应速表示态度：反蒋拥吴，以维国是。

然而，这个号召，除了刘存厚、杨森之外，四川所有将领，无不谨慎待之，他们心存观望，并不表可否。吴佩孚失望了。他忧郁了多日，才登上凤凰山巅解闷，意外地诱发了诗兴，回来即挥毫写出伤感之律：

> 英雄处处出人头，又上高峰作壮游。满眼苍生归掌握，数堆疑冢感荒邱。萧萧木叶传边警，点点梅花为我愁。休到昆仑山上望，中原王气不胜秋！

深山难出，吴佩孚只好再敛野心，重又投入易学和文王卦理上去了。

一日，刘存厚派幕僚宋芸子来告诉吴佩孚他要做寿。这位宋幕僚曾与吴会见过，易学略知一二，故而，与吴有相通处。吴一见宋到，十分欣喜，放下《周易》，便与叙谈。"刘将军寿日，敬请大帅光临。"

"祝寿，我是一定要去的。"吴说，"只是还有一件未了之事，想同先生一起办完了，再去。""何事？"

"目前，西方世界多推崇泰西数学。其实，泰西数学之奥理，是根源于中国的《河图》《洛书》。"

宋芸子是浏览过《河图》《洛书》的，不就是古代儒家关于《周易》和《洪范》两书来源的传说么？但是宋芸子还是虔诚地摇摇头。

吴佩孚笑了，说："讲《河图》《洛书》，必得先讲一个神奇的故事。传说，伏羲氏时，有龙马从黄河出现，背负'河图'；有神龟从洛水出，背负'洛书'，伏羲根据这种'图''书'画成八卦，就成了后来的《周易》……"

宋芸见吴佩孚过于卖弄自己，目中无人了，也是傲性发作，忘乎所以，便不待吴说完即插了话。"大帅所说，固言之有据，但还有另说。""什么另说？"吴佩孚问。

"大禹治水时，上帝赐予他《洪范九畴》。据汉代学者刘歆，《洪畴》即洛书。不过，宋代的学者，却是另一种说法。"

"怎么说？"吴佩孚发难了，他不认为别人比他学问更大。"朱熹的《周易本义》就以九为河图，十为洛书。"

"刘牧不是反对了他这个说法么？他是以十为河图，九为洛书的。""不过，清代学者黄宗羲和胡渭等，均对宋儒说表示反对。"舌枪唇剑，短兵相接，看来谁也说服不了谁。"宋公原本是大家，佩孚失敬了。""还得多请大帅指教！"

吴佩孚威风凛凛地到绥定去为刘存厚贺寿。路上，他又想起了与宋芸子的一场舌战，他有点气怒，"这个人很不坦率，他说他不懂《河图》《洛书》，我告诉他《河图》《洛书》是什么，他又高明地和我争论。狂妄！"吴佩孚坐在辆骡马车上，对夫人张佩兰说了这件事。"你说这人可气不可气？"

张佩兰听了吴佩孚的话后，只微微一笑，说："你呀！还是老毛病，就像个货郎担子，家中就那么一点点针头线脑，总想朝脸面上摆，生怕人家看不见！瞧瞧人家有学问的，谁像你似的，说起来没完没了。""混说！"吴佩孚不高兴了。"那是他们没有学问，不敢说。""你敢说，你敢说！"停了片刻，张佩兰又补了一句："昨儿还教育孩子，什么'满招损'，什么'谦受益'。瞧你今天，竟像黄袍加身，金口玉言似的。我说句不中听的话：往后，要觉得宋芸子比你学问好呢，就敬重人家一点，事事谦虚；要觉得他不是个学问人，比你差呢，就当成无知无识的人对待，什么学问都别同他争，这不就完了。"

张佩兰是个粗人，不问军，不问政，老老实实做太太。唯独此次他们落荒而出，南漳一个激将建议，吴佩孚惊目以待；大竹的哭诉缴枪，又免了一场灭顶之灾；今天，不想她竟对待人处事也有如此深刻的认识！吴佩孚笑了："好，好！夫人言之有理，是应该待人以诚。此番去绥定，一切都听从夫人的安排。"

刘存厚盛情款待了吴佩孚。吴佩孚和夫人此来，还携了十岁的幼子，刘存厚以"少帅"呼之，立即命人为少帅备办文房四宝以赠。

绥定小城，张灯结彩，满街都是松门寿灯，户户门上还贴"福如东海"和"松鹤图'；城隍庙，改成将军的贺寿戏院，专供从成都请来的京剧班子唱戏。台前，留下一长排座椅，开戏前，吴佩孚和夫人张佩兰并幼子在刘存厚陪同下，渐次入座；同陪的自然还有陈廷杰、刘泗英和宋芸子。锣鼓响前，班头儿捧着戏单，先请寿星点戏；然后，戏单送到吴佩孚面前，吴佩孚笑了。"今日是将军的寿日，我们自然是来听戏的。寿星高兴听的，我们都高兴。"

刘存厚推让说："大帅福大寿大，在下自然托福，哪有不点戏之理？点吧，点吧！"吴佩孚把戏单接在手里，看也未看，便转给了夫人。"好，那就让夫人乐意吧。"

大庭广众之下，张佩兰虽觉有点面赧，但也不好推让，便掀开戏单，随意望望，顺手指了一个戏名，然后把单子交给班头，并随手附上大洋十枚。

夫人点的什么戏？无人注意。

为将军演戏，戏价高，赏钱重，班子的男男女女倒也卖力。于是招来台下阵阵掌声。

主戏唱完之后，一个文官打扮的演员，手捧一张红纸走到台口，先深深地作了三个揖，然后单腿跪倒，将红纸手举过顶，大声说："各位将军、先生、太太，下边的戏，是吴大帅夫人张氏太太赏光，谢太太赏！"

大家掌声雷鸣！

锣鼓之后，一年轻武将出场……原来张夫人点了一出赵云的戏《长坂坡》。台上的武生几个亮相，几副身架，一段唱，台下一片掌声又动。渐渐地，有人交头接耳起来——

又是那个宋芸子，他把脑袋转向陈廷杰，说："秘书长，这是一出……""《长坂坡》。"陈廷杰说。"怎么点这出戏？"

"有什么不好？"陈廷杰说："文武带打，那是功夫戏！""不好！"

"怎么不好？请宋先生明教！"

宋芸子也想卖弄一下自己。他伸出手，扳着指头，说："赵云是来干什么的？赵子龙是来长坂坡救阿斗的。今天，夫人怀里也有一'阿斗'，岂不是把我们刘将军也当赵子龙，而大帅……"说着，朝吴佩孚努了一下下巴。陈廷杰是个精明人，一听此话，马上领会。忙在宋芸子面前摇摇首，低声说："宋先生，听戏，听戏！"两人会心一笑，各自转过脸去。

不想此番议论，字字句句都让刘存厚听了去。起先，他还以为是文士的惯病，喜欢说三道四，评头品足；后来，听出门道来了，心里一惊："这个戏点得是有点门道。不是老太婆的意思吧，她懂什么？准是吴子玉的交代。这吴子玉，啥意思？难道他还不认输，还想当刘备，要我们这些人保他？我是赵子龙？我给他保'阿斗'？"

想着，心里陡生气怒。猛然站起身来，对着戏台看一阵，挺挺脖子，还是坐了下来——他只用愤怒的目光看看张佩兰，便闭上双目。

第二十章

声东击西谋新路

1930 年 6 月。

川东山区，又进入了一个碧野绿荫的盛夏。4 日黎明，一支队伍浩浩荡荡从绥定出发，经过梁山，直驱万县，这支队伍，就是吴佩孚的讨逆军。军容整齐，队列壮观，杏黄色帅旗在前，另有一幅墨绿大旗相并；马队在前，马步缓缓；步兵紧随，绵绵延延；吴佩孚坐在一乘四人小轿里，双目微闭，面带微笑，随着整齐有节的脚步声，右手五个手指轻轻地在膝盖上击出节拍，大有一副凯旋之态。

吴佩孚要出川了！他要到川外去再展鹏翅，翱翔长空，要去获取他应该有的地盘和地位——

历史的车轮转到了 1930 年，似乎着意给吴佩孚降下千载不遇的良机，他将要结束寄人篱下的游荡生活，而跨入国家最雄伟的殿堂！

这一年，在中原，蒋介石、冯玉祥、阎锡山，开展了一场规模巨大的战争，几乎使大半个中国都炮火连天；汪精卫一伙国民党的改组派和另一伙西山派合流一气急急北上，召开扩大会议，酝酿改变政局；北方，段祺瑞传出舆论，要和吴佩孚一起组织政府……从南到北，中国土地上的各路"英雄"，又卷入一场巨大的动乱之中！吴佩孚自诩是英雄中的佼佼者，他不甘寂寞，他要争强斗胜！在这之前绥定便热闹了许多天，吴佩孚第一大活动，就是招兵买马，扩充实力，将本来有将无兵的警卫第一旅旅长萧尊邦升为第一师师长，第二旅旅长郭泰安升为第二师师长，第三旅旅长张彦文升为第三师师长；并任命四川失意军人、曾任过师长的刘季昭为讨贼联军总部参谋长，任命李蕴山、袁崧生为总部高级参谋。阵容扩充，准备出战！

出师是要讲个出师名号的。思来想去，于5月6日吴佩孚终于发出了"出师声明"。通电说：

> 国人厌乱极矣，兵连祸结，喘息难呻，满目疮痍，战争可畏。佩孚避地川中，亦已四载，不问国事已久。屡感各方敦促之情，兼怀匹夫有责之义，耿耿此心，不忍始终缄默，拟即日出川，居中调解，用尽国民之责，入襄和平之局。自审绵薄，弥惧弗胜。关于战事如何劝阻，地方人民究应如何救济，统一宜如何完成，教育宜如何改进，政治、法律宜如何始能适应国情，国计民生宜如何始止至善？尚祈海内贤达，公忠袍泽，惩前毖后，尽量发挥。务期国政决诸国人，是非听诸舆论，竭诚请益，电与神驰。

吴佩孚对他亲手拟就的这篇通电十分欣赏，"居中调解"，谁人敢有非议？谁人敢公开倡战？吴佩孚成了国中"忧国忧民"的豪杰英雄！唯他最具国家、民族之良知！

通电发出之后，便拟启程，但又恐外国人惹麻烦。所以，紧接着又以"孚威上将军"名义通告各国驻华使节、领事，企图得到他们的支持。

通电连发，起程在即。吴佩孚恐仍有不测，并派刘泗英为代表去上海、北平接洽外面援助；又派人到重庆、万县去游说，企图通过潘文华、范绍增、王陵基等人去劝导刘湘，撤除川东封锁线，以便假道出川。

就在这时候，段祺瑞的代表王冠英、曹锟的代表钟崇波先后到绥定，连连密谈，情投意合，更助长了吴佩孚出川的决心。

吴佩孚坐在轿里，乐悠悠地在想另外一套计划：什么居中调解？那不过是欺世之谈。吴佩孚乐思于他的"第三势力"计划。这个梦久了，只是没有机会实现。现在不同了，南北混战，中国大乱，是再好不过的机会。否则，他吴佩孚何必如此兴师动众，又给外国人送秋波。这个诡计，在6月7日刘泗英从绥定给在万县的陈廷杰的密电中已承认如实。电文说：

顷得北京冬电，玉帅对外通电，已由颜（惠庆）顾（维钧）转致各公使。款弹正竭力进行中，曹总统在京亦召集同仁筹拨款项。又据上海有电称，东北方面愿与西南一致共作调人。又据张师长锡章来场（即吴暂住的麻柳场）称：阎冯拟俟攻到江岸，即请帅座担任收拾南方。

吴佩孚川东出兵，刘存厚率队护送，直送至万县边境之七里沟，始欢宴告别。吴佩孚信心十足地对刘存厚说："行迹匆匆，途中不再等候将军了。武汉再会。"

刘存厚也说："最后相会，可能会在北京。四川毕竟是大帅的根据地，有朝一日，务望厚待！"

南京的蒋介石，一时一刻不"关心"着吴佩孚。虽然大战在即，他还是心不敢丢，很怕吴走出四川。"吴子玉是个瘟神，他出川，必然带来新祸。"蒋介石派了许多人暗察吴的行迹，并且及时向刘湘许诺优厚条件，拨给大量军火、薪饷，要求刘湘"务必阻止吴东下去路"。刘湘也向蒋发出了"谨遵钧命"的密电，并同时向驻扎万县的二十一军第三师师长王陵基发出电令，令其"拒吴于万县之西"。

刘存厚退回绥定，吴又派员去梁山布置行馆，其秘书长陈廷杰则先期到达万县，急急去见王陵基，要王敞开通道，放吴东行。

出兵当晚（即6月4日）军至麻柳场，憩宿。次晨继续东行，午到绥梁交界处的凉风垭，突然，一支部队拦住去路。人报吴佩孚："前路有阻。""何人？"吴急问。

"自报为二十一军三师九旅。""为什么阻我？"

"说是奉军长刘湘之命。"

"刘湘？！"吴佩孚心里一惊，"又是这个刘湘！他为什么总与我为难？"吴转身对参谋长说："季公，请你到前面看看。可能是一场误会，解释一下吧。"

刘季昭走了之后，吴佩孚仍然信心很足。他觉得此次出川对川人有利；川人是支持他东去的。刘存厚早就发出公开通电，说："拥护钧座出川调解，俾战局得早日数平"。吴佩孚想："川军各将领难道不包括刘湘？"拥护吴出川的，何止"四川各将领"，甘新宣慰使，回部总司令李谦也有拥护通电。

吴佩孚想起大竹被缴械事，"大约又是王陵基缺少武器了吧，主意打到我头上来了"。刘季昭很快便回来了。

"玉帅，"刘季昭说，"我见到旅长许绍宗了。""他怎么说？"吴急问。

"许说，'奉军长刘湘命，只让玉帅一人单独通过，随同人员概不放行。'"

"你没说明情况，刘湘也是拥护我出川的。""说明了。他只说'奉命行事'。"

——刘湘除了受蒋介石收买之外，自己也有私心，他并不想与吴结怨，只是怕吴假道东出，杨森、刘存厚等人随之倾泻而下，门户洞开，重庆将失去形势上的重要。所以，他在万县设卡，阻吴甚坚。

交涉无效，吴又不能离开军队，不得已，只好折转绥梁接界的麻柳场暂住——刚刚举起的孚威将军帅旗，在刘湘的挡将牌高挂之下，迅速倒了下来，一场东去的美梦，瞬间便破灭了。唯其留下一点微波，便是：决定再派刘存厚向刘湘疏通，争取让道，以便继续东行，不至于使已通告天下的计划落空；另外，又派陈启天驰赴北京、天津，向段、曹再取得联系，争取外援。天知道，这样的活动会不会有转机？

吴佩孚回师麻柳场，正焦灼不安之际，忽有甘、青地区马麒、马麟、李谦等人以"全体回族代表"名义给吴佩孚发来拥戴的电报。电报说：

> 吴玉公乔岳峻峙，命世英豪，所冀蜀中袍泽，海内贤达，并起
> 推尊。

吴佩孚接电，颇为欣喜。"我已到了这种田地，还能得到回族将领的同情和爱戴，总算天不绝人。"其实，吴在由大竹去绥定时，早已派人去西北，向回族各部首领进行活动，意欲联同他们，阴谋再起。今天，只是活动的回应罢了。吴佩孚想改道西北而后打入中原——然而，西北之道是否畅通？他并无把握；西北各将是否真心？他也说不准。唯其可定者，他自我感到"同西北将领关系不如西南。所以'并起推尊'者，多半是礼仪之词。"于是，吴佩孚还是以假意谦让，暂时不去西北。他给马、李等人发了回复电报：

> 佩孚山居清寂，不闻治乱久矣。日惟与二三同志，探讨新篇，
> 重研故籍，求中国治乱之病根，而谋得其结论。乃谬蒙以命世贤豪

相加，重以翊戴之雅。静观大局，默察前途，兹事体大，今日不敢
表同情也。

吴佩孚的这封回电，当然是假意谦虚，但在甘陇回族将领中，却产生了极好的影响，为其后去西北，奠定了基础。此是后话。

兵困麻柳场数日，进退维艰，吴佩孚又困惑不安起来。麻柳场地僻山荒，军行途中被迫而栖，自然心慌意乱。他急匆匆求告刘存厚，刘亦觉麻柳场不可久居，建议吴率队转驻自己的戍地宣汉城。时已7月，酷热难度，吴佩孚不得已只好急急兵转宣汉。

宣汉虽小城，乃川东北重地，地势险要，物产富庶，前有城口、万源，守则有托，出可去陕南、鄂西，堪称一片宝地。只是吴佩孚是乍热还寒之际，不得已而来，总免不了郁郁寡欢，终日眉头不展。不几日，便一场大病染身，先是高热、懒食，闭目缄语，渐渐地便人事浑浊，言语失态起来。

夫人张佩兰害怕了！她怕山野僻处，少医无药，自己身边虽有医又不良，担心会无可救治。

陈廷杰等幕僚也害怕了！局势纷乱，大军迫退，又是众目所瞩，万一遭到探刺，岂不束手待毙？

"夫人，"秘书长心事重重来到张佩兰面前，"大帅目标甚巨，一病难起，我看最好转移至一个僻静去处。"

"我想还是赶快请良医，来此诊治。"张佩兰说。

"良医是可请，也必须请，但还是转移在急。"陈廷杰说明利害，张佩兰这才勉强答应。

宣汉郊外，有一个僻静的小场镇，镇辖一个大村，叫下八庙，是一个既偏僻又繁华之处，但除当地土人之外，很少与外界接触。陈廷杰先遣重兵驻在四周，然后便秘密转吴佩孚于村中。

吴到下八庙当日晚上，即昏迷不醒，点水不纳，开始喋喋呓语，但语言十分含糊，无人可辨。张佩兰更怕了，她仿佛感到其势不祥，求佛烧香而外，暗自关起门来，用黄表纸为丈夫求卜。

吴佩孚是由于忧郁和气闷而引发的病，出了一次大汗也就好了。只是，从此之后，他的性格变得沉默起来，连夫人也不想多谈话。秘书长、参谋长为应急而向他提出的"或速从紫阳入陕，或速由兴山入鄂"的建议，他只淡

淡地望一眼，便放下不理了。处境艰难，来日渺渺，何去何从？似乎都与他无关，他在下八庙，不过是悠闲度假而已。

——有什么办法呢？机关算尽，到头来不是还得受形势的摆布么？与其算路难通，倒不如耐着性儿，因势利导吧！吴佩孚猛然产生了听天由命的思想。

逐鹿中原的蒋、冯、阎大战，更趋激烈了，北京的扩大会议也就要开锣。四川的刘文辉一反沉默而响应冯、阎，结成了川中将领反蒋统一联盟。这显然是对着吴佩孚的一派"明媚春光"！到了9月6日，邓锡侯、刘文辉、田颂尧便发出反蒋通电；9月8日，他们又联合杨森、刘存厚等人，由李家钰领衔，代表该五部旅长以上军官发表通电，畅论国情，坦诚表露自己的观点。电文说：

> 桂军奋力于江汉，张军举旗于宜沙，唐部护党于中州，石部挥戈于浦口，冯、阎两军则再接再厉，正义所趋，不谋而合……蜀中非坐守之国，明智以进取为先。应迅举义旗，克期东指，会师宜汉，分道前驱。

这个主张，竟和吴佩孚东出夔门的目标完全一致。吴佩孚的"病"完全好了，他在小小的下八庙，又运筹起国事来。五十六岁的吴佩孚，流川四年，身体略有发福，但性格变化很大：沉默起来，闭门静坐，谁也别想听到他一句言语，更别想见他一个笑脸；兴奋起来，却又夸夸无度，他身边的所有人，谁也别想清静片刻；有时候午夜坐起来，还要攀谈、争论。

国内形势骤变，吴佩孚的下八庙顿时热热闹闹。忙乱之中，他忽然想起一个消声多年的四川文人罗荇农。他问陈廷杰："川中有个叫罗荇农的人，不知还在不在？"

"是不是当年八国联军攻占北京时作过议和委员的那个罗？"陈廷杰问。

"是他。"吴佩孚说，"当年袁项城任直隶总督时，他在幕府走动，是个颇有运筹能力的人。"

"他还在。"陈廷杰说，"听说常在邓锡侯那里。"

"我很想结识这个人。若有可能，我真想把他当成一臂。"

"这容易。"陈廷杰说，"派个人去，一请准到。因为他这几年很失意。"

"那你赶快找个合适的人去请他，就说我很敬慕他。"

罗荇农被请来了。这是一个业经朽得像一块腐木似的人：瘦瘦的身个，瘦瘦的脸膛，连眼睛也是瘦瘦的。穿一件长衫，戴一顶礼帽，手里拿一根拄杖，杖头雕着龙头。貌虽不惊人，气宇却还不凡。见到吴佩孚的时候，只鞠了个躬，轻轻地喊了声："玉帅——"

吴佩孚求贤若渴，不能不礼贤下士。忙站起身来，展开双臂扑向他，说："罗老先生，一向可好？"

"托玉帅福！"罗荇农说，"还过得去。"

"我们曾经见过面。"吴佩孚说，"当初在保定……"

"往事莫谈了。"罗荇农说，"玉帅把老朽找来，必有吩咐。但请开门见山，老朽定然鞠躬尽瘁。"

"子玉入川以来，甚想做几件有益于川人的事情，怎奈各方掣肘，力不从心。听说先生声望颇高，但愿能助我一臂。"说着，吴佩孚转过胸去，对陈廷杰示意一下，陈廷杰微微一笑。

"罗公德高望重，川人无不敬仰。玉帅了知罗公与刘湘军长是老友，与邓锡侯将军是同乡，并与范绍增将军私谊甚厚，故而请罗公以副秘书长身份在各位中与之通融，共成大业。""事情我倒是乐意做，这副秘书长一职么……"

"名正才能言顺，"吴佩孚说，"罗老先生还是别推辞了。"

不久，罗荇农便开始了重庆、成都行。

吴佩孚又兴奋了，兴奋得忘了吃睡，他在下八庙里，一忽儿写信给范绍增，以教训的口吻对他说："隶人旗帜之下，自难独立进退，所冀能偕仲三（即潘文华）之徒，力回其意，期与各方同一动作。"一忽儿又写信给潘文华，嘱"向刘湘进言，勿再固执，坐失良机"。在吴佩孚看来，此次出川，绝不同于以往，完全可以一举成功。至于越过重庆这一重镇，吴佩孚想："不是刘湘加入反蒋组合，即是武力夺取渝万，绝不再姑息他。"

吴佩孚的信心不是凭空而来的，下八庙虽偏，却像人体中的任何一支脉胳一样，是相通联的！南京的蒋介石在对付冯阎的同时，在与东北磋商调停条件的同时，亦曾派遣使者来到下八庙，愿意和吴一道力挽狂澜；他的旧部于学忠，亦穿针于东北之间，何况东北所派接收北平、天津两大员中，于学忠则是其一，并担任了平津卫戍重任。"只要我加强与东北方面的团结，我就有了更广阔的活动地盘。"所以，吴又同北京加强了信使往还。与南京的函电也逐渐频繁起来——"我下八庙，目下已处于中枢神经地位！"吴佩孚在做梦！是在睁着眼睛做梦！

张学良与蒋介石合作了，突然发出调停电报，挥兵入关，占领了平津；

北平的扩大会议仓皇间偃旗息鼓；冯阎反蒋之战节节败退，蒋反而操了胜券；四川刘文辉的反蒋计划成了幻想；

刘湘神气了，立即发出通电，响应张学良"弭兵息乱"通电，主张拥戴中央，完成统一……

吴佩孚从天空跌到地穴，又迷惑、徘徊，不知去从了。

吴佩孚不神气的时候，蒋介石神气了。冯阎已无虑，东北又修好，北平气焰也息，四川只有少许分子，吴佩孚却是他们的"主心骨"，因而，蒋介石笑嘻嘻地做了一个决定："欢迎吴佩孚来南京会晤。"并在电报上说，已在杭州为吴布置了行馆，到时，将陪同他一起，畅叙国事。蒋对吴，一时间真可谓"言甘币重，谦礼有加"。

吴佩孚坐在下八庙的密室，心里猜测起来："我和蒋先生没有如此厚情，我在四川，他是不放心的；我要干什么，他是明白的。他为什么要来请我，并且如此盛情？"思索之后，他淡淡地笑了："这是一次鸿门宴！"

鸿门宴归鸿门宴，在这个特定的环境下，戳穿它，显然是不明智的；逃脱，是无济于事的，临时措施，只好立即复电，欣然表示应召前往。

电报发出之后，吴佩孚把高参都请到下八庙，拿出蒋介石的邀请电，说："各位斟酌一下吧，看看我们是立即东去南京，还是滞留四川，还是另有高见？"

陈廷杰迫不及待，他立即站起，慷慨激昂地说："南京，绝对不能去！蒋介石野心极大，对于妨碍他独裁中国野心的人，他绝不放过。请去南京，明显是一条诡计，不能上当！"

刘泗英比较沉着，他说："目前，大局对蒋先生有利，蒋先生积极修好，兴许是一个大人物的心胸，有大海之量，可以容纳百川。不去是不是有悖于理？"罗荇农叹息着，摇着手，慢条斯理地说："应该首先肯定的是，蒋先生此请，绝非修好，这颇有点赵匡胤对待南唐之态度。但是，请——他又占着一个礼字。这样，此人的两面性便显现无余了。我们怎么办？好办。以其人之道还治其人之身！回电给蒋先生，应邀前往，但应而不往，以观形势。

不过，绥定是不能久住了，我们必须借此平稳之机，另寻他途！"

吴佩孚十分欣赏罗先生之见，说："我对蒋不存幻想。在政治上，此人虽奸，但毕竟嫩些。就照罗先生之见，做点小小的姿态给蒋先生看看，我们干我们的。"

1931 年 5 月 22 日，吴佩孚在下八庙发出发东行通电：

> 此次承蒋介公电约南游，溢精之爱，义当即日敬赴嘉招，借酬雅意。居蜀五载，诸叨庇拂，青城峨眉又屡经袍泽见邀，迄未一往。名山胜友，两系于怀。际兹首夏清和，便拟寻幽访旧，兼与诸友临歧把别，面申谢悃，随即取道渝万，转轮东趋。佩孚野鹤闲云，踪迹所至，务请诸公视为寻常羁旅，但期快谈风月，一偿夙愿，万勿稍事供张。掬诚奉达，尚祈惠察。

吴佩孚的通电，无疑是通知了成都和川北的邓锡侯、田颂尧、刘文辉、杨森等人："我要走了！"于是，一封封欢迎他的电报，接踵而至，他们盛情欢迎，准备接待。李家钰、罗泽洲还在电报上说，吴经广安时，便前往顺庆、潼川去浏览嘉陵山水。邓锡侯单独电吴，"望早日光临成都，供张候驾，在礼必然"。

吴佩孚声东击西，以防万一。由下八庙启程并非东行，而是西行。蒋介石并非蠢材，吴佩孚的举止，他已猜透几分。于是通知刘湘，嘱其"在吴离川时所经行途间，妥为'保护照料'"。

什么保护照料，乃监视罢了。

第二十一章

出蜀入甘

1931 年 7 月 16 日。四川省省城成都。

几阵南风，使这个素称"天府之国"、芙蓉城的地方，猛然增添了暑热。这个已有两千三百余年历史的古城，虽然连遭兵祸，却依然俊秀；街巷两侧的芙蓉树，茂密绿碧，四十里如锦乡。

这天上午，城北驷马桥地方，军容整齐的仪仗队，从早便敬候在那里，他们在迎接着从潼川到这里来的孚威上将军吴佩孚。

吴佩孚是 5 月 22 日发出"应蒋邀东行"的电报之后，23 日经绥定和刘存厚叙别，取道渠县，26 日抵达广安的。他本来想马不停蹄地，但走不动了——西去怎么走？有多大艰险？他心中无数，他要等待杨森。唯有听命于杨森，他才放心。然而，杨森在重庆却又迟迟不得行，吴佩孚心急如焚地在广安住了二十一天，才算把杨森行程落实。6 月 17 日他到了顺庆，李家钰、罗泽洲给了他盛情款待，挽留他一住十日。川中秀丽的山光水色挽住了这个戎马倥偬的将军，他在由顺庆去潼川的途中，竟被蓬溪、射洪的景色又迷恋了多日，直到 7 月 8 日才抵潼；四天后离潼，又投入新都宝光寺。孚威上将军的游兴真可谓浓矣。可是，谁又理解他举足踌躇的苦楚：前途未卜，他不得不谨慎慢进哪！

驷马桥，原名叫升迁桥，是成都的五大名桥之一。据说是因西汉文学家司马相如的风流雅事而得名——司马相如与卓文君结婚后二进长安求官时经过此桥，在桥头柱上题下了"不乘驷马高车，不过此桥"的壮语。后来，司马相如写了《子虚赋》《上林赋》等文章送给汉武帝，深受武帝赏识，官授中郎将，果然乘高车驷马，衣锦荣归，此桥因而得名。川军将领们在驷马桥迎接孚威上将军，不知是想让他表一表"不乘高车驷马，不再过此桥"的未来雄心，还是为他业经有了高车驷马而祝贺。

至午，吴佩孚的车马到桥头。

迎候在这里的邓锡侯、田颂尧两个军长匆匆走上前去，向吴佩孚敬礼、握手。吴佩孚在桥头把他的夫人、儿子和政务处处长刘泗英、正务处帮办吴孺谦、参谋处长张方严、参谋处帮办张佐廷，承启处长白坚武、军需处长赵子宾等人——他身边只有这些人了，一一介绍给邓、田。大家礼貌相见，然后并驾穿仪仗队，送吴佩孚至交涉署行辕下榻，其夫人张佩兰另住玉泉街副秘书长罗荐农家中。吴佩孚在成都有了落脚处，他深深地舒了一口气。

吴佩孚到成都，摆出一副轻松愉快的样子，终日和僚属、文人雅士游山览水，作书绘画，诗酒酬和，绝不谈时局，绝不谈军政。仿佛中国一切都太平无事了，吴佩孚取乐几日即将去南京，和蒋先生共商治国大计。

吴佩孚是被时人称作儒将的，但他对成都却是陌生的。他不能以无知的面目出现在成都人面前，在绥定，他向罗荐农请教过，罗荐农只告诉他成都的历史。他很不满意，他要了解更多更详细的这个地方的史料。"堂堂一个大帅，绝不能让人说我无知、无识。"他是将军，他是学士，他只想让别人在他面前显得无知，而他自己却不能在大庭广众下向任何人请教！在潼川，他便命人买了许多关于天府之国、关于成都的史料，他虽然由于行军仓促，还是掌灯读到深夜，读到他自我感觉不至于丢脸时才放下书本。

在成都，他给自己安排了一个游览日程表，他要先去武侯祠，再去杜甫草堂，再去望江楼，再去……总之，他要按照自己的熟悉程度去浏览这个天府之国的胜迹。

去武侯祠那一天，晴空骄阳，成都的气温猛然高了许多。于是，吴佩孚和夫人还是决定坐轿子前往。轿出南门，吴佩孚又犹豫起来："去武侯祠么？"

吴佩孚对诸葛亮的印象并不好，总觉得这个人太神化了，化得有点假，有点冒险。未出茅庐便知三分天下，他不相信。

轿子在武侯祠门外停下来。吴佩孚出了轿，打量这座古老的建筑，倒也感到壮观、雄伟。当他漫步踏上门外石阶，再抬头，却疑虑地问："这不是武侯祠么，为什么书'汉昭烈庙'四个字？"

随在他身边的罗荇农忙搭话解释："昭烈，是刘备死后的谥号，所建刘备之庙与武侯祠相邻。明初蜀献王朱椿将武侯祠并入昭烈庙，故书此四字。"

"这个朱椿也太势利眼、太献媚了，他为什么不把昭烈庙并入武侯祠？"吴佩孚有些不高兴了。"中国人有一种软骨病，总把人王地主看成神圣不可侵犯，什么事情都得依着他们为转移核心。瞧，一个普普通通的祠堂，竟弄得如此不伦不类！"此刻，他竟为诸葛亮怀有莫大的委屈感了。

大约就是入门扫了兴，在穿行在这座五重四院的宏伟建筑中，他一直郁郁不乐，不说话，看得也不认真。后来，当他来到二门前右侧那块蜀丞相诸葛武侯祠堂碑前，他才面露笑意。他端详着碑体，端详着碑文，品评着书法，不住地点头微笑。

武侯祠出来，他们又去了杜甫草堂。虽然吴佩孚很欣赏杜诗，但由于心神不定，他只匆匆来去，便转回住处。

吴佩孚在成都悠闲自在的游览名胜之际，在成都的军阀头头们都在极不悠闲地思索着他的去向，人们对他的"寻幽访旧，临歧把别"总不放心：二十四军军长刘文辉，已应刘湘之邀，到重庆举行会议去了，无论吴去何处，与他是无关的；二十八军军长邓锡侯、二十九军军长田颂尧，身具双重担子，既要保护吴，将来好令他如期东行，南京会蒋，又要防着吴，何况他们已隐隐感到，吴的西上峨眉，绝非浏览山水，而是另有他图，阻是阻不住的，只是将来责任如何开脱？刘存厚、杨森、李家钰、罗泽洲，则明确对吴表示："蒋介石阴险万分，口蜜腹剑，绝不可轻信。"吴佩孚决心早定，认为"南京之行，必落入蒋的牢笼，将永无脱身之日。不能去。必须即赴陕甘，招抚旧部，徐图北上"。

一日，吴佩孚游浣花溪回来，乘着游兴和酒兴，约邓锡侯、田颂尧相会。一见面，他就开门见山地说："承蒙二位的盛情，佩孚日后必当厚报。梁园虽好，不是久恋之所。今日请二位来，是想对二位说明，我要率队北上了！我知道二位会给我方便的。咱们就商量一下北行路线吧。"

邓、田虽对此话并不惊讶，但今天说出，还是感到来得太快了，便有意挽留。

邓锡侯说："成都还有一些民众团体、党派组织、宗教人士都想拜见，聆听教诲，是否缓行几日？”

"可以见见他们，"吴佩孚爽朗地说，"只是不必过于声张。无论如何，不要张扬过度。"

"这是必然的。"邓锡侯说，"北行大计，是否再斟酌一下？"

"不必了。"吴佩孚信心很足地说，"现在形势，千载难逢：于学忠已控制了京津，冯阎均愿与我重新配合，只要陕、川、甘、宁、青能够联为一体，大事将就可为！"

田颂尧心事重重地说："大帅北上的路线是否决定？""决定了。""怎么走？"

"不必迂回周折，"吴佩孚像部署作战方案似地说，"只需取道川北的绵阳、广元、剑阁，突入秦中，便可转往天水，即万事大吉。"邓锡侯点点头。"是一条通途，舍此再无捷径。"

"我认为此路并不畅通。"田颂尧说，"川北不一定太平无事。"吴佩孚立即责问："为什么不可取道川北呢？"田摇摇头，半日才说："怕安全有问题。"

邓锡侯和吴佩孚一起深深地抽了一口气，谁也不再说话。但他们都明明白白：这是田颂尧在推脱责任——

田颂尧有他的顾虑：蒋介石约吴南京会晤，吴亦公开表示在成都游览之后即由渝万东下。果然吴跑了，正是经过田的川北防地、由秦岭北跑的，蒋介石会发十分的怒，而这盆怒火必然会倾在他田颂尧头上。与其将来担那个责任，倒不如今天拒绝假道为好。

吴佩孚看透了田颂尧的心思，便说："那也好，再选一条道吧。咱们大家都想想，想好了，再谈谈。"

次日，邓田二军长又在望江楼举行了一次盛大的游园会，来为吴佩孚送行，并盛宴于崇丽阁，请名厨黄静宁烹了一客筵席；饭后，又去卧龙桥川北会馆看了一场川剧。

吴佩孚轻装简从，乘着一辆骡马轿车来到锦江南岸的这座胜迹。田颂尧迎接着他，扶着他的手臂朝公园走去。

"成都，果然是一个名不虚传的文化古城！"吴佩孚游了多处胜迹了，他对成都已不是概念的想象，而是真实感受，亲目所及，处处使他心旷神怡。"有朝一日，国家安泰了，我倒是想迁来永住呢！""我也解甲相随。"

田颂尧说。

"好，好！咱们种花、养鱼、写诗、作画，锦江边上还可以垂竿三日！"

吴佩孚对望江楼未曾作认真了解，只觉得是临江而建，应景而已。直到他在田颂尧相扶下将要走进院内，忽然发现门外一首奇联，才驻足沉思。那联文是：

> 古井冷斜阳，问几树枇杷，何处是校书门巷？
> 大江横曲槛，占一楼烟月，要平分工部草堂。

"好工对的一副联。"吴佩孚情不自禁。"这'校书'指的是何人？"田颂尧一时瞠目了，——他只识枪炮，只知成都是兵家重地，历史文化，他却无心去了解，他觉得那是文人墨客的事情。不想，军人中，也还有吴子玉这样的文人。他有点心急面燥地转过脸来对随行的老文人罗荐农说："喂，罗老夫子，还是请你来批解批解吧。"

罗荐农笑了，说："校书并非实指那位校书郎，是假指一位女乐妓薛涛？"

可惜，田颂尧还是没能想起薛涛是谁。

"唐代的女诗人。"罗荐农说，"原籍长安，随父入蜀，父死家落，遂入乐籍。以诗才闻名于世，与当时的元稹、杜牧、白居易、裴度、刘禹锡等有唱和。时称女校书。""怎么葬在这里了？"

"晚年在碧鸡坊建吟诗楼，即在附近，死后葬此。故址已废，清人始建此楼。"

吴佩孚点点头，说："倒是要好好读读她的作品。以身世而谈，此女很像李清照。想来，其诗恐也不少'凄凄惨惨戚戚'。"

"薛涛字洪度，史载有《洪度集》存，情调伤感。但后人已不见其集。"

"川人应该厚爱薛涛，"吴说，"要整理、搜集她的诗文。"

川北会馆看的那台川剧，是由著名票友张志清串演的《三难新郎》，是秦少游与苏小妹的风雅趣事。那个张志涛的做唱，都是极有功夫的，吴佩孚虽鲁人，对于川剧唱腔中的吱吱呀呀和浓重的川音不润，那功夫却使他神往。他感到有昆腔，高腔之美。所以，全神贯注。戏演之中，左右议论其剧情，才使他惊讶了——

有人雅谑："此剧不正是吴玉帅的写照么？玉帅入川，困处白帝城，是一难；后被通缉，逃入云雾山中，是二难；东征不成，被阻凉风垭，是三难。真可谓'天府国三难玉帅'了！"

吴佩孚听在耳中，击在心上。他神情一慌张，想："我吴子玉入川，果然历经如此三难。难道川人真有意借戏嘲我？"那以后，他的精力便不在戏上了。

卧龙桥听戏归来，已是深夜。吴佩孚醉了，酒醉，戏也醉。他躺倒床上，很快便发出沉雷般的鼾声——他很少有鼾声，夫人常夸他睡觉平静，说他"比猫睡得还平静"。今日忽然鼾声雷动，随人感到不安。果然，午夜刚过，他便完全清醒过来了。"来人！"

"大帅！"人答。

"速请邓军长，我有急事。""是！"

人还未走，他又吩咐："备车，我去访邓军长。"

邓锡侯深夜闻知吴佩孚来访，知道必有急事，忙穿衣迎至小客厅。

"大帅，有急事，何不吩咐一声？"邓锡侯说，"深更半夜，怎么亲自赶来了。"

"事急，非面谈不可。"吴佩孚坐下，端起邓锡侯递过来的香茶，又说："川北不可行了。田颂尧有他的难处，咱们体谅他，不要勉强。""我再同他谈谈，如何？"邓锡侯还是抱有希望的。

"不必了吧，"吴佩孚说，"他决定了，不易改。咱们不可强人所难。"

吴佩孚一句一个"咱们"，显然，他向邓锡侯表示了一个更亲近的态度。邓锡侯也觉吴佩孚深夜赶来，这行动就不一般。于是说："大帅，时至今日，大事已成定局，东下绝不可行，北行再难，只有这一条路了，走下去。"

"是得走下去！"吴佩孚说，"常言说得好，'求人不如求己'。我左思右想，只有走灌县这条路了。灌县西行，可以名正言顺地说是游青城胜迹，其实，我可以越过原始森林荒凉地带，迅速进入甘南。路虽艰险，但无人觉察，路又近。再说，灌县至甘南武都、文县，全是你的防地，又十分安全。"

邓锡侯轻地笑了。"我也曾经想到这条了，只是太荒凉，又有一段森林，怕大帅和眷属无法适应。"

"不要想那么多了，就这样定了吧。该安排的，你去安排。""重庆那方面……”

“有秘书长在那里，他会周旋。”吴佩孚说，“等到了甘南，再告诉他就是了。到那时，不管刘湘如何发作，一切都晚了。”

“我的龚（渭清）旅住灌县，那是极其可靠的，他会全力照顾你。”“事太紧迫，万望缜密。走前我就不再单独见了。”

午夜与邓分手之后，吴佩孚即把他几个新任师长和各处随员召集到一起，说明处境，说明行径，然后说：“这是破釜沉舟的一举了，走到甘青，前途光明；走出川东，我们将永无再生之日！愿大家同舟共济，患难一心！”

送别吴佩孚的盛大群众会，是在城北文殊院举行的，由前四川都督尹昌衡主持。这个盛会是由成都中华平民促进会、中国红十字会四川分会、成都男女青年会、成都中西组合慈善会和四川佛教会等五团体联合出面。

那位前尹都督戴上老花镜，之乎者也地念起手里的颂词，场上不时发出噼呖啪啦的巴掌声。颂词读完了，尹老夫子双手将讲稿捧到吴佩孚面前，深深一揖，又说：“吴玉帅，大驾临川，川人之幸！大帅离川，川人十分留恋！愿大帅收下川人这片诚心，敬祝大帅一帆风顺，万事成功！”

吴佩孚在巴掌声中，也说了感谢的话：“佩孚来川五年，无处无时不得到四川父老乡亲的关注爱护，袍泽之情，终生不忘！本当久留天府之地，怎奈蒋先生介石公屡电相邀，需急赴南京商量国是，不得不暂别诸位。青城一游，即要东下金陵，俟国事一毕，佩孚仍愿再返四川。到那时，我们还可重欢于天府，共登峨眉金顶！”

吴佩孚依然高唱“东下金陵”之调，其实不过是使其亲蒋派释其疑罢了。

7 月 27 日，吴佩孚离成都到灌县。邓锡侯亲自护送至灌县，并厚赠旅费。握别时，邓对吴说：“玉帅，只管放心前往，龚渭清是个十分可靠的人。”

吴佩孚颇为留恋地说：“几个月来，承蒙厚爱，吴某铭记心头。日后若有机会，定当重报！”

“何必谈报。”邓锡侯说，“相依处还多，相互关照吧。”邓又说：“甘南还有我的刘丹五部，我已电告他们，他们会照顾玉帅的。”

吴佩孚到青城，像在成都一样，悠悠闲闲，游山玩水，每日会见文人雅士，作书绘画，诗酬酒应，暗地却把他前驻甘办事处长汪澄波找来，仔细交代，派其先去天水、兰州活动，争取那里的支持。

吴佩孚离开绥定之后，最不安的是刘湘。他对吴的行前通电就极不相信。他了解吴佩孚，知道此人是懒于山水风光的，"时局纷乱，前途未卜，一个权欲熏心的人，他怎么有心情去访旧友、观名山呢？"刘湘把这个想法电告了南京的蒋介石，蒋介石即连连电催吴速来南京。离成都之后，吴几乎每日都收到蒋的催促电报。在青城住下，他即给上海的马福祥致电，请他作为自己的代表，去见蒋介石，转告蒋"在青城游兴尚浓，致迟东下，更加身体略有不舒，不适远行。稍俟时日，即可东下"。

马接吴电，已知一二，除表示"即行往见蒋介公"之外，并对吴说："人之相知，贵在知心，原不在乎形迹。"马已料定吴不会前去南京了。

吴佩孚在青城流连十二天，待一切都安排妥当，已是 8 月 8 日，他便借口去灌县汶川县交界处的龙池游览，即率领全部人马、眷属由汶川、茂县、松潘，越过原始森林区直奔甘南……

在重庆住着的陈廷杰，8 月 7 日还去刘湘处打听"东行船只的安排情况"，因为刘湘"办事不够认真，船只落实不够稳妥"，他还说了许多抱怨的语言；8 月晚上，他便匆匆又去找刘湘，心平气和地对他说："刘军长，有一件急事，奉玉帅命特来报告。""什么事？"刘湘感到形势不好。

"玉帅让我转告将军，在川期间，承蒙厚爱，本当前来当面致谢，因行迹匆匆，让我代致歉意，蒙情处以后重补。"

"他……他……你们的玉帅到哪里去了？"刘湘惊恐万状，语无伦次。

"玉帅已在三日前由青城动身，经汶川、茂县、松潘前往甘南去了。""往甘南去了？！"陈廷杰点点头。

刘湘软瘫瘫地倒在太师椅上。

第二十二章

入甘路上

就在吴佩孚由蜀入陇期间，中国发生了一场最悲痛、最深重的灾难——"九一八"事变！

1931年，蒋介石狂热地集中主要兵力向中国的红色地区展开了"第三次围剿"，顽固地推行着"攘外必先安内"的反动政策。恰在这时，日本帝国主义者吞并中国的野心也在狂热，蒋介石这一政策给日本人提供了实现野心的良好条件。

中国富饶的东北，又在沉重地虚脱：辽阔的地区，兵力十分分散。统帅张学良和他的主要助手都远离东北而蹲在已不是京城并改名"北平"的原京城北京。东北的两条交通大动脉，操于日本人和苏联人之手。

"九一八"事变前的七天，即9月11日，蒋介石把张学良叫到石家庄，以严厉的口气对他说了这样一段话："最近获得可靠报情：日军在东北马上要动手，我们的力量不足，不能打。我考虑到只有请国际联盟主持正义，和平解决。我这次和你会面，最主要的是要你严令东北全军，凡遇到日军进攻，一律不准抵抗。如果我们回击了，事情就不好办了，明明是日军先开衅的，他们可是以硬说是我们先打他的。他们的嘴大，我们的嘴小，到那时就分辨不清了。"一副投降派的嘴脸，暴露无遗！就是这副嘴脸，把东北，把中国的整个大门都敞开了。大门已开，狼自然进来。

侵略者终于动手了。9月18日凌晨三点，日军打响了第一炮，跟着便是万炮齐发，射向沈阳北郊的东北军大本营——北大营！

东北军由于接到了不抵抗命令，即分三路分别后退。一路由新民、大虎山退到锦州；另一路经铁岭、开原退向通辽；再一路由辽中、营口、台安退入山海关。9 月 19 日，侵略者又向长春以南各县和沈大线、沈安线较远的城市发起进攻。至 9 月底，除锦州以西地区之外，辽宁省全部沦陷；10 月 10 日，吉林省全部沦陷；1932 年初，整个东北全部沦于日本帝国主义铁蹄之下。张学良这才泪流纵横地说："国土不能守，父仇不能报，我是一个民族罪人，我有何面目再见东北父老？"

川甘之交，天高皇帝远，一切内外消息几乎全断；再加上吴佩孚是秘密北上，正不愿与外界接触。所以，他只求匆匆赶路，余事一概不问，"九一八"之惨，尚未惨到他。

吴佩孚从汶川北上，急忙忙穿过茂汶羌族居住区，便进入原始森林区。荒原无边，郁郁葱葱，穿林行道，也隐现无踪；树林之内，草荒荆乱，鸟兽出没，一派恐怖气氛。吴佩孚催促队伍，日夜兼程。好不容易，历经三日，才出了森林区，但面前却又是一片茫茫草原。兵疲马乏，实在走不动了，他们只好觅寻一个村镇住下。

这里是川北松潘草原，是四川唯一属于黄河水系的地区。目下虽是 7 月雨季，但草原上的所有沟渠几乎全是干枯的，一阵风起，草卷沙飞，弥漫半天；几片稼禾，也多萎靡不振。

吴佩孚暂住的地方，叫薛儿盖，距松潘约三十公里。镇上约有两百户人家，以农牧业为主，商市极其萧条，吴兵多半住在百姓的院外树下，吴的行辕是安在一座早已破旧的教堂里。地僻天荒，百姓一见来了大军，十分惊慌，家家闭门，户户息烟，镇子变得死一般寂静。好容易找到了两位管事的人，总算筹到了供大家临时解饥的水米柴。吴佩孚住进刚刚清扫干净但却气味难闻的正房以后，心情猛然烦恼起来，他感到前方太渺茫，太可怕了。四川五年，几乎连残兵也全部丢掉了，美梦一个一个地破灭，最后被逼进森林，逼进荒原。"入甘，入甘又会怎么样呢？"他把甘青等地的"西北王"一个一个地排队，他觉得那些人，并不比四川的几个好，自己又是在如此狼狈的景况中到来，人家会怎样对待呢？吴佩孚感到失落后的窘况了……

晚上，刘泗英想方设法办了一席还算丰盛的晚餐，又从商店里买了两瓶老窖，把吴佩孚及其夫人、儿子请出来，想劝慰他们一番。这位川籍的政务处长，自从追随了吴大帅之后，便坚定了做一番事业的雄心，认定吴佩孚是个大柱子，是一条暂困沙滩的蛟龙，有一天，他会腾云驾雾，会成为中国叱咤风云的人物。他要为吴鞠躬尽瘁！

刘泗英把酒斟满，双手捧起，说："玉帅，明天咱们就要离开四川了。大帅进川五年余，泗英相随四年余，深受教诲，却无寸功。今天敬大帅一杯酒，祝大帅前程从此海阔天空，造福华夏！"

对于刘泗英，因为是在他困难之际来到身边的，吴佩孚似有一层特殊好感；又加上刘周旋川事，几年来为吴助了一臂大力，虽然他觉此人能力平平，知识贫薄，也算难得之助手了。吴佩孚也捧起酒，说："我对阁下多有愧待，几次想同展作为，但事与愿违，大家都跟着我受累。俗话说，'将帅无才，累死三军！'我这个无才的帅，也只有对三军负疚了。咱们共饮一杯，永远同心战斗下去！"

行迹匆匆，处境艰难，也算人不逢喜事吧，酒自然也多饮不了，勉为酬谢几巡，越觉无味，便各自安息去了。

吴佩孚难以入睡，偷偷北上以来，虽然行迹诡秘，马不停蹄，他总感到一场巨大的灾难缠在左右，说不定哪一天，便被什么人的突然出击而彻底覆灭！灌县动身时，邓锡侯一说"派龚渭清旅护送"吴佩孚就吓了一跳，他怕他像大竹的厄运一样，突然一个不意就吃掉了他。

前日傍晚，他们仍在森林腹地的时候，由于道路艰难行动迟缓，龚渭清骑着马追上吴佩孚，意欲另选一条通道，以便顺利通过。那马来到吴面前刚一停下，吴佩孚便惊慌地拿出自卫手枪，大声问道："什么人？为什么要拦我去路？"

龚渭清跳下马来，说："大帅，这条路太难走了，左侧数里还有一条通道，是否改行那里？"

吴佩孚恐有埋伏，坚决摇首。"不改，不改。直往前去！"龚渭清又复述："那条路我走过，比这里好。"

"不再改行。"吴佩孚还是坚持说，"前边已有人带路，你不必再提，只做好护卫就行了。有事我自然会去请你。"

龚渭清上马走了，吴佩孚的心还扑簌簌地跳。后来，他告诉刘泗英："通知龚渭清，让他和我们保持一定距离，不必靠得太近。"

夜深了。吴佩孚坐在一盏油灯下，想看看书。但灯光太昏暗了，他的眼睛已昏花得辨不清爽字迹，他的那副曹锟送给的、镶着纯金边框的老花眼镜，一时也不在身边。他只好把书放下。

他想写诗——行军几日，踪迹无定，他无暇构思。现在，他已经跨越了那段恐怖的原始森林区，神情稍定了，他能想到的，只是将要入甘，入甘后会是一个什么处境？甘肃那群地霸会怎么对待他？甘、陕、青、新是有一群强硬的实力派，他们几乎个个都是独立王国。青海省有马麟，他是省主席兼骑兵一师师长；新疆有金树仁，是省主席兼边防督办；宁夏有马鸿宾，是省主席兼七师师长；甘肃有马文车，是代理省长，还有保安总司令雷中田、八师师长潘振山、九师师长马步芳……吴佩孚跟他们都相识。可是，他跟谁都不是莫逆！自己虽然还打出"孚威上将军"的牌子，打出"讨逆军总司令"的牌子，但是，毕竟是赤手空拳，是流亡之将了。他们那些地头蛇会这样厚待他么？吴佩孚想起了汪澄波。他未离成都时即派他去天水、兰州了。他曾是吴佩孚派驻甘肃办事处的处长，跟诸马等人关系很好。他派他早去，就是想让他先联络一下，探探各方意见和态度。"这个汪澄波，先行这么多天，连个信也不传来。西北各家到底什么态度？我去了，是吉是凶？为什么不回报一声呢？"

吴佩孚在昏暗的灯光下，缓缓地踱着步子，那巨大的身影，在四壁上游来逛去，反反复复。

正是吴佩孚昏昏欲睡的时候，兵士押着两个短装汉子进来，说是两个盗马贼。

"混蛋！"吴佩孚发怒了，"盗马贼还要我来处理？"

"他不盗马，"兵士说，"他们说一定要见首领，有大事要说。我们也不知什么'首领'，特押来见大帅。"

吴佩孚趁着暗淡的灯光一看，仿佛是两个江湖客：短装、束腰、头戴包巾，胸前插短枪，背后插长刀，满面凶相，目光凶狠。吴佩孚笑了："原来是小道上来的朋友！你们也不打听打听我是谁？竟敢来干如此荒唐的勾当。拉出去……"

其中一个人，仰起脸来，嘿嘿哈哈地笑起来。"拉出去把我俩杀了，是不是？你也不问问我是谁？你杀得杀不得？若是玩命，莫说你们这几个人，再多一点，也别想走出这片草原！"

"听你这口气，满有个师长的气派。"吴佩孚说，"我倒是真想知道阁下是什么人？报报家门吧。"

"慢！"那人说，"我得先问问你们是什么人？身份清楚了，咱们好打交道。"

"你到底想干什么？"

"很简单，明白说了，把你们的武器、马匹、车辆全留下。人么，去从随便。""噢，原来如此！"吴佩孚说，"你们是一批拦道抢劫的强盗。好，告诉你们，你们知道我是什么人了，还敢抢劫，我倒是真佩服你们！"他转身告诉自己的兵士："对他们说，我们是什么人。"

一个兵士说："你听着，这位便是堂堂大名的孚威上将军、讨贼军总司令吴……"

——原来这川甘青陕毗连地区，有许多伙非兵非匪的强盗群，他们有时打着军队的番号，派粮派捐，有时却又拦山劫道；有的三五百人一伙，有的数千人一帮。各霸一方，横行霸道，官军多不敢惹他们，有时还得依靠他们。

松潘草原北至甘肃文县、康县一带，为大土匪魏成弟一帮人的老巢，有千人左右的团伙，以拦劫巨贾、官僚和小股官兵为主。三天前，他们探知森林里有一队散军正北上，便派人跟踪；及至这支散军进入草原，住在薛儿盖，他们便把人马调齐，将镇子团团围住。然后，那头领魏成弟便采取明诈的办法只带一个保镖进了镇，一定要找散军的首领说话；果然不行，便实行武力缴械。那说话的人正是土匪头子魏成弟。

那人一听，神情愣了一下，急问："你是孚威上将军？""这还会错！"兵士说。

那人转了一下身，忙对吴佩孚行了个半跪礼，说："大将军，请原谅，我真是有眼看不见大帅旗，冒犯了！""你就说说你是什么人吧。"

"我——"那人吞吐一阵子，才说，"康县马坝魏成弟。说真话，我虽然没入正道，对孚威上将军还是十分敬佩的。只要上将军能原谅，我立即撤去人马。"

"原来你就是威震一方的魏成弟！久仰，久仰！"吴佩孚说，"你在康县很有名气，听说你投靠马麟去了，怎么又自己独干了？"

"马麟？不够仗义，不投他。"吴佩孚心动了。他并不觉得这个魏成弟如何英雄，他只是觉得自己手下无兵马，能多一个也好，有心想收拢他们。于是便说："我知道你是一条好汉，你今天这样对我，我不怪你。你的用意还是好的。我此次由川入甘，正想办一些大事，如果你乐意同走一条道，我自然是很欢迎的。你看如何？"

"您是上将军，真欢迎我和我的弟兄？"

"怎么不欢迎？"吴说，"我在绥定河市坝曾将队伍编为三个师，如果你愿意，我看你的人马可以编为第四师。""你派师长？"

"那就没有必要了，你就是最有资格的师长。""这是真话？"

"你认为是假话，你便走。"

"上将军，我信。相信上将军的话是真。"魏成弟说，"我现在就去把弟兄集合起来，都归上将军管！"

次日天亮，魏成弟把他在草原上的弟兄全集到薛儿盖，足有三四百人。吴佩孚收了他们，编为第四师。从此，这支地方土匪武装便成了吴佩孚入甘的卫队和主力之一。

9月中，吴佩孚的队伍穿过松潘草原，来到甘肃文县。

文县，位于陇南山区，山岭绵绵，河谷深陷。县境被川军分成东西两片。东片，以碧口镇为中心，是由田颂尧的吕康团占领着；西片，以县城为中心，是邓锡侯的汉军统领杨抚权占领着。

离城二十里，吴佩孚便派人先去联络。当然是按照邓锡侯安排去找杨抚权。

杨抚权早已接到邓锡侯的电报，一见吴派来的联络员，忙去找县长郝墨庄。

这位偏远地方的小小芝麻官，也是个腐儒，早把县城看成"太和殿"一般。听说来了一位大帅，自然当成天神，忙点头哈腰："大帅能够光临敝县，不胜荣幸，我们要隆重迎接。除官兵之外，我再通知一下地方士绅、文人秀才，都一起出迎。也好表示一下咱们的隆重和盛情。"

杨抚权也说："吴玉帅是当今人王之驾，屈尊来文，当然是千载难逢之大事。文县官兵黎民有幸恭迎，自当是极光彩之举。该隆重，该盛情！"

一政一军、一唱一和，在这小小的地方，谁敢不从。于是，县城内外，净街清巷、张灯结彩；被安排迎接的无论官民，又是穿戴打扮，结队挽手，没有迎接任务的百姓，便各在门前，东张西望。默默已久的县城，一忽儿热热闹闹、沸沸扬扬起来。

快到五十岁的县长郝墨庄，在文县业经做了八年的父母官，早已满肚子怀才不遇的怨气。

现在，从天上掉下来个吴子玉，光是那两湖巡阅使、孚威上将军的牌子，就已经震撼整个中国。郝墨庄感到自己逢到了千载良机，他得尽其所能在这位大人物面前表现一番，要给大人物一个良好的第一印象。

郝墨庄毕竟是有点文化的人，总算想出一个高雅的办法，写出一篇措辞优美、结构严谨的歌功颂德的欢迎词。"吴子玉是儒将，金钱彩礼都动不了他的心，唯独歌功颂德，文人总希望名垂千古！"

郝墨庄主意想定，便连忙把县城中、县衙内能称得起文人学士的人都找来，介绍吴佩孚的身份、学识、让他们搜肠刮肚、大动笔墨。

统领杨抚权，手里虽然有一团兵马，也是个得陇望蜀的人，想着能够弄个旅长、师长的官当当，可又没有机遇。一听来了个孚威上将军、大帅，心里一亮，顿时产生了投靠之念。于是，他命令军队，全部穿上新衣，擦亮枪、整军纪，头脸都洗理得有个人模样，队列、步子再操练操练；自己也在熟练一番喊口令技术和指挥动作。

军、政两家紧锣密鼓地在准备，吴佩孚快到县城时，他们便列队出城、军民两分，在西门外摆开欢迎队列。

那一天，太阳也分外威严，炙人的光芒，直扑向荒凉的土地。光芒是热的，回射是热的，许多人淌了汗。最苦的，要算县长郝墨庄，衣着整齐，脑袋光秃，又鉴于身份而不便放肆，那晶亮的脑门上，早已冒出滚滚汗珠。他不断地拿出手帕擦抹。

人们翘首以待的西方，终于扬起了阵阵飞沙。飞沙之中，渐渐冒出了人影：三三五五，并不威武；几匹大马，不成队列的前进。人们怀疑是否迎错了。及至来到面前，又听得他们多操着直鲁口音，更觉怀疑。

幸好先来到的政务处长、川人刘泗英，和统领杨抚权有一面之识。他走上前来，做了自我介绍，然后说："吴玉帅的轿子在后边，稍候即到。"

散乱的队伍停步之后，随后，前呼后拥，出现了两乘大轿，几匹大马！吴佩孚到了！

此时锣鼓齐鸣，鞭炮震天，文县城的西门外，顿时热闹异常。县长、统领带着随员，缓缓地朝大轿迎去。

轿落，吴佩孚随着帘卷走出来。他便装素服，斯斯文文。在轿前静了静神，这才微笑着朝人群走来。

杨抚权、郝墨庄急忙走上前去，自我介绍，然后握手："欢迎大帅驾临文县！""大帅一路辛苦！"

吴佩孚点首，不住地说："谢谢，谢谢！"

统领、县长又分别介绍了各自的随员及名人。吴佩孚同他们一一握手，然后，自己又上了轿子，穿过人群长队，听着锣鼓鞭炮，径往设在县立中学的他的临进行辕——有人细心地数了数随着吴大帅到文县来的，坐轿、骑马、步行的都在数，总共不过三百多人。这是吴大帅的全部人马，城外还有一群新收的土匪，暂不敢进城。

欢迎仪式简化了，秀才们挖空心思撰写的欢迎词，自然成了废纸。献媚的人，感到扫兴；勉为应酬的人，庆幸没有丢丑；而较多的人，则心怀疑虑地说："这就是孚威上将军的兵马？一个大帅的队伍还抵不上一伙土匪的人多，他们怎么卫国闯天下？"

吴佩孚文县落脚之后，心情并不像出川时想象得那样轻松、舒畅。他尚未接触到西北的头面人物，然而他将要接触他们了，却产生了一种莫名的恐慌。他知道，草头王最看重的是实力，吴佩孚这个优势已经丧失了，他怕那些草莽英雄看不起他。那样，他便失去了立足的条件，别的事皆不可谈。所以，住定之后他就把八大处的头头全叫到面前，命令式地对他们说："你们在文县要立即做两件事：第一，牌子打出去，总司令部、元帅府、各处、各师，都挂出大牌子，哪怕只用白纸写也得挂出去；第二，发动所有的人去宣传，告诉这里的军民人等，说'我们有五万大军在川，是来和西北合作的，合作之后便东进鄂豫，戡定全国'。还要告诉他们：'有志建功立业的人，赶快趁这个难得的机会，加入我们这个集团，切莫错过良机。'"

安排妥当之后，他想静静地休息一下。他该休息了，穿过森林的时候，他就觉得头脑有些发涨；大草原的热风，又使他几乎晕倒。他在大轿里，仰无法仰，躺无法躺，他哪里受过这样的罪！

吴佩孚在文县的宣传工作做得并不理想，人们总在怀疑他"四川有没有他的大兵？""他说去戡乱戡谁？"相信的人不多，投靠他的人当然也寥寥无几，每天陪他的，除了杨抚权，就是郝墨庄，连他自己的亲随也很少同他相伴了。

第二十三章

兰州城昙花一现

　　文县地方很小，装一个大帅渐渐感到吃力。吴佩孚也觉得再在这里住下去，不方便的地方更多。所以，他决定即去武都。杨抚权率部亲送，驻武都的邓锡侯部刘凤山率队迎接。刘凤山又兼着武都县的县长，军政一统，本想盛情欢迎，怎奈武都也是甘南一个小县，县城小，川军多，早无余房，只好把吴安排在贡院巷清真寺内。于是寺院大门外又挂出了"行辕"和"八大处"的牌子，吴佩孚又开始了深居简出、谈经说道的生活。

　　就在这时候，在四川的邓锡侯给他发来紧急电报，详详细细地告诉他"九一八"事变和日本人侵略东北的情况。吴佩孚接到电报，十分愤怒，他觉得日本人欺人太甚，竟想吞了中国的东北，这是不能容忍的；另外，却有点暗喜，他想利用日本人入侵激起的中国人民的反抗高潮，联合各方，东山再起。

　　吴佩孚在清真寺召集了他的随员，磋商了应急措施——

　　吴佩孚用愤怒的口气介绍了日本人侵略东北的情况，最后提出两个意见，要大家去办：一、以孚威上将军的名义，向日本提出严正抗议；二、通电西北各省，联合抗日。

　　没有什么再要商量的了，人人都看明白了这不过是声张而已，有什么力量去行动呢？于是，只能从武都发出两个电报。

　　在致各省的电报发出后，吴佩孚又先后派刘泗英、白品清、赵子宾等人赴各省联络。不久，即收到川甘、宁、青、新五省十八位地方军阀联名请吴出来主持抗日军事的电报。电文除积极主张抗日外，还说：

> ……窃以吴上将军子玉，为国元老，韬晦蜀中，于兹数载。身虽寄乎山水，心常系于国家。际此外患危急之秋，翩然莅陇，谢安未老，共仰东山。矧其前戍辽东，适逢日俄战役，满洲形势，日本军情，观察靡遗，了如指掌。应请中央及全国袍泽民众，一致敦请出山，主持对外军事，为政府外交之后盾，作人民救国之先锋。麟等志切为国，愿赴疆场，马革裹尸，虽死尤烈。国将不国，敢有他心，迫切陈词，诸维亮詧。

电报归电报，抗日也还是遥远的事情，吴佩孚在武都还得干他该干的事：讲经讲易，讲"太极生两仪、两仪生四象"，有时还写字、画画。不过，这一些都已经不是主要的了，他得用力抓实力。除了在路途中加封的魏成弟之外，在武都，他又委任了西和大桥的马尚智、武都罗塘的周富银、武都五库的靳禄山等都为师长、司令，属他直接领导。这些人都是地方土豪势力，有的有枪四五百支，有的有枪七八百支，他们各霸一方，横行霸道；有了吴佩孚的加封，就更加肆无忌惮地勒索民财，并拿出一部分供吴需用。吴佩孚在武都还组织了一个"精一大道"，把当地的永盛公商号经理姚慕子、旧军中的哨官曹子佐等十多个较有影响的人收为道徒。对他们说，这个组织会救苦救难，"为什么叫'精一大道'呢？《书经》有云：'人心唯危，道心唯微，唯精唯一，允执厥中。'我们就是取的这个意思。"

吴佩孚每天忙忙碌碌干这些事，兼县长的刘凤山很为反感：境内外的土匪多是他的对头，剿还剿不灭，如今一个一个都成了他的顶头上司，在他面前指手画脚起来；那些入了"精一大道"的人物，以为有了吴大帅这个后台，也把县长不放在眼里了。可是，吴在武都的粮草还都得由县里供应，刘凤山每月还得给他送三百元零用，这个县长就更不高兴了。

一天，刘凤山去见吴佩孚，想谈谈治安情况。刘来到清真寺，吴坐在那里连身子也不欠一下，只对他轻蔑地点一下头，连座也不让。刘说："大帅这几日很忙？""忙。"吴只用鼻音应酬。"大帅最近身体还好？""好！"

"大帅没别的事我走了。""请。"

——原来吴佩孚听土匪头子和"精一大道"的徒弟们说了县长不少坏话，他想排斥县长，用自己的人代替。

刘凤山也算一方"土地神"，哪里吃过这样的钉子。临走时便说："吴大帅，我手下也很紧，往后这供应么，很有困难。"走出门后，刘凤山又气愤地说："你已经是走投无路的人了，还摆大帅架子，看谁再理你。"

不久，吴佩孚不得不离开武都，匆匆赶去天水。

天水为陇东重要城市，就近十县，为陇南绥靖指挥马廷贤所统领。马廷贤，也是个惯靠大树的人，本来他的部队已经接受蒋介石的收编，这顶"陇南绥靖指挥"的帽子还是蒋介石给戴的呢；可是，他不久前却又参与联名通电，要吴佩孚出来统一指挥中国抗日部队，并且派出代表吴庆安到武都去欢迎吴佩孚来天水。

为了迎接吴佩孚，马廷贤把吴的行辕安在天水最好的一座房子里——大城九间楼。九间楼是一座双层翘檐的青砖灰瓦楼房，窗明几净，花簇柳荫，楼上楼下，张灯结彩。吴佩孚到天水的那一天，马廷贤整队迎到郊外，然后并驾来到九间楼。住定之后，马廷贤说："大帅，为了更隆重地接待您，东校场已经聚集了机关职员、学校教员、学生和军队等人，等会请您去训示。"吴佩孚连连点头，但还是说："是不是过于打扰了？""大家都想见见您，不打扰。"

"好好，我洗一把脸，咱们就去。"

东校场是一座小型练兵场，聚集着三四百人，他们是被通知来听吴佩孚训示的。广场北边，搭起一座芦席遮盖的高高讲台，讲台前楣横写着"欢迎孚威上将军莅临天水"的横匾，台口站着两排武装整齐的士兵，台上放一张八仙桌，几把太师椅子，台正面壁上悬着孙中山先生的画像——天水是打着国民政府的旗号，当然是遵从孙中山先生。吴佩孚在马廷贤等人的簇拥下登上讲台，他没有入座，先打量一下会场，又看看讲台。当他发现悬挂着的孙中山先生画像时，即摇着头对人说："孙先生跟我意见不合……"

马廷贤一听，心中明白了，马上让人把孙先生的挂像摘去。马廷贤说了几句欢迎词之后，吴佩孚上台讲话，他没头没脑地先讲了阵子《易经》，说了一大套"有天地然后才有万物"的道理，然后说："现在，中国很乱，东北出了'九一八'惨案，你们知道么？"

吴佩孚讲了东北之后，又说："中国的南北方也乱，乱得无可收拾。天下兴亡，匹夫有责。国民党专权卖国，希望西北回汉团结救国。我是军人出身，愿为救国牺牲一切……"讲话之后，他便认真地接待各方人士。

吴佩孚在天水，头等大事还是拉拢势力，封官委任。只是，他挂出的招牌，却换成了"兴国军总司令部"。他委任马廷贤为骑兵禁卫军总司令兼陇南护军使，委任马部的六个骑兵团长均为师长；对于所有来到九间楼的各县县长、士绅、名流，都委一个顾问、参议、谘议的名义，令他们笑嘻嘻地回去。吴在他的行辕内还有一个"桃园普度"的组织，愿入者都可以签名参加。

吴佩孚在天水，马廷贤天天筵席招待。但和这番盛情款待暗暗相抵的，是一批亲南京分子，他们将吴在天水的活动——报告给了西安绥靖主任杨虎城，并且添油加醋地说："吴佩孚取道甘肃、宁夏将去华北与张学良、阎锡山、冯玉祥联合进行反蒋，吴将出任元帅。"

杨虎城是西北军的首领，他要建立一支完全属于自己的西北军。吴佩孚入甘之后大加封官委将，杨虎城当然有鸠占鹊巢之忧，便电报蒋介石。蒋介石对杨虎城，原本是不多放心的，怕他在西北势力过大，控制不灵。所以，对甘、青、宁、新等省的事，尤其是军权的事，尽量不让他插手，全由蒋直接安插、委派。现在，吴佩孚在西北插足了，插足的目的，是扩大势力，势力扩大了，目的是推翻他蒋介石。蒋介石惊慌了，他思来想去，最妥当的办法，当然是只有拉杨反吴，别无他策。蒋当即给杨一道"派兵入甘驱吴"的命令。杨虎城也正怕出师无名，引起蒋的反感，而今有令了，便名正言顺地派十七师师长孙蔚如以潼关行营参谋长的名义率部入甘，并令马廷贤立即将吴扣留。

马廷贤接到杨虎城的命令，犯了难："杨虎城是我的顶头上司，我这陇南绥靖指挥的职务是国民政府委派的，要执行上峰的命令，将吴扣留于天水，等待交付给孙蔚如。"他是军人，执行命令是军人的天职，抗命是要杀头的。

可是，马廷贤是派代表到武都把吴佩孚迎到天水来的，他又是十八将领联名请吴主持抗日军事的通电的成员之一，"这样扣吴，岂不出尔反尔，不讲信义了？"马廷贤也是西北一个草头王，有他的匪气和霸气，但也有他的正直和江湖义气；再说，蒋介石能否靠得住，他和西北诸将一样，还得走走看看。拿着杨虎城的电命踌躇许久，反反复复思索对比权衡，最后，他还是拿着它匆匆向九间楼走去。

吴佩孚正在写字。待吴佩孚在纸上用了印之后，他才说："大帅，有一件急事得跟大帅商量。""什么事？"吴佩孚问。

"这里有一封密电，大帅先看看。"

吴佩孚接过电报，从头到尾仔细看了一遍，眉头锁了起来——"嗯，原来是杨虎城命令马廷贤扣押我的！"吴佩孚第一个念头便是："要他扣押我的电报为什么拿给我看看？"想想马廷贤，他有点害怕了。"有胆量的土劣办事，常常显示英雄气概，马廷贤要抓我是不是也来个明明白白壮举？"吴佩孚身边没有实力了，新收编的人马他还调遣不动。马廷贤若真动了手，他是只好束手就擒的。他想厄运真的来到了。转念又产生了第二个想法，"马廷贤和他的团长我都加委升官了，难道他们还会反过来杀我？要杀不一定先对我说。说了，可能是好事……"事急，吴佩孚想不得再多了，他只得挺着脖子说："嗯，是一个很严厉的命令。说说你的意见吧。""第一，执行命令，将大帅扣押，转送西安杨主任处。""能够领多少赏？"

"不知道。"马廷贤说，"估计不会太少吧。""一个军长？外加三十万大洋？""不止这个码！"

"哟，会这么多？"吴佩孚说，"也好。我在四川，有两位朋友，一位是杨森，一位是邓锡侯。杨森尽力想帮我，力不从心，跟着我受了苦；邓锡侯帮我由四川来到甘肃，但是，正是他的队伍在大竹缴了我的械，使我成了世界上第一支有兵无枪的队伍。今天，我在甘肃只有一个朋友，那就是你马廷贤，若是我吴某人的头颅还能为马廷贤换来一个军长、三十万大洋的巨赏，也算我对得起朋友了。请便吧！"

"大帅能够这样成全我，我会对大帅永远感激涕零的。"马廷贤说，"不过，我还有第二……"

"说说看，如果你乐意的话。""正因为想说，才来找大帅。""好，我愿聆听。"

"送大帅去兰州！到那里该干什么，大帅就去干什么。"

"你不怕我反对你的顶头上司杨虎城和杨虎城的顶头上司蒋介石？""如果大帅不嫌弃的话，我愿追随大帅共同干到底！"

吴佩孚张开双手朝马廷贤扑过去。"你把密电拿给我看，我就知道你不会执行！"

马廷贤也紧紧拉住吴佩孚的手，说："要是执行这个密令，就是拿给大帅看，大帅也逃脱不了！"二人相对地笑了。

中国的西北，并不是铁板一块，争地盘、争权力之斗争，也在此起彼落，战火也就接连不断。1931 年 8 月，在兰州就曾发生了一个颇令世人震惊的"雷马事件"！

为了争夺地盘，甘肃省保安总司令雷中田突然把宁夏省政府主席兼第七师师长马鸿宾抓了起来，要杀了他。甘肃第四师师长高振邦则不同意雷杀马鸿宾，否则便坚决倒雷。一场西北人的内战在激烈酝酿之中。西北一部分迷信吴佩孚的人，均感到"雷马事件"只有吴出面调停，才会有妥善了结。于是，便有"邀吴来兰，调解雷马事件"的急电给吴佩孚，使吴佩孚的北上兰州有了冠冕堂皇的理由。

冯玉祥也一直很关注吴佩孚的行迹。吴佩孚在天水时，冯就有电报给他西北军的老部下，现任甘肃保安总司令的雷中田，问"吴玉帅现在何处？"吴佩孚天水出发北上时，雷中田又派副官长毛遵路在临洮等候。可是，当吴佩孚在毛遵路陪同下从临洮北上时，冯玉祥又有急电给雷，说："坚决拒绝吴佩孚入甘。"并说："吴到甘肃就会把蒋介石的军队引进甘肃。"

雷中田拿着冯玉祥的电报，心里打起了算盘："冯玉祥这是什么意思？问行迹时，又不说明用意；我们去欢迎人家了，你又要我们拒绝人家入境。我们怎么好失信拒绝呢？"于是，雷中田没有理会冯玉祥的电报，并且又派了旅长、原在洛阳跟随吴佩孚做过两湖巡阅使署差遣的蔡呈祥随同吴部先期到达兰州的交际处长刘宜宾赶到阿干镇去迎接吴佩孚。

1931 年 11 月 7 日。

兰州郊外水磨沟的八里窑地方，聚集着二三百人的欢迎人群，他们在等待着孚威上将军吴佩孚的到来。人群中有保安总司令雷中田、甘肃省政府代理主席马文车、四师师长高振邦及一些机关单位的首领等人。那一天，风和日暖，高原的初冬不显寒凉，人们也只初上冬装。

吴佩孚乘着一匹枣红色的高头大马，来到人前。吴佩孚下马和大家相见，一一握手，略事寒暄，即到为他布置好的行辕休息。人们惊讶地看到，吴佩孚的兰州行辕，除高挂五色旗外，大门口却悬起了"慈航普度"的木牌！

兰州，这座皋兰山北麓的中国"天心"城市，自隋开皇元年（581 年）置州以来，还算富庶，穿心而过的黄河，滋润着这片沃土。而今，竟是西北军阀争夺的中心，战祸兵劫的中枢。吴佩孚来到这个地方，突然变得沉寂起来，连欢迎他的场合也多不愿去，很少和外界接触，除了向中小学生作了一次"礼义廉耻"的演说之外，他从不在大小集会出面。五十七岁的吴佩孚，似乎业经看透了自己的"天命"，知道自己的黄金时代一去不复返了，不能再有什么"八方风雨会中州"了。吴佩孚在兰州的活动，多由参谋长张方严、政治处处长刘泗英通过雷中田的旅长蔡呈祥周旋。

蔡呈祥是个颇为干练的人，在洛阳时，他同张方严的关系就比较密切。这几个人往往商谈最多的，自然首先是"雷马事件"如何解决？

一天，吴佩孚把蔡呈祥请到行辕，问他"雷马事件"究竟是怎么回事？蔡说："雷总司令认为马主席侵犯他的地盘了，便趁着马来兰州的机会，扣押了他；结果，是高（振邦）师长把他看押起来的，高师长却同总司令的观点又不一样，这就带来了麻烦了。"

吴说："西北地大荒芜，边界问题历来交错难分。当前形势很乱，西北各家生存问题不在争地争权，而是团结对外。团结十分重要呀！"

蔡说："大帅对解决此事，有何具体想法？"

"我想请你和佐民（即参谋长张方严）出面，代表我同雷马二位磋商，互相让步，以和为贵。

"谈什么条件呢？"蔡呈祥说，"事情已经闹到这种地步，空说恐怕不行。"

"当然不能空口白说了。"吴佩孚说，"请雷总司令将马主席释放了；马主席将占下的永登地方让出来，改驻河西。"

蔡呈祥说："现在不仅仅是雷马两家的事，还有个高振邦。雷高意见分歧颇大。"

"我知道了。"吴说，"关键在雷。可以多同他谈谈。"

"雷总司令这个人性情倔强，刚愎自用。大帅能够同他当面谈谈，我想事情就会顺利解决。"

"好，我马上就请雷总司令。"

吴佩孚是打着调停"雷马事件"到兰州来的，无论多大困难，他得把这件事办成。调停不成，他便寸步难行了。所以，他不惜一切努力，去办这事。雷中田被吴佩孚请来了。

"兰波（雷中田字兰波），你的为人，尽人皆赞，佩孚极为敬佩。与子寅

（马鸿宾字子寅）的事，我作主，你们二位均让步，握手言和。如何？"

雷中田本无和解之意。现在，吴佩孚出面了，吴佩孚是上将军，打着帅旗，是中国有影响的人物，威信很高，他能对此事出来说项，自然面子不小。再说，监视马鸿宾的权限又控制在高振邦手中，高是不同意扣马的，自己也有力不从心处，真有些无可奈何。所以，他便顺水推舟，给了吴佩孚一个厚厚的人情。"玉帅，您的精神我很受感动。站得高，看得远。这个马子寅太欺人了，总以为自己的腰杆硬，可以为所欲为。现在，既然玉帅出面了，我怎么能不听呢！"

"雷马事件"得到了和平解决，马鸿宾获自由那一天，吴佩孚在他的行辕备办了筵席，除请雷马二位之外，还请了各方头面人物共同庆贺。只是，在马鸿宾讲话时，雷中田却颇为动怒地转过脸去。

"雷马事件"的和平解决，虽然马鸿宾并没有退出永登（因为河西被青海马麟部所占，他们不同意马鸿宾部移驻），但吴佩孚却赢得了好名声。吴佩孚很高兴，他马上派政治处长刘泗英并让他以四川省代表的名义和青海、宁夏、新疆等省代表协商，达成共同意见，不久，即发出了"拥护吴佩孚为五省联军总司令"的通电。

吴佩孚在兰州，终于取得了堂而皇之的头衔——五省联军总司令！

第二十四章

再度流浪兴国军

自从 1924 年 9 月第二次直奉大战起，吴佩孚就一直做着美梦变噩梦的反复梦，美梦来得快，噩梦也变得快。从山海关梦到天津，从天津梦到山东、上海，从上海梦到长江，从湖北梦到四川，如今又从四川梦到甘肃。一个一个虽然都成了泡影，每一个泡影都使他的路变得更狭窄，可他仍然盼梦，梦起来仍然沾沾自喜！

现在，他又做起"五省联军总司令"的梦，他却不认为是梦。"明明有正式通电么，通电还会造假？"昔日，他自己就造过许多假通电，可今天，他竟相信无疑！他要挂招牌，他要委属员，他要召集联席会议，他要通电"讨逆"——讨什么人？讨制造"九一八"事变的侵略者，讨蒋介石，讨杨虎城指挥入甘的陕军！有五省联军，他吴佩孚是会驰骋风云的！

五省联军究竟联的谁？似乎人人都迷惑。通电从西北发出不久，青海省政府主席兼甘肃骑兵第一师师长马麟和宁夏省政府主席兼第七师师长马鸿宾——也就是吴佩孚来兰州解救获释的那个马鸿宾——先后给蒋介石、杨虎城打去电报，否认他们拥护吴佩孚。其实，这两人还不是率先，在他们之前，那个从陇南就护卫吴佩孚北上的，甘肃陇南绥靖指挥马廷贤，早已发出同样的电报！这样，杨虎城的陕军便可以以"入甘戡乱"为名加快进军步伐。这正应了冯玉祥的预言，"吴佩孚到哪里，即可能把蒋介石的部队引到哪里。"吴佩孚的"五省联军总司令"梦破灭了，麻烦事也跟着出来了。陕军加快入甘步伐的时候，雷中田和高振邦来见吴佩孚——现在，这两个人成了吴大帅最贴心的人了——，高振邦开门见山地说："大帅，甘肃形势紧张了。"

"不就是来了一师陕军吗？"

"还有后盾，说不定越来越多。""你们的意见怎么样呢？"

"还得请大帅出面，速请邓锡侯遣川军进兵甘南，我们在定西、会宁一带共同抗击陕军。"

吴佩孚对高振邦看一眼，心想："你过去是最反对川军入甘的，邓锡侯的杨抚权、刘凤山两部在文县、武都，你整天要把他们赶出去，怎么今天又请川军入甘了？"吴佩孚说："川军再增兵入甘，后患难料呀！"

"现在是大敌当前，"雷中田说，"先御敌于门外再说。""那好吧，我就发电给邓锡侯。"

11月最后几日，兰州忽然来了两位不速之客，还带领二三个帮手，给本来纷乱的古城添了许多风波。他们是杨虎城、邓宝珊的代表邢肇棠和施翰园。这两个人是带着杨邓的函件，来同各方协商，所谓执行"中央"命令，以和平方法解决甘事纠纷的——其实，是在"中央"用"兵"的同时，又增加了一点"礼"的色彩！

吴佩孚不想见他们，认为他们是蒋介石的说客。"连蒋介石我都不与为伍，见他的代表作什么？"吴佩孚毕竟是存在于兰州，而他本身又是一个庞然大物，躲是躲不了的，邢肇棠、施翰园不请自到，突然就出现在吴佩孚面前。

"吴玉帅，我们是西安杨主任虎城将军的代表，代表杨将军来问候您。""谢谢二位，谢谢杨主任！"吴佩孚不能不应酬了。忙命人看茶，对坐攀谈。

大约是事情来得太突然了，会见气氛有点紧张，各人的表情颇为拘谨。寒暄之后，邢肇棠忽然瞧见壁间悬挂的一张字，忙欠身说："久闻玉帅书法盛名，今日终于有幸目睹。"说着，起身走过去。施翰园也跟着起身，吴佩孚礼貌相随。

那是一帧刚刚写成的中堂，并未装裱，只是临时张在墙上。昨天，吴佩孚书兴颇浓，竟潇潇洒洒地把北宋末年词人田为的《南柯子·思春》录在纸上，倒还满意。邢肇棠对于书法虽平平，但对于诗词，却是有些惠眼，他看着看着，便又诵又评起来："'团玉梅梢重，香罗芰扇纸'，一个'重'字，道尽了梅花谢落，梅子初生的重量感；那'纸'字又展现了高下层次。上下辉映，一派暮春景色，尽收笔底！"吴佩孚最爱出文化风头，哪里愿意放过机会。于是，便笑着说："这位田为先生可是大手笔，阁下所谈，乃词的静景，那下一句的'帘风不动蝶交飞'，就是一个静中见动而动出隐喻意味的浓浓抒情。瞧，蝶在帘外双飞，飞而不去，必有留恋；帘外却无花，那么帘内必有伊人余香了……"

邢肇棠吹捧吴佩孚，信口又诵了吴文英《风入松》词中两句："'黄蜂频扑秋千索，有当时纤手香凝'，异曲同工，妙极！"

"妙极，妙极！"吴佩孚又说，"论说诗品，我历来主张不可以地位而定。田为没有多显的地位，据说，是个善于琵琶的乐令。我就看他的词好，是特别的好！那'何须惆怅惜芳菲，拼却一生憔悴、待春归'结得多高昂，令人感到春虽去了，春还会回来。"

邢肇棠心里一动，觉得吴佩孚把这一句解错了，它只表明作者对逝去的流光痴心等待而已。但他还是附会了吴的意思，说："玉帅不愧儒将，肇棠十分敬服！"一段插曲，紧张的气氛顷刻和解。吴佩孚挽着邢肇棠的手，重新入座，这才开怀谈起正事。

"玉帅，甘肃的事情还得多赖阁下关怀，"邢说，"杨将军让我转致对玉帅的敬佩和拜托。"

"我早说过了，战争不是解决争端唯一的办法。不同政见不要紧，能和平解决的，还是对面坐下为好。"吴又说："蒋介石先生有他的长处，办了黄埔学校，今天发展到这样大的力量，眼光不浅。我在四川一次大会上讲话，我知道听话人中间有共产党，我还是给他们讲礼义廉耻……"

邢肇棠这才拿出杨邓联名的信交给吴佩孚。吴佩孚看完信，坦坦然然地笑了。

第二天，吴佩孚就从兰州给杨虎城发了一个电报，表示愿"以个人力量为和平之赞助"。

自从吴佩孚入甘之后，甘肃的形势日趋紧张，杨虎城的代表除了接触一些军政界的人士之外，并没有实质性的效果；吴佩孚要"为和平之赞助"也无从下手。陕军会合陈圭璋部深入甘境，东路形势日见紧张。邓锡侯答应派川军入甘，也是画在纸上的一张饼；后来虽经几次催促，川军依然不见影子。吴佩孚有点着急了："万一甘肃不能蹲住，我往哪里去呢？人——只有残兵二百；枪——几乎没有；在甘收拢的几股队伍，谁也不是能用的力量。"吴佩孚又急又愁。

兰州尚在平静之中，宴请、拜谒的活动，虽然逐渐降温下来，而诗歌颂扬吴之风又炽，当地报章几乎连篇累牍，一些知名人士廖井芝、李浚潭、慕少堂、周棣园等的诗词，相与传诵。不过，吴佩孚已感到"萧瑟秋风"。十一月末的几日，尽出现不顺心的事情：省政府委员为马鸿宾饯行举行的宴会，想表示和解，共同对敌，请吴佩孚和他的处长们作陪。结果，马鸿宾提前数小时不辞而别、返回宁夏去了，宴会被迫转为欢迎吴佩孚，却又有多位委员礼貌地退了席；兰州的回教绅民在卧龙阁宴请吴佩孚，吴的儿子（人称少帅的）又大闹酒会，使许多人极度反感；佛教领袖人物邓德舆请吴在佛教会讲演，吴却大谈儒、释、道三教合一，荟萃杂糅、自圆其说，听者多认为与佛法背驰，极为反感；邓德舆不得不喧宾夺主，每每为之重译，弄得演讲不伦不类……干脆，吴佩孚不出面了，只闷在密室。

兰州没有真空的密室！到了1931年最后一个月，可怕的消息雪片般飞到吴佩孚面前。当他获知马廷贤部在陇南已打出反他的旗号时，他急忙把留在天水的代表张某找来，张却一口认定"陇南一带，平静无事"。吴发怒了："无事，无事！等别人把我们都抓住囚禁起来，才叫有事？"

兰州的靠山只有雷中田了。吴佩孚匆匆赶去找雷。

"兰波，甘肃形势究竟如何？你该如实告诉我了，我们得有个应急的策略。"

雷中田面前的情况很恶劣，西宁的骑兵已经移驻享堂，雷部成了孤军；陕军一部已由静宁、会宁取小道绕至车道岭、狼头庄，截断雷部与省方的联络。这些事，雷正焦头烂额，可是，雷中田却不愿如实地对吴佩孚说。觉得说了没有用，只会增加麻烦，比如说吴要逃走，雷还得派兵护送他。哪里有兵可派呢？所以，雷中田只应酬说："大帅，我心里有数，甘肃不至于有多大麻烦。不用多久，我就会把陕军赶出甘肃！""有把握吗？""有！"

"其他各部如何？"

"高振邦的蔡呈祥部已抵金家崖；高部的王克猷部亦抵前方。""这就好。打仗么，务必要向最坏处准备，否则，胜券难保。"吴佩孚说完，即回到行辕。吴佩孚对于雷中田的话，半信半疑。他总感到现实状况并不像雷说的那样，但又没有证据否定他。吴佩孚闷在屋中，踱着沉沉的脚步，翻腾着剪不断的乱丝——甘肃的形势与吴佩孚的生死存亡关系太大了，他不能不这样想。

刘泗英来到吴佩孚面前。满面焦急，略带忧愁，好像有十分火急的事要报告，但是，站下来之后，却又默不作声。

"你坐下吧，"吴佩孚指着身边的椅子对他说，"我正想找你。"

"玉帅，"刘泗英没有坐，恭敬地立在一旁，说，"四川有消息么？""我也正惦记着这事。"

刘泗英这才慢慢地坐下，自己拿出香烟，吸了起来。

"泗英，"吴佩孚坐在刘泗英对面，心情沉沉地说，"甘肃的情况，甘人无法自稳了，四川果然不出兵援助，我看下一步路很艰难。"

"玉帅。"刘泗英心情很沉，他喊了一声，又叹息一声，便不说话了。

这个被他称为"凤雏"的刘泗英，是一个做事比较严谨的人。四年前投奔了他，就想跳出四川，干一番事业。他不计较吴佩孚的败北，"人总不能只走平坦之道，胜败乃兵家常事，吴子玉的人品是很值得人敬重的。"这是他投吴的主要原因。"大帅功德、声誉皆为国人所赞，想来必有许多律己之惊人信条，甚愿领教。"

"什么信条？"吴佩孚笑了。"人，在任何时候，都不要把自己看得高贵了。五官四肢、五脏六腑，人人相同；地位金钱，乃身外后天所加，只能说你机遇好，不能表明你就主贵。因而，我给自己定了这样几句话作为激励：冬不披裘，夏不衣葛，暑不挥扇，寒不围炉；必与士卒同甘苦，共患难，方足以得士心。不成文，只是自己恪守而已。"

"妙极，高极！"刘泗英说，"是为圣人之言，堪作世人之师！"从此，刘泗英便下定决心，追随吴佩孚到底。

不过，刘泗英毕竟来得不逢时，除了跟着吴佩孚游荡之外，他没有机会建功立业，也还没有报答吴对他的知遇之恩。而今，甘肃的情况又日见危急，他想为吴佩孚做点该做的事情，可是，吴佩孚寄托希望的四川，又是如此的不如意，他开不了口。"四川的情况，我估计不至于有问题。"吴佩孚说。

刘泗英心里更沉重了。他这才不得不如实地说："玉帅，四川不可指望了！"

"邓锡侯不是有电报么？说他已令黄隐率一个师向陇南进军。"

"那是好话。"刘泗英说，"邓晋康我了解他，唯有胜利在望时他的援兵才可到，等着救急解围，等不到他。"

吴佩孚紧紧锁眉，嘴巴闭得紧紧的。

刘泗英又说："玉帅，这里的人也把真实情况瞒住您了。其实，形势十分严峻！"

"到什么程度？"

"四川入甘之兵，早成画饼。"刘泗英说，"马廷贤在甘南已不与咱们合作；十四师鲁大昌部已响应陕军，进兵至阿干镇，将逼省城；十三师陈圭璋部亦属陕军领导战于甘南；雷总司令与省方隔断联络，高振邦部只派一个残缺的蔡旅去援，而他对面之敌正是陕军主力孙蔚如师。今早得到的消息更可怕……""快快说，什么可怕的消息？"吴佩孚急问。

"高振邦的王克猷旅已经由前方败逃，所部损失殆尽。定西、榆中等地情势十分紧张，各县县长都潜逃来省……"刘泗英总算把甘省面临的真实情况说了出来，吴佩孚却也泄尽了最后一点气！

送走了刘泗英，吴佩孚匆匆走到夫人张佩兰屋里，他本来想有许多事要跟她谈，两人对面坐下，却又不知从哪一件事先说起。"你有事找我？"吴佩孚问。

"听说外边情况很不好，我不放心。"

"没多大事。"吴佩孚还像往天一样，每逢形势紧张，总用大事说小、小事说了的心情去劝夫人，安慰夫人；有时还用最好的办法去瞒住夫人。吴佩孚主张女人不过问军政大事，他相信"唯女子与小人为难养也"的圣言；清朝的朝政衰败，他认为就败在慈禧这个女人手里。张佩兰是只能知道家事，管管内府的。可是，第二次直奉战争之后，他们一直过着流浪日子，东窜西躲，灾难重重，耀武扬威的时刻少了，而艰难困苦的时刻多了，吴对家室反而觉得亲密了，何况同张佩兰也算得情投意合。患难之中，夫人也为自己出过主意，更多的是担风险。所以，吴佩孚还是抱着以安慰夫人为主的态度。今天情况却大为不同，刘泗英报告的事情，不是光几句宽慰的话可以平心的，说不定一忽儿就会永远销声匿迹，他不能不把真实情况对夫人说清楚，让她有个精神准备，不至于临时惊慌失措。"甘肃这伙人，也真不争气，还没有打大仗，杨虎城只来一个师，不战的不战，归附的归附，眼看着就双手把甘肃捧给了人家。这样的军队……"吴佩孚恨铁不成钢。

张佩兰叹息一声，说："这两天，我就觉着不对劲，人人脸上都寒霜似的。其实，我看不是军队能不能打仗，是领兵的对打仗怎么想。甘肃的人与陕西的人肯定是敌人么？说不定同一个鼻孔出气。这里不是许多人都接受蒋介石的委任了么？他们是一伙！就像当年冯玉祥一样，本来是你的兵，一倒戈，不是打你了么？我看哪，你们这些玩枪玩权的人，没有一个是义气人，没有一个是忠厚人，只为自己……"张佩兰精神不佳，她叹息一声，收住了话题。

在往日，吴佩孚可听不进这样的话，何况夫人所骂的明明白白是"你们这些玩枪玩权的人"，当然包括吴佩孚。他能让夫人骂自己无义、不忠？可今天，在度过五年流浪生活的今天，又是面临绝境的今天，吴佩孚心平气和地听下去了，并且频频点头。"是的，是的。你说得有理。天底下的事，仔细想想，最讲究仁义礼智信的，就是民间那些百姓，不用条约、不要签字，一句话说出了，几辈子人都不变，一家有困难，百家伸出援手；从来没有出现过杀父、杀兄、杀朋杀友的事，在宫廷就不同。"吴佩孚似乎看破了红尘，他要决心返朴到最底层的人间去，去过着那低标准而却情真意切的生活。"咱们回蓬莱吧，或者回长春。到那里买几亩薄田，自耕自食，与谁都不争。闲下来作诗画画，过几天怡然自乐的生活！"

张佩兰听了这番话之后，反而惊讶起来："他为什么说这番话，难道真的无路可走了？"昔日，她向往过这种男耕女织的生活；流浪之后，她更向往这种生活。早在大竹被人逼交武器时，她就劝吴回家种田，"种田人虽然苦点，心里安逸。东奔西跑，提心吊胆，是人过的日子吗？"能和和平平的回家也好，如今是流落他乡，回家也得有回家的条件呀！她对吴佩孚说："这事想想容易，做起来就难了。还得想办法度过眼前这一关。"

吴佩孚点点，说："兰州看来是不能蹲下去了，做做准备，咱们走吧。""朝哪里走？"

"朝一个安静的地方去。"吴佩孚说，"这么大的中国，一片安静的地方还是能够找到的。"

1931年12月9日。这是吴佩孚入甘后最悲惨的一日，他有预感，虽然未曾卜卦，也没有演周易，可他总觉眼皮跳得很厉害。

吴佩孚刚坐到餐桌旁，刘泗英匆匆走来，慌慌张张地对他说："玉帅，有紧急情况……""什么情况？"他急问。

"雷中田部已撤出定西，向陇西转进。""跑啦？！"

刘泗英点点头，说："鲁大昌已占领四墩平，马鸿宾兵至金城关，陕军旅长杨渠部也直逼兰州。兰州危急了！""赶快询问甘南情况，问问四川有没有兵到？""东路电、邮全阻。"

吴佩孚打开地图看看，刘泗英报告的敌对军队所占地名，均为兰州近郊。现在，真的是四面楚歌了。

"我们是客军，攻守双方均不亲疏。发出告示，任何一方都不接触！"吴佩孚强作镇静，采取闭门阻祸的鸵鸟政策。不过，这只是自欺欺人之举。但他还是告诉刘泗英："转知各处，各队，准备转移！"

刘泗英走后，吴即告知身边侍卫："速去协助夫人收拾细软，准备转移！"

早晨，驻守兰州郊区的蔡呈祥部，已被迫全部退回省城，兰州四周，皆为陕军所占。但陕军并未攻城。陕军前线指挥杨渠派代表贾子珍、高禹门入城，找到甘军将领及甘省政治首脑，要他们"安排机关照常工作，勿自惊扰"，随后，这两个人径自来到吴佩孚住的民政厅，一定要见他。吴佩孚思索再三，才决定会见。

会见是在和谐的气氛之中进行的，吴佩孚很坦然，他便装脱帽，手捧紫铜烟袋，一副绅士派头。贾、高二位代表进来时，吴佩孚只欠欠身，说了声"请！"

坐定之后，贾子珍说："本代表受杨旅长、杨主任之托，向玉帅问好！""谢谢！"

"杨主任让我转致玉帅，前番电函已经收到。玉帅如此热心西北事业，愿尽力促进和平，主任深表谢意。想请玉帅以自己的德威继续努力。"

"漂泊之中，心力皆不随，尽人事而听天命吧。"

"西北形势很乱，杨主任的意思是请玉帅还是去西安或南京，我们一定提供方便。"

"我早已发出和平解决西北争端通电，可惜，你们还是先用兵了。至于我个人何去何从，并无决定，还不需帮助。"

"玉帅所领机构依然如旧，恐行动不便，所以，我们还是想尽力保护玉帅的。"

吴佩孚一听，便怒了，心想："你们一定要绑架我，没那么容易！"他把烟袋朝桌上一放，说："吴子玉到西北，是应朋友之邀来的，一切行动，自有朋友相助，不想打扰别人。再说，我早有言语，我同蒋先生不会同走一条路，旅长、主任均为蒋先生属员，我没有必要求助于他们。送客！"

贾、高二人只奉到探听情况之命，并没有最后决定指示，何况甘肃尚有人保护吴佩孚，在主国他还有相当影响。话不投机，只好悻悻而出。

贾、高走后，吴佩孚感到形势不妙，说不定陕军会对他礼后来兵，他决定立即离开兰州。

兰州已无人有力专去保护他了，只有甘肃省代省长马文车身边还有一批卫队，这批卫队并没有引起陕军的注目。他急急派人去见马文车，在马文车的陪同下，吴佩孚携同家属和他的兴国军随员、残兵，急慌慌离开兰州，又流浪起来……

第二十五章

困厄北平

1932 年 2 月。

长城以外的北国，冰封雪盖，一派寒寂。一辆专车从内蒙西部的包头驶向已改名北平的古都北京。

流亡川甘五年的吴佩孚，终于无可奈何地把归宿落实在北平了。北平有他的旧梦，北平有他的旧宅：梦虽成泡影了，那片坐落在东城的什锦花园，极为阔绰的旧宅，还够他享受的。再说，除了那片私宅，他又能到哪里去呢？

坐在一个包厢里的吴佩孚，半闭着眼睛透窗外望：茫茫雪海，无边无际，娇艳的阳光洒射上去，泛出五颜六色；晨星般散落的牧包，只能见到模糊的轮廓，牛羊是都看不见了。"好一片洁净土地！"说罢，他却把双眼闭了起来，把那片难得的洁净都丢到另一个世界去了。

吴佩孚的心思很乱，乱得有些烦躁——他决定回北平之后，是谁给安排的专车，他不知道。直到该上车了，他只知道他的"卧龙"、秘书长陈廷杰来了。他从什么地方赶到包头来的？他也没有细问。还是离开四川成都时，秘书长介乎作为人质到重庆刘湘那里去的。吴佩孚穿过草原到甘肃了，陈廷杰才向刘湘说明真相，刘湘愤怒得想杀了他。陈廷杰身价太低了，刘湘觉得杀了他不值得担一个"斩来使"的名声，所以才把他放了。那之后，陈廷杰有时打着孚威上将军、讨贼总司令部的旗号，有时又打着兴国军总司令部秘书长的旗号到处招摇。吴佩孚离开兰州之后，才与陈廷杰失去联络。吴从五原到了包头，忽然知道陈廷杰在北平，陈又三番五次电敦吴回北平，并说"交通、住处均已安排好，可以赴包去迎"。无路可走了，北平也算求生之路，吴佩孚答应了。

在包头坐上专车之后，吴佩孚隐约听得人传，此次回北平，是张学良出的力。吴佩孚有点生气："那小子派的车，我不坐！"可是，家眷、随员、士兵都上车了，下车又无其他理由，下了车又无去处。他只好忍气吞声，装作不知情况闭上眼睛。"咳，只有到北平再说了。"

上车前，驻包头的晋军师长傅作义来拜见，念着同阎锡山昔日的关系，吴佩孚很礼貌地接待了他。然而，谈话却并不投机，吴佩孚的大帅架子摆得太足了，傅作义又只把他看成是一只死老虎。几乎只有一个仪式，拜见便结束了。

车行中，吴佩孚想把陈廷杰找来，叙谈叙谈。往事虽远去了，未来也还很长，路怎么走，总得有个"路标"。他欠了欠身，却又没有让人去叫，似乎谈也谈不出"路标"来。两手空空，去做什么呢？四川一走，使他对势力的敏感更强了，寄人篱下的日子不好过。吴佩孚想发奋，但对发奋却只空怀一腔梦幻。陈廷杰不请自到。

这个刚刚到了"知天命"年的"卧龙"，机灵、清秀的文人气质更浓了，他长衫礼帽，披一件狐皮的披风，唇边新添了一抹俊俏的短须，面容虽然清癯，眼神却分外精灵。他坐在吴佩孚对面，似汇报情况，又似在评论时局；从西南谈到东北，从东北谈到北京；谈得很详细，谈得也颇有见解。那一副标准的川韵，给人一种音乐的美感，就像当年在大竹他和吴佩孚第一次见面那样，他的语言表达能力使这个以儒将自足的人佩服得五体投地。"我们滞留在川甘，现在看来，是得不偿失。"陈廷杰结论式地品评往天的路。"川甘毕竟只是偏僻一隅，在那里，想驰骋都没有地盘；地僻天荒，消息闭塞，硬是自己困了自己。假若这几年我们能在北平、在天津，哪怕在济南、在徐州，我们早会兴旺起来！"

吴佩孚没有说话，他默默地听着，心里思索着——等陈廷杰把议论告一段落了，吴佩孚又有些反感："空话，教条，是你愿意在北平就在北平了么？滞留川甘也不是我本意。可是，这几年除了川甘，我又到哪里去呢？"想着，他真要骂陈廷杰几句，骂他"太聪明"了："争权斗争果然会像你想的那样，我们足可以登大位有天下！"吴佩孚只是淡淡一笑，说："我们也在创造自己的历史。不过，我们的历史不能由我们自己去写，要由历史学家、最好是后一代的历史学家去写。因此，我倒主张不再品论留在我们身后的足迹。顶重要的，是今后。比如说，我们到北平以后干什么呢？怎样去干呢？这是大事。"

陈廷杰点点头。沉思片刻，说："玉帅知道最近张汉卿的情况么？""张学良那小子……"吴佩孚有点不高兴。

"他现在是国民政府军事委员会北平军分会的主席。"

"位越高，越说明他不行。"吴佩孚说，"不必再谈他了。"

陈廷杰呆了——他来找吴佩孚的目的，就想谈谈同张学良的关系。一个月前，陈廷杰辗转到了北平，他去拜谒张学良，张学良觉得吴佩孚同蒋介石关系很僵，尤其是吴流落西北期间，常常散布一些与蒋介石对立的情绪。张想通过陈把吴请到北平来，并且共同做吴的工作，请他收敛一点，至少保持沉默，别再攻击蒋介石。陈廷杰答应了，张学良从北平派了接吴的专车。陈廷杰想先同吴通融一下，以便与张学良一起做他的工作。吴佩孚把门关死了，陈廷杰的工作计划打乱了。他有点着急。所以，又说几句无关紧要的话，陈廷杰便要走。

"你慢走一步，"吴佩孚说，"东北的情况如何？你还没有说。我很想听听。"

"还会有好消息吗？"陈廷杰说，"到目前为止，东北全部沦亡。"

"为什么不打？"

"说是国联出面解决。"

"中国有自己的政府，有自己的军队。""南京政府发表《告全国人民书》了。""他说什么？"

陈廷杰迟疑一下，说："似乎只告诉国人，'政府已将日本侵略东北事件提交国联要求处理，相信国联必能主持正义，制止日本侵略'。别的……"

"混说！"吴佩孚说，"如果国联不主持正义，不制止日本侵略呢？"说着，他摇摇手，示意陈廷杰出去。陈廷杰识相地退出去了。

列车继续前进，雪原依然茫茫无际。

入夜了，气候变得更冷。吴佩孚披上虎皮大衣，又依着车厢闭目养神。

从包头起身，吴佩孚就有一种绝望感，他手下无兵了，自知到了北平除了做寓公之外，不会有多大作为的。第二次直奉战争后，作为北洋军阀的总代表、总体现的北京政府，基本上名存实亡了，国民政府虽然不为他们这些老北洋所接受，而事实上也是接受了的。拉出一支能够与国民政府抗衡的实力，吴佩孚感到困难，感到绝望。往事，自然是不堪回首了，今天、今后，吴佩孚不能不作最后的打算。他闭着目，思绪乱得无法理。所以，他坐坐走走，走走坐坐，几乎无一时能够平静。

张佩兰披着厚厚的皮衣走进来。"夜深了，让人做点东西你吃吧。""不必了。"吴说，"你还没有休息？""睡不着。"

"好，咱们坐下来，谈谈吧。"

"有什么好谈的呢？"张佩兰说，"只求以后有个平安的日子过，也就念佛了。"

"是的。"吴佩孚说，"北平那片地方还是咱们的，安安逸逸地终老吧。"说这话时，他竟忧伤起来。"过去都过去了，是功是罪？凭人说去吧。往后，往后的日子……"吴佩孚是读过圣人的书、决心按照圣人教诲做人的，他要做一个堂堂正正的中国人！

北平的西直门火车站，忽然戒备森严起来。几条主要街道，被戎装整齐的大兵严守，车站内外，暂时中断了行人车辆。国民政府军事委员会北平军分会主席张学良，率领军分会主要官员和随从列队等候西北归来的吴佩孚。

张学良，西装礼帽，满面带笑。显然，他对吴佩孚的到北平是欣喜的——蒋介石很怕吴佩孚在外，怕他拉拢集团反对他；他要张学良控制他。吴佩孚到北平，张学良显然是奉命"盛情"的。另外，吴佩孚与张学良的父亲张作霖，虽然钩心斗角多年，是誓不两立的对头，但是，吴佩孚也曾同张作霖磕头结拜过，情同兄弟。时至今日，父亲虽早已亡故，张学良亦不能不对他执子侄之礼。何况，吴佩孚来京的列车就是由他安排。张学良不能不以欣喜之情隆重欢迎这位失势的世伯。一阵汽笛长鸣，列车吼吼隆隆地开进西直门车站。吴佩孚走出车厢。

他臃肿的身躯，长袍马褂，迈着缓缓的八字步，手抚着鼻子下的两撇胡子，头高高地昂着，朝人群走来。张学良恭恭敬敬地迎上去，深深鞠了躬，说："听说世伯今日到达，小侄特与诸位同仁前来迎接。"

吴佩孚好像不认识这个张学良，又像是根本就没有听见张学良在说话，只略微领首，便板着脸膛径直从张学良面前走过。

张学良顿感尴尬，面色痴呆，两手低垂，进也不是，退也不可。走在吴佩孚身后的陈廷杰等人，见此情景，个个惊慌。他们忙走上前去，点头哈腰，上来与张学良搭讪。"少帅您好！""张主席你好！"张学良也只得同他们应酬。

走在前边的吴佩孚，听得身后人声窃窃，忙转过身来，不耐烦恼地说："你们不走，还啰唆什么？"

众人无奈，只好向张学良连声道歉，然后，跟着吴佩孚匆匆奔东城什锦花园而去。

冰天雪地的西直门车站，立刻变得更加冷气袭人。

晚上，陈廷杰、张方严和刘泗英等一起到吴佩孚的住室。

"玉帅，"陈廷杰说，"咱们回到北平来了，汉卿又亲自去迎接，咱们应该去作礼节性的回访。"

"访什么？"吴佩孚不耐烦恼地说，"竖子丧失将帅大节，竟在倭虏兵临城下时，不战而弃守国门，为国人遗羞，我岂能去见他！"

吴佩孚其他都失去了，他想保留一分气节，保留中国人的一点豪气。

吴佩孚的随员们却另有打算，他们知道吴只剩下一具骨骼了，他自己无力东山再起，别人想起，他们只得借吴与张的关系去谋另一条出路。见吴这么坚决，都十分着急。刘泗英忙说："玉帅，国事归国事，礼节归礼节，只有前去拜访，才不为失礼。"

吴佩孚沉默不语了。他低着头，半闭着双目，把身背过去——吴佩孚心里明白，气节归气节，处境归处境，张学良毕竟是北平最高的掌权者，他吴佩孚又毕竟要在北平住下来；不是张学良靠吴佩孚干什么，而是吴佩孚必须靠张学良。吴佩孚目下毕竟是走在低谷里，装腔作势一番，不失大帅口气是可以的，懂得礼义廉耻的人，谁都会这样做。归根到底，吴佩孚还得半推半就地去拜张学良。吴佩孚到京的第二天，轻装简从来到张学良的顺承王府。

张学良并未计较昨日西直门车站的那个尴尬局面，还是让人清扫庭院，布置客厅，礼仪隆重地迎接吴佩孚到府门以外。

吴佩孚随着张学良来到客厅，屁股尚未坐稳，就厉声质问张学良："沈阳事变，你为什么不抵抗？"

张学良解释说："我有上峰不准抵抗的命令。"

吴佩孚有点发怒了，他用手击了一下桌子，以长辈的口气教训道："将在外君命有所不受！这个道理你难道不懂？"说罢，负气转过身去，不再多发一言。

客厅的气氛由沉寂而紧张起来，尽管张学良作着气和心平的解释，吴佩孚还是不发一言。片刻，便告辞而去。第二天，张学良去回拜吴佩孚。

过场过完了，表面文章做完了，气氛自然缓和下来。小客厅里，窗明几净，香茶备就，吴佩孚迎在厅外，笑容可掬。入座之后，他便故作亲近地说："汉卿，为将帅者，贵在气节！你现在手下尚有雄兵数十万，打回东北还是有一定力量的。你很年轻呀！年轻应当有为，正是建功立业之年，为什么要局促关内，听任不抵抗的污名加于头上呢？"说这番话的时候，吴佩孚的心情和语气都沉郁地，令人感到他那副忧国忧民之情，实在可敬。张学良唯唯点头，但却默然不语。

吴佩孚见状，又说："汉卿，如果你觉得军事上无取胜把握，老夫情愿助你一臂之力，带几个师做先驱，打回东北，让日本人也知道知道我吴某人的厉害！"张学良无可奈何了，只好拿出"九一八"事变时蒋介石给他的不准抵抗的命令。吴佩孚看着当年的电报，怒气渐渐上升。电报看完了，朝桌一放，又用巴掌拍了一下，说："我早说过，蒋介石是鸟兽。不仅我，中国有良心的人都不会与他为伍……"他还想再说下去，但转念又想，张学良不是与他为伍了么？"再骂下去，岂不连这小子也骂了？"他深深地叹息一声，不再说下去。

张学良见吴佩孚如此动怒，又说："世伯，不是学良不愿抵抗，实在是上峰有令，情不得已啊！"

"怎么不得已？"吴佩孚说，"这一次，十九路军在上海单独抗日，不是也打了几个大胜仗么？"张学良默不作声——

自幼生长在行伍中，其父又是一个一呼百应的大军阀，张学良不谙人心之险恶，比较讲义气，重感情。他对蒋介石很迷信，是把他当成一个英明的领袖来崇拜的。因而，宁愿忍辱负重，遭人唾骂，也不愿意违抗他的命令。所以，不管吴佩孚怎么说，怎么激，他都只好唯唯听之。

吴佩孚是很了解张学良的，知道他很正直，也知道他有个唯命是从的弱点。所以，他先用激将法，想以热爱国家来激发他的正义感，然后达到他能让他出山带兵，再展雄图的目的。可是，吴佩孚没有想到，张学良的正直、热情和满腔热血，都交给蒋介石了，他把蒋介石看作知己，忘不了蒋介石对他解衣推食的关怀。吴佩孚感到失望了。

张学良对吴佩孚不放心。他知道吴佩孚素来自诩为天下雄才，谁也不放在他眼里，如果一朝吴佩孚兵权在手，张学良自知自己是无法驾驭他的，到那时，恐怕要成为天下之害。张学良也知道，蒋介石对吴佩孚是存有重重戒心的。既然张对蒋持着忠心，吴佩孚在北平一住定，张学良即向蒋作了详细报告，并请示对吴采取什么措施。

蒋介石是绝对不允许吴佩孚有出山机会的。他早知道：吴佩孚的力量有多大，吴给他的压力就有多大。平心而论，蒋介石是要杀吴佩孚的。可是，他杀不了，不能杀！吴佩孚的影响还很大，蒋若杀了吴势必会失去很多人心。所以，张学良问他"怎样对待吴佩孚？"蒋思来想去，简明地回答了六个字，叫"敬鬼神而远之"。

张学良对蒋介石的答复，心领神会，于是，每月送给吴佩孚生活补助费数千元，而且每隔几日都要执子侄之礼亲自登门，嘘寒问暖；对于吴佩孚提出的有关生活上的要求，张学良也都尽量满足。

东城的什锦花园，冷清了六七年，由于吴佩孚的重新返回，冷落的模样，顷刻改观，大门上，高插着已很少见到的北洋政府的旗号——五色旗。这种旗帜在人们心目中，就跟垃圾堆上的一片彩纸一样，给人以腻心的感觉，但吴佩孚还是觉得光彩。大约是它表明了他"一臣不事二主"的忠烈。大门口，高悬着"孚威上将军"的军旗；旗下整齐地排列着几个穿北洋政府军服的士兵，他们威威武武地为上将军站岗。府中，依照总司令部的规范，依旧设八大处，各有处长，他们仍旧每日与吴大帅一起商量军国大事。吴佩孚有吴佩孚的打算，他想，"只要我帅旗不倒，人马自然会拉起。我还有几百旧部，他们分散在四面八方，我一声号召，他们还会来。就为这个目的，他又把陈廷杰、张方严找到密室——现在，只有这一位秘书长、一位参谋长是他的左膀右臂了，有事，他只有同他们商量。

"中国还得乱。"吴佩孚说，"只有乱，才能有治。别看咱们今天是用公馆改成'大帅府'，有一天，还得有咱们正儿八经的帅府！"

陈廷杰点着头，说："玉帅，咱们不能只闷在什锦花园，得同外边世界多接触。""这事，我早想了。"吴佩孚胸有成竹，"我想组织一个能够联络旧部的机构，只要你们二人中有一位领衔，大事就能办成。""组织司令部。"

张方严说。

"不行。影响大。"吴佩孚说，"世人对军事组织特别敏感。最安全的，是以教会为名称，开展工作。不成功，至多教会不办；成功了，想改什么名字都可以。"

"叫什么名字呢？"张问。

吴佩孚思索一下，说："我想叫它'救世新教会'，你们看如何？"

"只要有个名即可，"陈廷杰说，"不必过细考究。只是应该全力做好联络工作，使那些失散在各处的老部下有个归处。"吴佩孚点头称是。

正在这时候，有人报告："军分会张主席有要事，请大帅派一位高级助手到顺承王府商谈。""什么事？"吴问。

"只说有要事，具体不清楚。"

吴佩孚心中思索："往日，大小事汉卿都亲自上门来，今天为什么要召见我的代表呢？不会是生活小事吧？那会是什么事呢？"思索不定，便对参谋长张方严说："你和汉卿还比较熟悉，你去一趟吧。"张方严去回都很迅速。他锁着愁眉来到吴佩孚面前。"玉帅"。

"有什么紧急情况？"吴问。"张主席要离开北京了。""调防？""是的。""调何处？"

"不清楚。""谁来北京？"

"现在还说不清楚。"张方严说，"据张汉卿说，可能是何应钦。"

"他？！"吴佩孚的脸一下子沉了下来，显然，他对这个何应钦的印象是很坏的。

"何应钦这个人，是亲蒋的。可能会有麻烦。"张方严说，"汉卿还说，大帅回到北平之后，他对大帅没有尽到照顾的责任，很觉得对不起。以后无论到什么地方，只要大帅需要他帮助，他都会尽心尽力。"

"我不需要他帮助。"吴佩孚想起了他要带兵去东北，张学良不答应的事，便说，"他眼里哪有我这个老世伯，他只有蒋介石。"

"汉卿还说，如果以后何应钦真有什么地方跟您过不去，他一定从中帮助。"

吴佩孚背过脸去，再不说话。

张学良走了，何应钦就任国民政府军事委员会北平分会主任。这个人所共知的亲日分子就任之后，便给北平蒙上一层浓浓的阴影。

陈廷杰劝吴佩孚，"何应钦是国民政府的代表，大帅是不是去拜谒他一次？"

吴佩孚摇着头说："我不是国民政府的什么官员，我为什么要去拜谒他呢？"

"他毕竟是现在这个地方的长官。"吴佩孚还是摇头。

"咱们的供给也还得依靠国民政府。"

"我就不要他们的！"吴佩孚发怒说，"我还没有到连饭也吃不上的日子。今后，你们谁也不要再提何应钦！"

不久，何应钦便派一个姓许的旅长到什锦花园来。这位许旅长四十多岁的年纪，中等身材，颇有些文人的气质。他虽然戎装整齐，却既不带武器又不携随从，身边连个卫士也不带。在客厅见了吴佩孚，他恭恭敬敬地行了一下军礼，然后说："旅长许洪，问候大帅健康、愉快！"

吴佩孚点首，说了声"谢谢！"

许旅长坐定之后又说："何主任到北平之后，诸事萦怀，无暇抽身，特派在下前来问候！"

"请你代我向何主任致谢。"吴佩孚说，"待主任稳定之后，吴某一定前往拜谒。"

"谢谢大帅！"许洪说，"有件事，何主任让我转告大帅：北平城中，秩序并不安静。为了大帅和家人的安全，主任决定，从即日起，什锦花园的守卫工作由军分会派警察担任。"

"什么，派警察来守卫我？"吴佩孚知道这是缴他的械，是连他在门外设上自己的岗哨也不允许。吴佩孚又气、又惊、又怒。"告诉你们何主任，大帅府是我的，我有足够的力量保卫它的安全。我不需要他派警察。"

"请大帅别发怒，"许旅长说，"何主任说，这是命令。执行命令的警察业经来到府外，请大帅通知原来的守卫人员，立即撤出！""我不撤，我不撤！让你们主任派兵收缴他们好了！"

刘泗英匆匆走过来。说："玉帅，街巷和门卫的守卫人员，通通被警察赶了回来，帅府也由警察接替了。"

"给我赶出去！把警察给我通通赶出去！"吴佩孚歇斯底里地发作起来。

但他的命令已不起作用了。许洪只向他微笑点头，说了声"保重！"便转身走了。

吴佩孚还在大怒、骂人。陈廷杰和张方严都走过来劝他:"大帅别怒,慢慢商量对付办法,总有办法的。"吴佩孚大怒不止,破口骂道:"何应钦你欺人太甚!要知道,我的潜力大得很!只要我一声号令,马上就有大军云集。到那时,北平不定有你立足之处!"

叫骂归叫骂,吴佩孚的"大帅府"什锦花园,从此却被何应钦派的警察监视起来了。

第二十六章
日伪汉奸的引诱

"九一八"事变之后，蒋介石采取了"攘外必先安内"的不抵抗主义，企盼通过国联压迫日本交还东北。中国驻国联代表施肇基就在世界人面前说："中国将其国家完全听命于国联，毫无保留的余地。"中国人民对此却有截然不同的看法，年轻的中国共产党就发出"团结全国人民，一致抗日"的严正号召；冯玉祥，也在山西汾阳发出抗日通电。

日本侵略者并没有因为国联要怎么做和中国老百姓怎么呼吁而放弃对中国的入侵，他们还是一步一步地按照自己的侵略计划加紧行动。由于蒋介石忙于"安内"，日本人很快便逼近平津。北平军分会主任何应钦和北平政务委员会委员长黄郛遵照蒋介石的指示，于1933年5月31日与日方代表冈村宁次签订了《停战协定》。根据这一协定，国民党政府实际上承认了日本占有东北三省及热河省，并且把整个华北置于日军监视之下，为日本进一步控制华北、策动华北特殊化准备了条件。到了1935年5月，日本天津驻屯军参谋长酒井及日本大使馆武官高桥，以中国当局援助东北义勇军孙永勤侵入武装区域、破坏《塘沽协定》为借口，向国民党政府要求华北的统治权，并由东北调遣大军入关，威胁平津。6月9日，日本华北驻屯军司令官梅津美治郎正式向北平军分会代理委员长何应钦提出强硬的《觉书》。这个《觉书》规定：取消河北省和平津两市的国民党党部，撤退驻河北省的中央宪兵、中央军和东北军，撤换河北省主席和平津两市市长，撤销北平军分会政训处，取消河北省的反日活动。何应钦根据国民党中央电令，于7月6日复函给梅津，全部接受日本的要求。这便是世人共知，臭名昭著的《何梅协定》。

中国的东北、华北广大地区，渐渐沦入日本人的铁蹄之下。日本人感到能以中国人形式上统治中国，会比日本人直接统治中国更好，到那时，他们只需抓住几个傀儡便可万事大吉。驻在华北地区的日本特务头子喜多诚一，原来的职务是日本驻华大使馆的武官，不仅熟悉中国的政治、经济情况，与中国的官僚军阀也多有来往。日本政府便把组织华北伪政权的任务交给了这个喜多诚一。喜多苦思冥想，把组织伪政府的成员标准定了下来。标准是：在中国的官僚军阀中，找出曾经任过总统、总理一流的人物来担任华北伪政府的元首，以曾经任过总理、总长一流的人物来担任华北伪政府的首长；选择对象，以素无抗日言行又非二十九军（二十九军守长城时给日本侵略者沉重打击）出身者，有资望而反抗国民党者。

那几天，喜多日夜兼程，终于确定了政府元首的最佳人选为靳云鹏、吴佩孚、曹汝霖三人。以靳、吴为伪政府总统人选，若二人都愿上台，则一正一副，以曹为总理人选。喜多的人选计划被日本政府批准之后，他便不惜奴颜婢膝，一个一个上门去请。

靳云鹏热情接待之后，软丁丁地说了八个字——"礼佛有年，无心问世"，拒喜多诚一于门外。

曹汝霖和喜多是老相识，和另一个日本特务头子土肥原也是老相识，他不便拒绝日本的"盛情"。可是，这个老奸巨猾的军阀，一经考虑到自己过去的卖国行为，又不敢再给自己加上一层罪戾，他模棱两可地对喜多说："愿以在野之身，赞助新政权的成立。"吴佩孚"愿意"出山，他的条件很简单，他对喜多说："我不能与国民党合作，但也不能在日本保护下治国。如必须要我出山，则须日本退兵，由我来恢复法统！"喜多一听吴佩孚是这些条件，叹息一声，摇头而退。

最后，日本人操纵的华北伪政府还是成立了，但它却没有元首，而只设行政、议政、司法三个委员会，这三个委员会的委员长分别是王克敏、汤尔和、董康。

住在什锦花园私寓的吴佩孚，想安静地过他的晚年生活了。他冷静地想过，自己前半生无论对国家还是对黎民百姓，都得算个罪人；他想以晚节来挽回前誉之失，不问政、不问军，绝不在民族危亡之中帮助外国人。

然而，他却不知道，他当初的同僚，连他身边的人，大多被日本人的官职、金钱买去了……

"七七"事变过去不久，北洋军阀中资历较深的，曾经被授予国威将军的江朝宗忽然来见吴佩孚，是由吴的秘书长陈廷杰领进的。吴佩孚对江的人品，从不敬仰，并且认为他只不过是一个势利小人，听说最近他跟日本人打得热火，怀疑他当了汉奸。不过，他还是热情接待了他。寒暄之后，江朝宗微笑着说："玉帅，有件大事，特来同您商量。"

"蛰居深宅，久不视事，还能有什么要我办的大事。"吴佩孚摇摇头，心中想："怕又是出任日本人的什么职吧。"

"国难当头，人民水火，正须靠玉帅之影响，拯救国人呀！""我明白你的来意了，要我出山。""正是为了国家民族。"

"我可以出山。"吴佩孚一本正经地说，"得要有条件。我的条件早与喜多和土肥原谈过了，他们答应呢，我自然也不食言。""玉帅，"江朝宗觉得有希望了，便进一步说，"华北大局，实在是非玉帅不可收拾，可不可以先出山而后再谈条件？我自然会从中担保，日本人不会太让玉帅过不去的。"

"如果只是如此，我也只好送客了。"他转脸对着客厅外喊了声，"来人，送客！"

江朝宗一看吴佩孚翻脸了，急了，便留不住口说："玉帅，您冷静些，您的秘书长，连尊夫人也都不与您同走一道了。您问问他们都在做什么吧！"说罢，悻悻起身。

吴佩孚怒冲冲将客厅门掩死，狠狠地骂道："老而不死的东西！"

江朝宗走后，吴佩孚把陈廷杰找来。他本来想认真地追问他和江一起干了什么坏事，而后再痛骂他一顿。但是，当陈廷杰出现在他面前时，他却变了态度，跟他大谈起礼义廉耻和讨论起《大学》《论语》来……

陈廷杰跟随吴佩孚回到北京之后，越来越感到吴大势已去；何应钦到北平，连门卫都撤换了，经济最后断绝，他们每月只有八块银元的零用，他感到靠山倒了；华北出了伪组织，王克敏等人又着手拉他，这个四川的"卧龙"早成了一条小虫，成了为日本人办事的汉奸。有日本撑腰，陈廷杰的腰板自然也硬了，他不答吴的提问，竟向吴提出一个日本人交代的问题。

"玉帅，土肥原想来拜访，问玉帅什么时候可以接见他？""不见！"吴佩孚态度决绝地说。

"土肥原说，他是奉帝国政府之命来的。"陈廷杰说，"不见合适么？"

"帝国政府又怎么样？"吴佩孚把手中铜铸的烟袋朝桌上一放，发出"嗵"的一声响。"大迫通贞不也是帝国政府派来的么？还有那个我的'老朋友'冈野增次郎，他们又把我怎么样了？"说着，吴佩孚站起身来，做出一副大义凛然之状。"中国有些人，实在不争气之极！日本人的刺刀可以征服他们；日本人的金钱可以征服他们；日本人弄来几个臭婊子，也可以征服他们。可耻！实在可耻！"他怒气冲冲，直瞪着陈廷杰。

陈廷杰心中亮堂，他知道吴佩孚是在骂他，骂他投靠了日本人。可是，投靠日本人又怎么样？陈廷杰觉得既不是他开的先例，又不是以他为首。同时，他又觉得自己这样做了，也可以为他吴佩孚提供方便。所以，他只坦然地笑笑，仍然按照自己的设想说下去。"大帅，听说日本方面已经作了决定，将于近日在北京召开一次中外记者招待会。这个招待会，多半是关于您的事。我想，与其临时周旋，措手不及，倒不如事先心中有数，也好有个稳妥的应酬措施。这样做，似乎更好些。"

陈廷杰一派"体贴""关怀"的口吻，似乎一切都是为了吴佩孚才这样做的。说着话，他还把吴佩孚的水烟袋拿过来，为他装上烟递还他，又忙着为他点火。

吴佩孚虽然刚愎自用，自表清高，但也常常在激变中冷静地思考现实问题——几年的流浪生活，使他深知无权之苦，他留恋权，梦寐着权，他想在北京、在华北有个施展自己的条件，在是否与日本人合作的问题费过脑筋——不过，他头脑中的礼义廉耻太根深蒂固了，他很怕自己头上再套一层"卖国贼"的"光环"。所以，他还是决定不与日本人合作。

吴佩孚的心情近来很不好，他那因谢客而关死的门，总是关不紧；一些他不想听到的消息，却偏偏来得很及时——

王克敏投靠了日本人之后，没有忘了吴佩孚，他花了极大的工夫拉拢吴身边的人，陈廷杰只是其中之一。这个王克敏是个极精明的人，他知道在目前状况下直接去拉拢吴佩孚是不行的，那样做，只会事与愿违。必须先拉他身边的人，包括他夫人张佩兰。于是，王克敏通过陈廷杰与张佩兰达成一项含含糊糊的协议，每月由陈廷杰转交五千元车马费，只让她知道有一顶"绥靖委员长"的大帽子等待吴去戴。张佩兰乐意那样干，她瞒着吴佩孚干了。

还有一件事，几天前，土肥原这个老牌间谍已经伪造了吴佩孚主张"中日议和"的通电，在日本本土和中国沦陷区的报纸上发表了，企图造成"吴佩孚已经接受日本人给他的职务，他担起了'兴亚'重任"的假象。吴佩孚大骂"这是造谣，是诬诈！"他正找不着澄清、洗臭的机会。现在，土肥原要来见他，正是一个机会。所以，他对陈廷杰明白的表示态度说："好吧，我可以见土肥原。他什么时候来我都欢迎！"

陈廷杰走后，吴佩孚立即派人把夫人请到客厅。

来到北平之后，变化最大的就是张佩兰，她衣着变得更朴素，更趋向老化了，她的性格变得更开朗，更有主见了；她对任何事情都想表示态度，并发挥作用，不容别人更改。家庭内容变了，不再是国家大事、军队大事了，主妇的地位自然高了起来，高到要"作主"的程度。所以，张佩兰一进客厅，便大咧咧地说："啥事这样火急火燎的？早上做的蛋糕不吃，奶茶不喝，你倒是想不想活呀？"

吴佩孚虽然是指挥过千军万马，经历过南征北战的人，那都是昔日的事，今天，只能在什锦花园这片小天地威风了。但是，他还是想在夫人面前保持一定的权威。"你总是吃呀，喝呀！大事让你办坏了，知道么？"

吴佩孚这么一吼，张佩兰心里一惊。"呀？大将军这怎么啦，在自己房中发起'孚威'来了。我能把什么大事办坏？"

"我问你，"吴佩孚说，"土肥原送来的'车马费'你收下了？""收下了。"张佩兰毫不含糊地说，"我可不知是谁送的。""还有人送顾问费、营养费，你也收下了？"收下了，全收了。"张佩兰说，"不光是这些，还有花卉费、修缮费、膳食费、我全收下了。"

"你，你……"吴佩孚暴跳着，就地打着转儿，说："你太糊涂了，你不懂事呀！你太不知……"

张佩兰明白了。她有些委屈地说："我怎么糊涂？自从西北回来，就光有出的没有进的。你还当家中有聚宝盆呢！坐吃山空呀！你可以关起门来做你的大帅，做你的上将军，我呢？我怎么办？我得拿银元去度日。银元就是银元，什么糊涂不糊涂？分文没有，今天就揭不开锅……"

"别说啦，别说啦！"吴佩孚发怒了，"你知道那些'费'是哪里来的么？那些'费'是做什么用的么？""我问不了那么多。"

"糊涂！"吴佩孚说，"那些费，全是用来买我的名声的。你收了日本人的钱，日本人便以我的名义在他们占领区登报纸，说我和他们'合作'了，愿意承担'大东亚共荣'的责任。我……我成了什么人？""哟，原来还是这么回事！"张佩兰冷静地笑了。"你笑什么？"吴佩孚依然怒气冲冲。

"这算什么大事。"张佩兰摇摇头，"我见多啦，你也明白。别吹胡子瞪眼睛，什么名声？名声值什么？袁世凯把干女儿嫁给了段祺瑞，段祺瑞还不是反袁世凯；黎元洪是你们推他当大总统的，还不是你们又把他拉下台；就说曹仲珊跟张作霖吧，今儿好得抱头，明儿又真刀真枪地杀；冯玉祥是你们曹老帅的心肝，到头来，花大钱买的大总统还不是被冯玉祥给抓了起来……别当我什么都不知道，你们的事我全明白，哪一个是珍重名声的？"

"你越不像话了！"吴佩孚觉得夫人把自己和那些人相提并论，太辱门庭，也觉得夫人见识太浅。便说："你懂个屁！那样的事，怎么闹都行，谁拳大谁是哥！和日本人合作，那就是两回事了。"

"两回事又怎么样？"张佩兰心中有数，冷冷地一笑，以消息灵通自居，说："别当我什么都不知道，知道！日本也不只收买你自己，那革命党的蒋介石不是也靠上日本了么？""哪个说的？"

"你自己说的。"张佩兰说，"这真是贵人多忘事！你从甘肃回到北京，张学良对你怎么说的？你问他沈阳事变为什么不抵抗，他不是告诉你有老蒋的命令么？你亲口对我的说，又忘了。"

"这……"张学良的话，确实是吴佩孚对夫人说的。那一天，他是气急了，脱口而出。现在，夫人揭开了，他有点张口结舌。半天，才后悔地说："他们是他们，我是绝对不当汉奸！"

张佩兰，也是五十大几的人，跟随吴佩孚东奔西走多年，官场上的事知道不少，并且还曾协助吴佩孚办过几件事，办得像模像样。她对人情世故的品评，常常受到吴佩孚的称道。今天夫人虽然把话说得尖刻了点，却也不无道理，吴佩孚想发作，总也发作不起来。可是，日本人竟在报纸上代他发了声明，现在，那个土肥原又要登门，这该怎么处理？吴佩孚六神无主了。他轻叹一声，锁起眉，就地踱起缓缓的步子。

张佩兰一见吴佩孚消了怒气，笑了——心想："还当大帅呢，一条小河就拦住了去路，怎么闯荡世界？"她拿起桌上的茶杯，冲上一杯香茶，放在吴佩孚面前，依然漫不经心地说："日本人不是代你发表声明了么？他们在日本国和沦陷区发，你就不能向全世界发么？有什么值得发愁的。"

"谁替我向全世界发表声明？"吴佩孚还是六神无主——几年不理事了，总想着闭门清闲，磬不击、卦不卜，主意也真的少了。

"不是有个美国记者要来访问你么？你就对他声个明不就行了。"吴佩孚拍着光秃秃的脑勺，连声骂自己糊涂，转脸对夫人笑着说："我竟忘记了，那个维克伊尔就是美国合众通讯社的记者！我，我欢迎他来访！"

正是土肥原要来拜访吴佩孚的时候，美国的合众通讯社向全世界发出一条重要而简短的新闻：

吴佩孚氏郑重声明：所谓接受日方重任，纯属伪造！

这个通讯社还加了几句短评：

日方故弄玄虚，企图逼吴就范。弄巧成拙，自欺欺人。

土肥原收到这条消息，暴跳如雷，大骂吴佩孚："你把我送上绝路了，我只有向天皇切腹谢罪了！"

土肥原拉拢吴佩孚的工作失败了，他受到了日本军方的处罚。结果，拉吴的工作又换给了土肥原最得力的助手大迫通贞。

大迫通贞，一个四十岁出头的小个子，头脸也小得出奇，留着小平头，一口流利的中国京语。他对中国的文化很有研究，谈中国历史头头是道；对于中国当代军政界人物也颇熟悉。日本人叫他"中国通"，是日本所派遣的秘密人员中最机灵、应变能力最强的一个。往天，他一直在大幕之后活动，日本人占领华北之后，他才公开出面。若不是吴佩孚这个人物如此特殊，日本人是不会动用他这只"大车"的。

一日，大迫通贞微服简从来到什锦花园，恭恭敬敬递了个名帖进去。吴佩孚接触过他几次了，无非都是交谈些"日华友谊""兴亚"重任等滥调，吴佩孚早厌烦了，很不想见他，但又不能。他便长衫垂地、长袖轻曳，俨然一副道骨仙风出来迎接。

大迫在吴佩孚小客厅坐下，吴命人送上一杯清水，笑咧咧地说："大迫先生，佛门以清净为本，所以，我只得以清水代茶了。"

"好，好！用你们中人的俗话说，'君子之交淡如水'！"大迫早已耳闻吴佩孚专心于经传了，只得如此应酬。"孚威将军真的成神仙了！敬佩，敬佩！"恭恭敬敬接过清水，又哈了一腰。

吴佩孚哈哈哈地笑起来。"大迫先生，你是著名的'中国通'。中国和日本，文化传统同为一脉，那你肯定知道'太极生两仪，两仪生四象，四象生八卦'的道理。今儿咱们就来好好地论论，看看是我中国人论得好，还是你日本人论得好？"

说罢，他便拿来一本厚厚的书，认真地一页一页地去翻。

大迫通贞的任务是来拉拢一个伪政府的"元首"的，哪里有心肠同他演周易、论八卦？便笑着说："上将军，我想同您谈谈另外一件事。""不谈八卦？"吴佩孚装糊涂了。大迫点点头。

"那好。"吴佩孚说："不谈八卦，那咱们就谈《尧典》。"说着，他丢下这本书，又去拿另一本书。口中念念有词："《尧典》上说，'克明俊德，以亲九族，九族即睦，平章百姓'。这个问题不知你们日本人是怎么认识的？我们……哈哈，我们是有我们的看法的。我们的看法，肯定比你们的看法高明。你信不信？不信咱们来论论。""这个……这个……"大迫通贞不住地摇头。

吴佩孚暗自笑着，心里想："我就是以这个来对付你。不高兴，你请去。"他站起身来，神气颇足地说："大迫先生，你不是'中国通'么？我说，中国有许多学问你不懂。我懂！我给你讲讲因果关系吧。世界上的任何人，只要他做了坏事，老天一定会报应他。这就叫'善有善报，恶有恶报；不是不报，时候不到；时候一到，一切都报'。你信不信？这就得修身养性。我会修养。我已经养好一套避弹的神符。不信你开枪，绝对伤不了我。我只要念念咒，便会有一团团麻线上天。这些麻线可以把你们的飞机拉缠下来。嘻，真的！"

大迫通贞望着吴佩孚这副癫狂的样子，哭笑不得，便起身想走。

吴佩孚拉住他，爽朗地笑着，说："大迫先生，你别走。我还有宝贝。我是中国当代最大的书法家，我得送给你一幅字，以表示'中日亲善'。来人，取文房四宝。"

大迫见吴佩孚一本正经起来，心中一动："难道他想借诗抒情，表达心愿——这样一个争权、争霸一生的人，怎能见权不动心呢？"同时，他也想有一幅吴佩孚的墨宝，以便在一定的场合下炫耀自己。于是，便停下脚步。

吴佩孚展纸提笔，不假思索地便把陆游的七绝《示儿》录出来：

死去元知万事空，但悲不见九州同。

王师北定中原日，家祭无忘告乃翁。

放下笔，笑了。"大迫先生，你瞧我的字怎么样？我敢说，在你们日本，决没有人敢不说好的！"

大迫接字在手，先看看墨迹，觉得写得十分气魄，也够潇洒的，是一幅难得的墨宝。他想向吴佩孚表示感谢。他再读读，又觉得诗句很面熟。忽然想起来了，是中国宋代大诗人陆游陆放翁写给儿子的嘱咐后事诗。他心里跳了："吴佩孚把我当成他的儿子了？要我以后……"他看看诗中有"北定中原"句，又有点兴奋……

吴佩孚挥挥手，说："你走吧。你的目的达到了，你可以走了。"大迫通贞似解非解，点头后退，悻悻地离开了吴佩孚的什锦花园。

大迫走了，吴佩孚那副半痴半傻的神态立刻不见了，面色变得异常严峻起来。"日本人是看中了我，不把我拉到手，他们是不会罢休的！"吴佩孚原想以装聋装疯混过这场灾难，看来是不可能了。可是，他坚决地想："在我有生之年，我决不会让日本人任意摆布，决不当他们的傀儡。"他在屋里踱着步，心里策划着一个一个对付的方案，又一个一个地推翻。踱着踱着，他忽然盯着墙上的关羽画像——他平生最崇拜的人物之一。脚步停下来，眼中射出森严而坚毅的光芒！"我要学关羽，要做一个堂堂正正的中国七尺男儿！无论日本人变换什么手段，我都要顶过去！"

第二十七章

不当汉奸

　　华北伪政权，使日本侵略者绞尽脑汁还是不能满意。最后只好硬凑一个班子。这个班子的"元首"一直缺位。

　　原任伪满外交大臣的张燕卿，是最早投到这个班子中来的。可是，日本特务喜多诚一了解他，张过去任天津县长时搜刮民财，标卖天津城厢义地，华北人民对他积怨甚深，不能用作号召沦陷区群众的工具，他只能组成一个影响不大的新民会，任副会长，会长由王克敏兼任。

　　做过北洋政府财政总长的王克敏，"七七"事变前蛰居上海，是日本鬼子山本荣治的朋友。经山本拉拢，来北京纠集董康、汤尔和、朱深、王揖唐、齐燮元等组成伪"政府筹备处"。可是，日本鬼子只把王克敏看成一个"聚敛民财起家的钱鬼子"，担不起大任。在预定的"三元首"人选一个个落空之后，王克敏接受齐燮元"恢复法统"的名义，着眼点又落到了曹锟身上。

　　结果商定，王齐二人去做曹锟的工作。齐燮元第一次去找曹锟，曹锟一言不发，弄得齐燮元坐不得，走不开。齐第二次去见曹锟，曹锟说："我走不动了，没有几天日子可过了。"第三次去，齐燮元转变了方式，一进门，他就乞求着说："大总统总不为我们这些人着想，也得为华北民众想想吧，您不出山，日本正可以直接压迫中国的老百姓。那样，中国人民不是照样受帝国的压迫吗？您出山了，倒可以作为民众的一把伞，保护他们，有什么不可呢？"

曹锟生气了，撅着胡子说："我是应该当作一把伞，给中国民众遮遮风雨。可是，你说的我这把伞，是握在日本人手里的，我就不是伞而是刀了！日本人不用他自己的刀去杀中国人而是用我去杀自己的民众！我还没有丧尽中国人的良心，我知道我是中国人！祖宗和儿孙都是中国人！"

一顿臭骂，齐燮元灰溜溜地走了。

不久（到了 1938 年 5 月），曹锟在天津病逝了。王克敏、齐燮元这些当了汉奸的人，为了造成社会对曹锟人格的错觉，也为伪临时政府增加一点"威信"，立即派大员前往曹家吊唁，并向曹家提出由（伪）政府对曹举行"国葬"，均被曹家属拒绝。因此，迁往武汉的国民党政府对曹锟特予明令褒扬，赠给他"华胄忠良"匾额一块，并追赠为陆军上将。

吴佩孚戏弄了大迫通贞之后，心里平静了。他觉得这一下，可能免除了日本人的纠缠。

大迫可不是这么想的。日本鬼子有的忠君思想，他们是拿着生命去换取民族的胜利，侮辱算什么？第二天，他又拿着比惯例还多的车马费、修缮费、膳食费等，从什锦花园的角门走进来，走到夫人张佩兰的房子里。

"尊敬的夫人！"大迫通贞一边放银元，一边恭恭敬敬地说，"这笔钱本该早早送来，我失职了，请夫人海涵。还请夫人在玉帅面前美言几句。"

张佩兰认识大迫通贞，也知道他来干什么的。这次可不同于往日了，因为吴佩孚定了家法，不许她再收分文。不过，她还是装糊涂地说："大迫先生，你这是干什么？""我是代表土肥原阁下来完成一项任务。""什么任务？"

"往日，这钱都是他送到夫人手里的。所以，今天我……""钱？什么钱？"

"给大帅的车马费、修缮费……"

"你胡说什么？"张佩兰发怒了，"什锦花园是我们的家，我们大帅早就不出门了，要什么车马费！花园是我自己家，能造起这座花园我就修缮得起，为什么要你们日本人的钱？你们日本人的钱为什么随便就给中国人用了？你说说，你说不清楚，我立即就请新闻记者来，把你们的钱交给他们！"

"夫人息怒，夫人息怒！"大迫忙躬腰赔礼，"土肥原阁下都是这样送的。"

"你胡说，我什么时候收过土肥原的钱？我家的钱犹如山一般，我怎么能收他这一点钱？你们日本人如果没有钱用了，到我家来说一声，只要愿意讨，多少都给！"

张佩兰从来不曾在大庭广众面前说过这么多这么强硬的话，更不用说对一个鬼子间谍！这几天，她被丈夫训得正窝着满腔气没处出，在丈夫的启发下她也懂得点正义，碰上大迫来送钱，正可以一股脑儿全发作给他。

大迫通贞不知内情，听她这么一说，见她态度又这么坚决，心里陡然迷惑起来："这是怎么回事？难道夫人真不知道这件事？往天都是把钱送给夫人的呀，是土肥原亲手交的。难道这个土肥原没有交钱给她，钱都被他吞了？"这么一想，大迫对土肥原怀疑起来："我得查查他！"大迫冷静一下，对张佩兰笑着说："对不起夫人！这事是我办错了，办错了。钱我收回去。"说着，把钱收拾好，点头哈腰地又从角门退了出去。

日本鬼子早就盘算过了，在华北，除了吴佩孚，再没有更合适的"元首"候选人了。自从这个决定做出之后，他们便把它叫作"吴佩孚工作计划"。他们在吴身上业经花了相当数量的钱，若计划不能实现，不仅在中国人面前丢尽了脸，也会招来本国内对头的责难。所以，连连失败之后，在华北、在北平的所有日本特务（包括土肥原）仍然凑在一起，开了一次特别隆重的会议，商讨争取吴的工作。最后决定，召开一次大型的记者招待会，逼吴在记者招待会上公开露面，再散发一个由特务机关编造的讲话稿。那样，吴佩孚想清白也清白不了！

日本鬼子很自信他们的计划。据说，这个计划是老牌特务土肥原提出的，是经过他苦思许多天，作为立功赎罪的行动来接受天皇考验的。

问题决定之后，土肥原又兴奋而紧张起来。他找来"大笔"，按照日皇裕仁设想的内容来为吴佩孚起草"答记者问"。这个答问关键的内容，是要吴佩孚承认他就任"绥靖委员会委员长"。其次，土肥原忙着排队与会记者的名单：北平城里的中国记者，都在他控制之下，不怕他们泄露风声：日本记者更无话可说；外国记者，土肥原知道他们听不懂中国话，只要发给他们每人一份欧洲文字的"答问"稿就可以了。真可谓万事俱备，只欠东风了。

1939 年 3 月 30 日。

冷落了许久的什锦花园，突然变得十分热闹起来，又抖起当年的威风。大清早，一队队日本宪兵和伪军便衣，便布满花园四周，乘着各种车辆而来的中外记者，昂着不同的面孔朝着那个紫红色门洞的高门楼走去；不久，日本大本营的特务土肥原、大迫通贞等的专车便出现在戒备森严的花园门外。

今天，四十八岁的小个子土肥原，竟然是一身平民打扮，身穿和服，足登布履，头戴一顶中国式的毡帽，梁上架一副金边的茶色眼镜，手里捧着一件布包包。他一下车就对人们点首微笑。什锦花园要举行一次特殊的记者招待会，土肥原是主持人又是主人。一进院，他便径直往吴佩孚的小客厅走去。他觉得吴佩孚会在那里恭候他。他想好了见面之后的第一句谦辞和如何在气质上给吴以威严，使自己不被牵着鼻子走。然而，他失望了，那里除了旧有的陈设并且依然布满着灰尘外，连一杯待客的清水也不曾备有。土肥原木待了半天，只好叹息着走进客厅。

这一天，吴佩孚特别愤怒！为什么要召开这样一个记者招待会？在招待会上他吴佩孚扮演一个什么样的角色？事前他一点也不知道。他是昨天晚上才知道要在他的大客厅里举行记者招待会的。是那个已经当了汉奸的、他的秘书长陈廷杰告诉他的。原先他还以为是有人借客厅一用呢！今天早晨，他的守卫人员却给他送来了要他在招待会上讲话的讲稿。这时，什锦花园已经被日本人派来的武装人员团团"保护"起来。吴佩孚窥了一眼油墨未干的中、日、英几个文体的讲稿，便通通扔到地上，拍着桌子大骂起来："他土肥原算个什么东西？他凭什么指挥我？我说什么话，不说什么话，他有什么资格替我起草？把那些稿子通通烧了！"

站在一旁的陈廷杰吓呆了。因为这个招待会是日本人和他一起策划的，他向日本人打了包票的。开不成，他可要负责任。陈廷杰站在吴佩孚面前，急忙问道："招待会怎么办呢？开不开？""不开！"吴佩孚坚决地说，"要开在他日本人家中去开！"

"大帅，"陈廷杰规劝道，"北平是日本人的占领区，太顶牛了，能好么？"

"北平是谁的天下难道我不知道？"吴佩孚说，"有什么不好？大不了，他土肥原差几个特务把我暗杀了。我不怕，我决不会像蒋介石、齐燮元之流，几声枪响就吓破了胆，几块烂馒头就偎上去摇头摆尾！"

陈廷杰毕竟是读过几天圣贤书，又受过吴佩孚恩惠的，他虽然又投了主子，对吴佩孚还是前情不忘，他不想看着老主子死在新主子的屠刀下。他思索着，劝解道："大帅，您的为人，我们是佩服的；您的人品，我时刻作为楷模还是望尘莫及。但是，大帅您千万不能硬碰呀！果真坚持高风亮节，您何不利用记者招待会这个条件呢？把您想说的，在招待会上通通说出来。我不信，日本人敢在中外记者众目睽睽之下堵您的嘴，对您下毒手！那时，您不是成了名震寰宇的民族英雄么！即使日本人以后对您下毒手，全世界也会谴责他们的。"

陈廷杰果然不愧是四川的"卧龙"，他在吴佩孚身边五年，如果说还曾出过令人惊讶的好主意，那就莫过于这一次了。

吴佩孚紧锁着剑眉，激烈地思索着，心里渐渐平静起来。"陈廷杰说的，也是一个好办法，利用其人之道，还治其人之身，自古有训。我怎么一生气，竟糊糊涂涂地忘了。"想到此，他转变了态度，轻轻地摇着手，说："廷杰，就照你说的办吧。你先出去应酬，我做些准备。"

土肥原进来的时候，吴佩孚正闷在密室作准备，他要破釜沉舟，跟日本人决战一下。吴佩孚把自己的讲稿准备好之后，刚要走出来，他又停下脚步。"慢，土肥原老奸巨猾，外国记者多不懂中国语，设或日本鬼子捣鬼，事情就坏了。我得自带翻译，让外国记者知道我说的原话。"

"来人。"吴佩孚喊一声。

"大帅。"一个内室侍卫走进来。"把陈十朋叫来，我有急事。"

陈十朋，一个年轻英语翻译，机灵灵，透亮亮，小跑步飞快来到吴佩孚面前。"大帅，有事？"

"我要在中外记者招待会上讲话，讲稿写好了，你先看看。回头你在我身边，我讲一句，你如实地翻译一句。记住了吗？""记住了。"小陈接过讲稿，仔细看着。

什锦花园的大厅里外，聚集着一百三十多名中外新闻记者，他们各人手中都有一份日本鬼子起草的吴佩孚的讲话和答问稿，其内容大体是吴佩孚"愿意出山，愿意就任绥靖委员会委员长，愿意为'中日提携'努力，一切赞成日方主张"，等等。记者群中，有人喜笑颜开，有人紧锁眉头，有人惊讶万状，有人窃窃私语。吴佩孚进来了。

吴佩孚缓缓踱着步子，严肃的脸膛，目不斜视，直朝主讲台走去。他长衫马褂，目光沉滞。八字胡翘起，俨然一副绅士派头。

记者们的目光，一下子聚在他身上，大客厅顿时鸦雀无声！吴佩孚坐定之后，望了望早已入座的日本特务土肥原，土肥原对他欠了欠身，微微一笑，而后又坐回原处——他的面色十分坦然。

吴佩孚坐定之后，陈廷杰也在他身边落了坐。吴转脸看了他一眼，示个意让他起来，换个地方，然后，把年轻的翻译安在陈廷杰的位子上。这才举目扫视会场，并且不断地朝记者们点头，微笑。扫视完了，他站起身来，先把面前的、日本人为他准备的讲稿朝一旁推了推，而后，从年轻翻译手中拿过自己的讲稿，朗朗有声地开始了讲话："吴某今天能和中外新闻界名士相会，甚感荣幸！"他的声音很洪亮，也很有感情。他一句话说完，便让年轻的翻译为他一字不误地用英语重述一遍。

"中国人是不希望打仗的。中国人自己打自己，已经吃尽了苦头。现在，日本人来打这个仗，就变成世界的仗了。这是中国人十分不情愿的。中国人希望和平，我想，日本人也希望和平。打起仗来，对谁都没有好处。怎么办呢？我看，中日和平的条件无非两条：一条是日本人无条件地撤兵，大兵驻在别人的国家，总是不行的；一条是中国应保持领土和主权的完整……"吴佩孚等翻译把这段话翻译完毕，便笑着冲记者们点头："这就是我吴某人今天要说的话。完了。谢谢各位！"说完，他安然地坐下，双手捧起茶杯。

土肥原早已气得鬼脸发紫。但是，当着中外记者的面，他只好自喘粗气。待吴佩孚坐下之后，他便把目光凶狠地朝记者群投去。

会场骚动了，那些得到土肥原恩惠和指示的记者，纷纷站起来，按照土肥原为他们定好的提纲，接二连三地向吴佩孚提出问题。吴佩孚对每个提问题的人一律笑而不答。

土肥原的如意算盘破灭了。他立即估计到了这场招待会将给他带来的灾难。他站起身来，气急败坏地大声宣布："休会！"

这场由土肥原导演的闹剧结束之后，日本出动了全部特务机关的大小特务，命令新闻、电讯机关扣发所有记者发往外国的电讯稿件，一边仍按自己早已拟好的新闻稿向世界发布。

然而，消息是封不住的，美国合众社的记者，还是把吴佩孚的讲话，全文发了出来，并且又把日本人如何威胁报馆和扣发各国记者电讯的丑事公之于世。虽然日本本土和中国沦陷区的报纸发表了土肥原炮制的"大作"，但毕竟抵不住合众社的影响，日本人在中国、在世界人民面前丢了脸。

土肥原——这个精通中国的特务头子，终于受到他的统帅部的严厉处罚——他，不得不离开北平，离开中国。

吴佩孚不当汉奸，愿当汉奸的中国人还是大有人在的，汪精卫就是一个。汪精卫在南京投靠日本之后，感到形单影孤，想拉一个伙伴；同时也受到日本主子之命，开始拉拢吴佩孚的工作。

1939年5月22日，汪精卫托"华北临时政府"顾问赵尊岳交给吴佩孚一封信。信上说："中日两国为敌则两败俱伤，为友则共同发达。不幸数十年来纠缠胶结，郁积至今日，遂败坏决裂。"汪精卫提出挽救危局的两项大计，即"恢复和平"和"组织统一有力自由独立之政府"。还没有等到吴佩孚回信，又于5月27日给吴写了一封长信：

子玉先生勋鉴：

日前曾上寸缄，想达座右矣。近晤中孚兄，快谈一切，藉知我公谋图之诚，忧时之切，弥称倾慕。国家败坏至此，若不亟谋收拾，惟有沦骨以亡。铭一息尚存，誓随海内仁人志士之后，竭尽心力，不敢少懈。前函已陈，谨再致悃幅，专此并颂勋安。

汪兆铭
5月27日

吴佩孚本来就看不起汪精卫，接到这封信后，对汪精卫更为蔑视，当即回信给予驳斥。

……甲午之后，"九一八"以来，政府当局，专以不滋生事端为无上自全之策，敷衍因循。此策犹如痛殇附身，终归一溃。和平人皆盼之，但必有先决条件，即以保全国土、恢复主权为唯一之主张。至于子玉个人，则誓与国家生存同命运，苟能山河无恙，自计已足。

吴佩孚这封信，不啻是对汪精卫狠狠地扇了一耳光！

日本鬼子不愿失去良机，不管吴佩孚什么态度，他们又派张燕卿和陈廷杰陪同大迫通贞又拉着吴佩孚在洛阳时的顾问、日本人冈野增次郎到什锦花园。

大迫见了吴佩孚，稍事寒暄，就单刀直入地说："敝国内阁及有关人士都取得了充分的谅解，结果一致决定请上将军出山收拾残局。汪精卫先生也愿意与上将军合作，进行和平工作。这对于端正日中两国国交及解决中日战争，都是值得庆幸的。"说到这里，大迫又记起了记者招待会那件事，忙又说："如果您不愿公开出面，可以指派代表去办，像张先生和陈先生，都是可以的。"

吴佩孚心里明白，这是大迫和汪精卫在一唱一和。他淡淡地笑着，说："承蒙贵国及汪先生抬举，但是，吴某在野之人，不可能去命令别人，不便指派代表。如确有诚意要我出山，必须让你们占领区的中国政权听从我命令，并由我委人负责。"大迫皱着眉头，不敢回答。

吴又端起上将军的架子，说："至于我个人，出山之后作为中国元首，自应与贵国天皇处于平等地位；我所任命的国务总理，应当与贵国的首相地位平等；各部总长，应与贵国的省部大臣地位平等。如能做到这些，我可考虑同汪精卫先生谈判。不然，再休提出山一事！"

大迫这伙鬼子、汉奸，无可奈何地走了。

不久，汪精卫被日本主子叫到东京去了，目的之一，还是拉拢吴佩孚。汪给吴电报，提出在北平顾维钧欲同吴会谈。吴说："在外晤谈不方便，欢迎汪先生到什锦花园会见。"日本人出来调解，提出在日本华北方面军司令长官公馆为会谈地点。汪满口答应，吴却干脆拒绝说："咱们是中国人，谈的是中国事，要谈就在中国人家里谈！"喧嚣一时的"吴汪会谈"，至此也彻底吹灯拔蜡了。

日本鬼子拉拢吴佩孚的工作，是从近卫内阁开始的；近卫下台了，1939年1月4日由平沼骐一郎重新组成了内阁，平沼也把这事列入侵华重点项目。

土肥原戴罪回到日本，他要向首相平沼骐一郎当面请罪。

——平沼是个比较豁达的人，毕业于帝国大学法学系，任过日本政府的司法次官、检事总长、大审院长，他是由枢密院长任出来组阁的。他的雄心是继续执行"以华制华"的政策，决心实现"圣战"胜利。他的前任近卫交代他中国事情时，就特别提到吴佩孚。

听了土肥原的请罪报告，平沼没有责怪他，冷静地想了好一阵子，才说："那么，你对争取吴佩孚的工作有什么具体想法？""有！"土肥原坚定地回答。"请你讲明白。"

"吴佩孚刚愎自用，一生居于人上，指挥一切。"土肥原有理有据地说，"看来，对他用强硬的方法是不会奏效的。"

"吴佩孚是中国的儒学代表，是压不服他的。"平沼说。

"中国的儒家我了解他们，他们顽固地坚持'士可杀而不可辱'的圣教。历来如此，吴佩孚是熟读四书五经的，笃信《论语》。""那应该如何对付他呢？"平沼问。

"中国的圣人孔丘说过，'不患人之不己知，患不知人也'。如果我们考虑能从这个观点去征服吴佩孚，我看可以。""你的意见怎么办？"

"还是用中国古人的办法。"土肥原也想在新首相面前卖弄一番，他眨着机灵的眼睛，说，"中国宋代的文学家欧阳修有篇文，叫《有美堂记》，其中有句名言，叫'视其所好，可以知其人焉'。中国聪明的政治家，都会用这句话。我们可以去敬服这个儒将。"

"请你说出你的具体设想。"平沼是法学家，办事坚持有理有据。

"我看，我们可以派川本芳太郎到中国去，让他去跟吴佩孚学理法、学诗词，恭恭敬敬地拜吴为老师，常在吴身边，伺机而动。"平沼微微闪了闪双目，没有说话。他思绪中，翻腾着川本这个人——

川本芳太郎，是日本政府中的少壮派，是日本特务机关为侵华专门培养的文武全能的特务。不过，他的武，却不是枪炮子弹，而是攻心战术。像披着和平外衣到中国来兜售鸦片的西方骗子（日本也学了这种卑劣勾当）一样，他要用华丽的语言来征服中国人。川本对中国文化，也是有超人功底的。平沼首相信得过他，觉得他能够完成这个征服吴佩孚的任务。"那就以阁下的意见去办吧。"平沼首相点点头。"还请首相阁下亲自对川本谈谈。"

"可以。"平沼也为能有一个新的措施，在中国华北取得巩固而高兴。他对土肥原说："你准备准备，向川本把华北情况谈个清楚。"

土肥原点头退出去了——他为自己没有遭罪而又继续为帝国工作而高兴。

第二十八章

日本人黔驴技穷

　　那场记者招待会的"闹剧"过去之后，吴佩孚的什锦花园倒也平静多了，就连他昔日的亲信陈廷杰、齐燮元之辈，也很少在他面前出现了。吴佩孚很想关起门来，思索点什么，或者认真读点书。他有许多时候没有认真读书了，什锦花园里有个小小的但藏书还算丰富的书屋，那里藏了好多古书。吴佩孚爱书成癖，别人孝敬他，他自己也搜集、购买，日久天长，书便多了。他自己为书屋取了个古怪的名字，叫"事师皮"。他从不对别人解释为什么叫这个名字，只他自己明白：他想成为事事为人师表的伟人。

　　吴佩孚走进他的"事师皮"，门推开时，一股霉臭味冲鼻刺来；几只小小的飞虫，迎着亮光飞出去。他走近书橱，用衣袖轻轻地拂拂灰尘，无意中从书架上抽出一本书。信手揭开，看看文章，才知道取出的这本书是线装古本《论语》。他冷呵呵地暗自笑了："历来的中国儒家，都说'半部《论语》治天下！'我吴子玉有中国半壁河山时，竟然也忘了读《论语》。现在，我成了光杆司令，成了什锦花园里'孤家寡人'；即使熟读了全部《论语》，又去治谁的'天下'呢？"他合上书，又把它放回原来的地方。

　　昨天，入夜之后，吴佩孚辗转不能入睡，他铺开一大张宣纸，却无意画了许多人——他曾对"人"思索了许久：日本人打进中国之后，中国土地上的人就起了变化。大敌是日本侵略者；侵略者之外，中国人抗日的为一方，亲日的为一方。前者，人人皆是民族英雄；而后者，则是无可辩解的民族敌人。吴佩孚要做前者!

——1937年12月13日,日本人在南京大批屠杀中国人,吴佩孚绝食一天,以示抗议;1938年中国大片土地沦陷,他忧心忡忡,数日不语。

——国民党1938年6月9日炸开黄河大堤,淹死许多日本人,他心花怒放,要举杯为贺,但当他又听说豫、皖、苏三省大片土地被这次黄水吞没,一百四十余万人民无家可归,他捧着酒杯高喊"皇天!"

——土肥原导演的记者招待会不久,他获悉逃到重庆去的蒋介石自任为"国民政府国防委员会委员长",他拍案而起,大声骂道:"这个无耻的家伙,只会丢失土地,不战而退!他心里何曾有国防?国都不是设在南京么,你跑到四川去保的什么国防?"……吴佩孚想出山!

可是,大势已去,吴佩孚空有一腔热血!他的烦躁情绪,像不断增高的气温一样,渐渐地由春入夏了。

正是吴佩孚心神不安的时候,川本芳太郎来到北京。

华北伪政府头子王克敏被日本主子叫了去,要他想办法把川本送到吴佩孚身边。王克敏犯了愁。他跟吴佩孚接触过,自从吴佩孚知道王当了汉奸,几乎连话都不同他说。今天由王出面,送一个地地道道的日本特务到吴身边,要有不一般的理由才行。王克敏把川本叫到面前,问了问学历,问了问对中国情况了解的程度,又问了问川本的爱好和特长,然后说:"川本先生,这一次,你的任务很繁重,工作很艰难。有几件事不知你能不能做到?"没等川本回话,王克敏又说:"要是做不到,便什么事情也别想办成。"

"只要对于完成任务有必要的,没有做不到的事情!"川本说,"请阁下明白指示。"

"第一,不能有一丝一毫的特殊架子。要以一个普通日本人的身份,以虚心好学的态度向吴佩孚拜师。"

"能做到!"川本说,"中国的礼俗我全懂。"

"其次,要有高度的忍耐性。吴佩孚高傲自大,好发脾气,必须忍!""能做到!"

"第三,要有相当雄厚的中国文化功底,既做虚心的学生,又得是颇有才华的学者。不知你具备否?"

"我很自信!"川本说,"你们最名牌的学府的教程,我全研究过,我懂中国的古老文化。"

王克敏想了想，又说："这样，我可以写一封推荐信，你以纯学子的身份亲自登门造访，拜师学艺。"

川本虚心地接受了王克敏的意见。王克敏以私人交情给吴佩孚写了一封信，说日本友人某某之子，年轻好学，久慕盛名，欲拜你为师，来中国已久，未能得晤。经友推荐，寻到门上，要我转为推荐，盼能作为弟子收下，可以扶一人才成长，等等。最后，对川本说："到什锦花园，不必先去见吴佩孚，可由陈廷杰带领，先去见夫人张佩兰，送一分厚仪。关系通了，再去见吴。"川本一一答应了。

有这么多相助关系，各种通关都极顺利。川本芳太郎这才到吴的书房去"拜师"——

那一天，川本学生打扮，两手空空，一进吴的书房，便默默地行起跪拜大礼。礼行得十分认真，一丝不苟，一点不错。最后跪在吴佩孚膝下，诚恳而谦逊地说："老师德高望重，日本有识之士，无不五体投地；学子界，更以能求得教诲为荣。学生不惜乘槎，前来附攀，作为终生出息之举！如老师不收我这个徒弟，我便长跪不起！"说罢，又以额触地，匍匐不动。

吴佩孚久不听人奉承他了。早日夫人曾谈及日本学生求拜之事，一再声称不带政治条件，纯属求知。又见他果然眉目清秀，态度谦和，便摆出一副清高的姿态说："我对政治、军事早都冷淡了。但是，做人的道理，要求的学问，我还是很自信的。不敢夸口，当今中国，能令我佩服学问而又人品高尚的人，寥寥无几。你若有心进取，愿意发奋，我还是可以帮助一二的。"

"老师答应收我为学生，是我之万幸，多谢老师。"川本又跪又拜，"我一定以老师为楷模，做一个堂堂正正而又学富五车的人！"

川本是个很勤奋的学生，专心致志，认乎其真，态度又十分谦虚。在老师和师母的面前，从不多说一句话，尤其不多说军政方面的问题。只有在师母询问他的身世时，他才告诉她，说他是商人出身，父辈做着世界范围的贸易；他说不愿继承父业，想做一个中国式的学士，将来文章名留千古。

"倒也是一个清白的世家。"张佩兰同情他了，"只要你虚心好学，是会成为一个堂堂正正的人的，跟那些玩权的、玩兵的人不一样。""不过，我的家庭也有所不同。"川本说，"我们家的买卖很大。因而，也结识了许多军政界的大人物。往日的近卫首相，现在的平沼首相，我父亲同他们的关系都很好；现在在中国华北的驻军负责人冈村宁次将军，也是家父的朋友。老师和师母如果有什么事情需要接触他们，我都可以帮助。"

"哟！你们这个家还有这么大的影响？"张佩兰惊讶了。

别看这婆娘出身只是一个开小店的，在军营中跟随大帅熏染了这许多年，见过的世面也多了，头脑开阔多了，对于各种人，也会用反反正正的道理去想想。听着川本的话，她觉得"这个小子怕不是专来学习文化本领的吧？是不是又是一个特务？"她把这个想法连同川本对她说的话都对吴佩孚说了。然后又说："这小子是王克敏推荐来的，王克敏是日本人的走狗，他们会不会伙在一起，来干什么坏事的？"

吴佩孚一边听，一边想，暗暗地赞扬夫人的细心。吴对夫人说："你很会想事，想得很好。怎么样对付这个人，容我再想想。你也想想。"

吴佩孚想了半天，深深地抽了一口气，自言自语："川本，也是一个日本特务。既然是日本特务，他的任务便只有一个：拉我下水。果然他这样做了，我便要采取我的办法。"

川本到底是经过高级特务机关训练的，在什锦花园事情做得很周密，即使是拿着日本政府的大把银元来"帮助"张佩兰解决生活之急，也一再声明是"家父私财，是学生对师母的一片孝心"。张佩兰也装糊涂地如数收下。川本的任务是有时限的，不能长期软泡下去，不久，他即通过师母向老师提出与日本政府合作的问题。吴佩孚完全明白了，他告诉夫人："对川本说，我答应同他开怀畅谈。"

那一天，川本依然谦虚谨慎，他先对目前中日战况表示"忧心"，然后说："凭老师的影响，只要老师出面，会对这种紧张形势有所改观的。战争是很残酷的，在哪里发生，哪里的人民受害。我知道老师的人品和民族气节，老师正可以从爱护本国人民出发，出山去做一番事业！"

吴佩孚笑笑，点点头。"我是应该出山了，我也愿意出山。""老师真有此意？"川本急问。"有。真有此意。"

"学生愿意从中做协调工作。"

"那你就做吧。""老师不愧是中国的名将大儒，只要老师出山，大局就会改观。"

"只要日本政府有诚意，我一定出山。我一出山，就有把握收拾当今这个残局。"吴佩孚心里有算盘："土肥原的几招，我都领教过了，他没有多大本领；喜多诚一，没有多大能耐，他没有敢施展。我倒要看看你川本有几头几臂？"

吴佩孚答应之后，川本十分得意。心想："吴佩孚毕竟是个权欲不泯的人，这几年他没有大权了。失去权的滋味不好过！"于是，他急忙给东京发了个电报，说"吴佩孚氏愿意听从东京安排"。日本内阁也急忙回电给川本，答应"可以把华北皇协军全部交给他"。并指示川本"迅速同吴氏协商，尽快定下就职日期，政府将派要员祝贺"。

川本看到"大功"已成，终于改变了面孔，他主动去见吴佩孚，不是尊师，而是多少表现着主子身份了。

"老师，"川本这一次称师，态度有些傲强，但还是叫了一声"老师"，他接着说，"平沼首相十分欣赏您的合作精神。要我问问老师，打算什么时候就职？"

"什么就职？"吴佩孚装糊涂了。

"老师不是答应愿意同平沼政府合作，担负中国政府的责任了么？"川本有些惊愕了。

"你说这件事，"吴佩孚笑了，"我是答应了。""老师答应了，事情就不可再拖了。"

"我也想尽早办成。"吴佩孚说，"只怕全世界人都希望早日办成。""好好，咱们商量个意见，我即向政府报告。"

"我就知道你不是个纯纯正正的学子。"吴佩孚态度极倔，但口气却十分温柔，"你们日本人也太不讲体面，派说客就是派说客，派特务间谍就是派特务间谍；化着美女装的毒蛇怎么化也成了不美女！日本人太缺乏自信。"

"老师，"川本为难地说，"本国政府其实还是十分尊敬您的。中国政府元首的位置一直给你留着。至于用什么方式说服您，我想这不必计较。"

"怎么不计较？"吴佩孚说，"中国人忠厚纯朴，观其言，知其行。就说你吧，你明明是个地地道道的间谍，却以学子身份出现，这个举动就不是正人君子。"

"老师，这些都别说了，那都是小节，咱们还是商量大事吧。我牢记老师说过的话，老师是不会食言的。"

"这叫什么话？"吴佩孚生气了，"我吴某人从不食言！一就是一，二就是二，说到做到。"

"老师人品世人皆知，学生敬佩！"川本说，"是不是就谈就职日期？"

"早了点吧！"吴佩孚摇摇头，"还有具体事没有谈定。""不是谈定了么！"

"谈定了的，只是我愿意出山。"吴佩孚说，"咱们并没有谈如何出山？要知道，我吴佩孚出山是有条件的。条件谈妥了，就职日期自然不必拖延。"

川本愣住了。吴佩孚说得合情合理，他不能不心中佩服。忙说："老师，那就请您说说条件，我立即向平沼首相汇报。"

吴佩孚略作沉思，说："请你转告你的政府，我有三个条件，你们政府答应了，我一定乐意合作。""请老师具体说明。"

"第一，要我干，就把全权交给我；第二，我干了，请日本军队撤出山海关，不，退出中国；第三，我要组织三十万由我自己领导的队伍……"

川本一下子惊呆了——日本人要吴出山，根本就不是想给他自主权，是要他当傀儡。现在，吴佩孚不是以傀儡面目接受出山，而是要以堂堂中国上将军面目收复河山！日本人是不会让他这样做的。川本冷静地想了想，无可奈何地说："老师，只怕这种条件，不够'互惠'吧！"

"怎么不'互惠'？"吴佩孚说，"照你们天皇的办法，我当儿皇帝，每日向你们三跪九叩？日本人尽做美梦！在中国，这种人有，比如汪精伪之流。但是，为数不多。我吴子玉不跟他们'争芳斗艳'。"吴佩孚说话的声音越来越高，态度起来越强硬。"请你告诉平沼先生，我吴佩孚是个有骨气的中国人，不是癫皮狗！""老师这么说，岂不改变了初衷？"

"没有什么初衷、末衷。我这个人历来说话始终如一。我愿意出山收拾残局，是有条件的，条件便是我得有全权！你们日本人不讲条件，是你们出尔反尔，我怎么能听凭你们摆布呢！"

"老师这么做，这岂不成了我欺骗天皇了吗？"川本露出了可怜相，"那样，我是要向天皇陛下切腹谢罪的。"

"那是你们的光荣传统，我管不了那么多闲事。"吴佩孚说，"我是中国人，我要按照中华民族的传统做人！"

川本芳太郎绝望了，他叹息着，忧心忡忡走出了什锦花园。日本派遣特务在吴佩孚身上的工作失败之后，他们迁怒于被他们收买的中国人"不卖力"：华北日本驻屯军总司令冈村宁次，狠狠地教训了王克敏一顿；王克敏找到齐燮元，把日本人给的"奖赏"全部给了齐燮元；齐燮元找到陈廷杰，哭丧着脸说："陈公，咱们都是大把年纪的人了，办了不稳妥的事可得要负责呀！当初许多事都是阁下作了保的，如今吴子玉翻了脸，日本人全被他得罪了，日本首脑动了怒，我们不能混下去了，你看该怎么样才能收场？""吴子玉沽名钓誉，是不是再换换方式？"陈廷杰心不死，说："多给他高帽戴戴如何？"

"不灵了！"齐燮元语，"他满眼盯在权上，什么好听的都无用。""我再去做做工作看。"

"务必讲明咱们的共同利害。"齐燮元说，"现在，咱们和他一起都陷入了困境，独自想拔，是很难拔出了。大家盼望他能顾及众人的生死。"

陈廷杰点首答应。

对于吴佩孚的争取工作，已经挤到墙角，再无法进展了；由于日本人投入的精力和金钱都相当可观，他们层层相迫，责任最后追到了陈廷杰。陈廷杰知道问题严重了，他无法推卸，他不得不走进什锦花园——但是，那已是破釜一着了，他打算同吴佩孚最后一搏。

什锦花园的大门，早已死死紧闭。陈廷杰呼唤许久，才有人把门开开。他走进庭院，庭院寂寂；他走进吴佩孚的书房，书房悄悄静静。吴佩孚正坐在案边看一本唐诗。陈廷杰进来时，他看见了他，却故作没有看见。他很厌烦他，他觉得他这一年为自己惹了许多麻烦，他感到自己身后总会败裂在这个人手里。

陈廷杰悄悄走近，轻声问一句："大帅好！"

吴佩孚没有转身，也没有转脸，只瓮声闷气地应了一声："嗯。"陈廷杰走到他身后，留神一看，见他在读唐诗，便说："大帅雅兴不浅呀！依然注目唐人之作。"

吴佩孚这才将书掩上说："唐诗不能不读。不读唐诗，连做人都没有了标准。"

陈廷杰摇摇头，说："那不过是文人之戏笔，大不了抒抒自己的情怀。""能够正直地抒自己的情怀，已算能得！"吴佩孚说，"怕只怕终日瞧着别人的脸色，以别人的喜怒为是，抒别人的情怀。"陈廷杰尴尬一笑，没有说话。

吴佩孚冷冷一笑，一边重新打开唐诗，一边说："廷杰，我推荐给你一首七律，请你读读，看看究竟是抒的什么情怀？"说着，便指一首诗，让他读。

陈廷杰懒懒地低过头去，吴佩孚却朗朗有声地诵起来：

苏武魂销汉使前，古祠高树两茫然。

云边雁断胡天月，陇上羊归塞草烟。

回日楼台非甲帐，去时冠剑是丁年。

茂陵不见封侯印，空向秋波哭逝川。

　　陈廷杰心里明白，这是借着苏武的苦节讽刺投降派的诗。他当然不愿意沿着这个思路探讨下去。他笑笑，摇摇头，然后转了话题。"大帅，跟川本又闹翻了脸？"

　　"怎么'又'闹翻了脸？"吴佩孚不耐烦地说，"闹就是闹了；闹到不可收拾，自然翻脸！"

　　"我是说，土肥原、喜多、川本，一个一个都这样闹翻脸……""是他们一个一个上门找着我闹，不闹又怎么样？""川本有来头呀！"

　　"我管他来头不来头？"吴佩孚发怒地说，"他搞他的间谍活动，我做我的平民百姓。我不犯他，为什么允许他犯我？"

　　"日本人对大帅并无恶意！"陈廷杰责怪吴佩孚了，"他们想扶持大帅，给大帅权力，一次一次派人来劝，一次一次周济大帅……""你不要说了，这种话我不听。""这不是坏话！""混说！"吴佩孚大怒，"日本人拉拢我当汉奸，卖国卖民族还不是坏话？什么是坏话呢？"

　　一说"卖国""卖民族"，陈廷杰觉得辱骂他了，马上跳起来："我也是为了救国救民，只不过变着法儿罢了。"

　　"你……你投靠日本人，为日本人侵略中国当帮凶，还是为了救国救民？你……你简直无耻！""你怎么骂人？"

　　"我怎么不骂人？"吴佩孚说，"你上了贼船还想拉我上贼船？你要我投降日本人？日本人的把戏，哪样能瞒得过我？你不过学舌而已！"

　　"我决非这个意思！"陈廷杰说，"我是为大帅好。"

　　"我不是三岁两岁的孩子，由你们摆弄！"吴佩孚转过身去，说，"你死了这个心吧，我永远不想再见到你。"

　　"大帅太固执了。"陈廷杰还是舍不得走开，他有任务。他完不成拉拢吴佩孚的任务，不好向主子交代。"难道大帅不为自己的安全，不为子孙后代想想？"

"你走！你立即走出去！"

"大帅，你……你没有好下场的！"

吴佩孚一听这话，顿时火冒三丈。"混账东西，自己当了汉奸，还回过头来骂我'没有好下场'！我不同你论理了……"想着，他卷袖子，朝陈廷杰紧走两步，扬起巴掌，一边甩过去，一边骂："我揍死你这个卖国贼，混账王八蛋！"

陈廷杰一见巴掌过来了，急忙后退，闪过了吴的巴掌，气急败坏地说："好，好！你打我。你知道我是怎么来的么？我是奉命来的！是奉了日本人的命令来的，你敢打我？"

"我知道是日本鬼子派你来的，我才揍你！你自己来了，还值不得我揍你呢！你告诉日本主子好了！我吴子玉揍的，就是日本帝国主义的走狗！"

两人闹翻了，府中许多人赶来将他们拉开。有人推着陈廷杰往外走。

吴佩孚还怒气不消，他大声斥骂道："你们都听着，他陈廷杰是汉奸，是卖国贼，是日本鬼子的走狗，他永远不许进我的什锦花园！永远不许进……"

拉拢吴佩孚的工作彻底失败了！挨了骂的陈廷杰逐级上报，日本鬼子头目和甘当鬼子走狗的，一个一个黔驴技穷，再也想不出新招了！对吴负责拉拢工作的主要负责人之一冈野增次郎——吴佩孚长春时的"朋友"，洛阳时的"顾问"，什锦花园的"常客"——不得不据实写了一份《吴佩孚与日本之意图比较》的汇报，呈交东京，承认策划吴出山一事的彻底失败。

日本政府，被一群疯狂分子把持的侵略集团，恼羞成怒，决定对吴佩孚最后下毒手了……

第二十九章
秋风落叶北平城

西风卷着落叶，落叶在弥漫的尘沙中飘零。北京城的气温逐日下降，什锦花园的万紫千红渐渐凋残。1939 年又进入了深秋季节。

自从轰走了川本芳太郎，又和陈廷杰闹翻了脸，吴佩孚便下定决心，除了经史、诗词、字画之外，再不与任何人接触，也不许外人进他的庭院。他重新为自己制订了新的生活规律，要彻底改变自己旧有的生活习惯：他让夫人为他制作了一套蓬莱老家农夫的服装，再做了一套武术家的宽松服装。每日早晨起来，先是武士打扮，在假山旁，认乎其真地打一套太极拳，做一套气功，然后换上农装，拿一把扫帚，去扫落叶——往日，他从不做这些事情。别人干这些事时，还得避着他。现在，他自己给自己列入要干的事情之中了。

吴佩孚拿着扫帚，走进落叶纷飞的庭院，把它们一堆一堆地聚拢一起，然后又一堆一堆地移到一片僻静之处。虽然他的动作显得那么笨拙，但干得十分认真，不一会儿，便额角冒汗。当他停下小憩时，纷飞的落叶，却扰乱了他的思绪，一股忧伤冲击着他。他竟然想起了林黛玉的《葬花词》："那么年纪轻轻的，怎么就对'红消香断'那么敏感？唉，不想今天我吴子玉也到了'春尽红颜老'的时候了！"他抓起一把落叶，望着那枯黄残破的模样。摇头了——"多快呀！百日之前，它们还是那么茁壮，而今，而今……"他轻轻地把它们丢弃在地面上，把扫帚也放下了。

秋色，落叶，自己的孤零，国家的残破，使孚威上将军想起了沉在心底的许多事情。他觉得自己的一生还不如那片落叶，枯荣有定，而他的命运，似乎受天界的什么人左右着，连喜怒哀乐都那么不自由。吴佩孚回到书房里，呆呆地坐下，思索许久，想写字，想作诗。他觉得今年的秋天太忧伤了，胸怀闷极。他命人取来文房四宝，命人磨墨，展纸，他踱着缓缓的步子在构思。但是，他已想不出自己满意的诗句了。

六十五岁了。他觉得老了：行动迟缓，思路迟缓，连目光也呆滞了。他望着他的文房四宝，觉得陌生，觉得厌恶。在往日，他会命人收拾过去；现在，他不了。他望着那个为他研墨、展纸的毛头小青年，他倒觉得不应该辜负了他的辛勤——最近一些时候来，吴佩孚的性格也在改变，变得温柔、变得处处为他人着想了。无论碰到什么事，他都本着令家人、令侍从乐意。"墨磨好了，大帅。"年轻人站在一旁，对他说。

"好，我写字。"吴佩孚转过身来，握笔在手，实在不知写什么好，诗是作不出了。往日，思绪敏捷，一提笔诗句便冒了出来。现在挤也挤不出了，那就录自己昔日的诗吧。他终于想起了五十四岁寿辰时自己写的抒怀诗，他对它很满意。"好，录出来吧。"

　　民国军人皆紫袍，为何不与民分劳？……

字写好，对年轻人说："把它张到墙上，我看看。"

张在墙上了，吴佩孚立在墙下，打量着，思索着："咳，我吴子玉也在喊着'民生苦，民生苦！'我何尝不是'苦害生灵'的'尔曹'呢？人生苦短呀！人生更苦于无回头路。"想着，他的目光在"天落泪时人落泪，歌声高处哭声高"句上，久久地不离开！

他很满意这张字：满意诗好，满意字也好。他想再写一张，然而，他却拿不起笔了——眼前的现实太残酷了，什锦花园早不是清静之所，那句"你们都说无有办法，我偏说'吴'有办法"的话，他再无勇气说了，他丧失信心了，如今，"'吴'也无有办法了！"

吴佩孚心力交瘁，往事萦怀，他多病起来。常常目眩头晕，食欲不振，躺下便不再想起床；他的牙痛旧病不断发作，常常疼得他眉头紧皱。

川本之后，日本人又派了三个特务，他们和陈廷杰、齐燮元勾结在一起，变着法儿缠在吴佩孚左右。其中有一个叫伊东的特务，披着医生的外衣，他的任务却是趁机杀死吴佩孚。

刽子手伊东，三十多岁，细高身条，白脸膛，大眼睛，两道浓眉，终日穿一身洁白的职业服，操一口流利的北京话，并且还会说地道的胶东话。齐燮元把他引进什锦花园的时候，只告诉吴佩孚那是他的同乡；那身衣着自然表明了他的职业。病、痛在身的吴佩孚，早对八卦、天象什么的都冷漠了，门后也早不设石磬，连那本他近年特别感兴趣的《推背图》，也不知压到什么地方去了，他转而极为相信医生，和医生亲近起来。伊东很会说话，对心理学有颇深的造诣，跟吴佩孚谈论心理与病理的关系深入浅出，头头是道。吴佩孚不仅觉得他是个好医生，更觉得他是一个有学问的哲学家。因而，特别信任。

吴佩孚牙疼发作之后，伊东常常主动上门，为之治疗，为之安慰。但是，他已暗自做着杀吴的计划。

秋去冬来，天气寒冷。吴佩孚的病也跟着多了起来，尤其是那个令他展不开眉的牙疼症，日轻日重，时好时坏。昨天起，牙龈明显地发炎，一片红肿。他没有放在心上，只躺在床上休息。哪知睡了一夜，疼得更厉害，腮也肿胀了，饭也无法吃。不得不请医生了。

伊东匆匆赶来，一边诊断着牙龈、一边想："机会到了，我该下手！"一想到马上就杀死这个赫赫有名的中国儒将，伊东心跳了："吴佩孚毕竟患的是不会要命的病，他自己目前又十分清醒，立刻致死，影响不小呀！"另外，伊东的杀人本领并不十分高明，从口腔中要一个人的命，他还没有十分把握。"万一杀不死，万一败露了，万一吴佩孚发作起来……"他一连想了许多"万一"。他想收住杀人之念，等待另一时机。可是，上命不可违呀！

伊东查完了吴佩孚的口腔，忽然由忧变喜起来：吴在发热，牙龈在红肿，这是不能拔除坏牙的时候，但伊东决定立即拔除。他要给他制造一种病情恶化的趋势，弄到不省人事更好，他便可以伺机下毒手。他拿出牙钳，用带毒的物品故作消毒，然后说："上将军，请您忍一下疼，我给您拔牙。坏牙拔除了，疼痛就会消失。"说着，径直将牙钳插入口中，在没有用麻醉药品的情况下，猛一用力，将一颗牙齿连肉带血拔下来。

吴佩孚大叫一声："啊——！"随即昏了过去。

吴佩孚昏厥的时候，伊东竟鬼鬼祟祟地溜出了什锦花园。他庆幸自己的手腕:"上将军不会再有安宁的日子了。用不了多久,他便会丧失知觉!"

牙拔除了,吴佩孚那副略为发胖的脸膛渐渐肿胀,呈现出紫红色。两个时辰之后,他完全苏醒了,他觉喉管阻塞,通身火烤。他这才想起追问"是谁请的那个混账医生?那个东西究竟是什么人?"没有人回答他。伊东也早已无影无踪。

吴佩孚心惊了:"难道那个医生也是日本人?我中了日本人的诡计了!"

吴佩孚思想紧张了,他觉得周围所有的人都值得怀疑:"齐燮元是个大坏蛋,他要杀我,要向新主子日本人作为进献礼物;陈廷杰是个暗藏的坏蛋,他是被人重金收买,派到我身边来的,来的目的就是杀我;日本人,土肥原、冈野、川本,他们和中国汉奸串通一起,目的是要我的命。"吴佩孚觉得他们一个一个都手持钢刀,伺机插进他的胸膛。他变得惊慌起来。

晚上,吴佩孚让人扶着他,想坐在院中看看天象,来最后测定自己的命运。

初冬的北京天空,飘荡着片片薄云;星星明亮,在云层后出出没没;轻风吹动着光秃的树枝,时而有轻沙扑到面上。

吴佩孚望着夜空,他捉摸不定这种天象对他是吉是凶了。他辨别不清楚薄云、飘浮、星明,躲躲闪闪,风轻而含沙——"哎呀!这究竟应吉还是应凶呀?"

这些天,张佩兰十分紧张,白天排解不尽的家事;夜晚,接连不断的噩梦。她忽然梦见婆婆和那位早已去世的李氏,婆婆望着她,只微笑点首,一言不出;李氏却走过来,拉着吴佩孚的手双双去了。吴佩孚连回头看她一眼也不曾。张佩兰伤心了,她痛哭起来——

梦醒之后,张佩兰呆呆地坐着,越思越想心里越怕:"难道子玉真的要走了?"

天亮了,吴佩孚的牙病更见重了。张佩兰把儿子叫到面前,又抱怨、又交代地说:"道时呀,你也立家成人了,你父亲病到这个地步,你要想想咋办呀?往后日子都交给你了,你不能老是过着衣来伸手、饭来张口的日子。"

吴道时是个典型的纨绔子弟,二十七八岁的人了,一事无成,还是只知道从家中拿钱花。吴佩孚一生戎马倥偬,操持着大事,很少顾及儿子的教育;张佩兰平日虽然少不了唠叨,但吴道时哪里能听得进去!不过此刻看到父亲病痛难忍,又听到母亲的指责,吴道时也觉得自己太不像话,急忙驱车到东交民巷，请来了一位德国牙医给吴佩孚治疗。

这位德国牙医，医术比较高明，问明情况，又经检查诊断，认定是牙龈中毒，中毒颇重。"这里设备不齐全，又无法消毒，请把患者送到我的医院，我为他做手术。"

吴佩孚听说要他到东交民巷去治牙，立即大发雷霆："胡说！我说过'不入租界'，怎么能到东交民巷住外国人的医院呢？我不去，宁可死，绝不去！"

吴佩孚没有去德国人的医院，德国人也没有为他采取治疗措施。他的牙病也便一天一天加重起来。

吴佩孚牙病缠身的这几天，齐燮元表现得特别殷勤。大约他良心发现了，他觉得吴佩孚待他还不薄。当初他在江苏当督军时，跟皖系军阀卢永祥上海之战，若不是吴佩孚伙着孙传芳抄了卢永祥杭州的老窝，他齐燮元怎么会得胜利呢！没有上海的胜利，齐燮元早不知败到什么地步了。再说，现在日本人如此"器重"他，也还是因为吴佩孚。若不是想拉拢吴佩孚，日本人会几万、几十万大洋交给他？

但他又想起冈村宁次同他的一次秘密会见，这个侵华日军总头子只向齐说了三句话："对于吴佩孚，付出的代价要索回。活的不行，死的也同等价钱。当初是你出的面，现在还得是你！"

王克敏告诉齐燮元："日本人的计划实现不了，要拿你顶替！"齐燮元明白了：现在只有一条路，唯一的一条路——杀了吴佩孚！否则，日本人是不会放过他的。

昨天，一个中医给吴佩孚开了一剂中药，说："大帅的牙痛，只要热退了，慢慢就会缓解；红肿消失，牙倒是极容易治疗。这剂药会退了大帅的热的。"久热不退，中医的绝招是用过量的石膏。石膏，性大寒，味辛苦，是中药用为清热泻火的特效药，尤其用于胃火牙疼。齐燮元是懂得中药性能的，他的老爹就是药铺里的抓药好手。齐一看了四两石膏，故作惊讶地说："这怎么行，如此大量石膏，岂不置人于死地？庸医，庸医！不许用！"

中药放弃置了，吴佩孚处于长时期高烧之中，渐渐地便不省人事。

张佩兰慌了，她日夜守护在吴身边，望着他昏昏迷迷的神态，知道病情不轻。想询问他一些该交代的事情，上将军已无法交代一切。有时片刻苏醒，也只是叹息声声，便闭上眼睛，仿佛他和这个世界已无任何瓜葛，这个世界无论对他如何，他都心安理得地接受下来了。

日寇的大举入侵中国，深重的灾难不只降到东北三省人民头上，不只降到华北人民头上，而是整个中国，整个中华民族！

到吴佩孚因病昏迷的时候，中国的大好河山已被侵略者并吞大半，而日本人在中国的总代理人汪精卫早已粉墨登场，并且正在上海酝酿一个彻底卖国的《日支新关系调整纲要》。对吴佩孚，日本人只有杀了他，才勉强可以收回一点代价。

冷清而紧张的什锦花园，好多天已经杜门谢客了。到了 12 月 4 日，齐燮元忽然把川本芳太郎领了进来。同他一起来的，还有一个自称著名牙医的日本人。

川本一身和服，满面忧伤，一进病房，便双膝跪在吴佩孚面前。"老师呀，你怎么病到这个样子了？"哭着，面上竟流出了"泪水"："老师，你待学生恩重如山呀！我永远不会忘了你，我不会眼看着你的病情加重不问。我要为你请最好的医生。"齐燮元也在一旁说："川本先生不忘师生情谊，专程从东京赶来看望大帅的病情，实在难为他了。"

此时，那个日本牙医也开始了准备工作。

张佩兰一见川本，又气怒又惊恐，又见随来一个日本医生，更是心跳神失。忙阻拦说："谢谢川本先生的好意。只是大帅有话，不经他同意，任何人不许为他治病。"

"夫人呀！"齐燮元说，"您是吓糊涂了吧？大帅已经昏迷成这个样子了，还不赶快抢救，等待什么呀！"

川本也进一步说："师母，往日川本与老师有意见不一致处，但那是过去的事了。再说，那纯属政见不合。现在，老师病成这个样子，作为弟子，我不能袖手旁观呀！中国有句俗话：师徒如父子。哪一个做儿子的会对父亲怀有恶意？师母，您就放心吧。"

张佩兰和儿子以及在吴身边的下属，均受吴的叮嘱，不经他同意不许请人治病，大家都出来阻止。张佩兰仍然坚持："你们的好意我全领了，谢谢你们。但是，大帅的病决不许看。要是能看，我们早请人看了。"

齐燮元着急了。"夫人，燮元深受大帅知遇之恩，虽有分歧处，但感恩之情永不变；川本是大帅学生，我们怎忍心看大帅这样拖下去呢？至于大帅的话，那是平时脱口而出。常言说，事急从全，我看你我都可以做得了这个主。"

张佩兰无主张了，她不再言语。

儿子道时，本来就是个无主意的人，一切听从母亲的。见母亲不说话，自然也闭口不语。

那个日本医生拿出手术刀，插进吴佩孚口中！

只听得吴佩孚一声尖叫："啊呀——！"一股鲜血从口腔中直喷出来……一代儒将，顿时气绝！

此时是 1939 年 12 月 4 日午后 3 时 45 分。